U0561133

推进育人方式变革的区域教学改进研究

李文萱 等 著

华东师范大学出版社
·上海·

图书在版编目(CIP)数据

推进育人方式变革的区域教学改进研究/李文萱等著.
—上海:华东师范大学出版社,2021
ISBN 978-7-5760-2314-5

Ⅰ.①推… Ⅱ.①李… Ⅲ.①中小学－教学改革－研究 Ⅳ.①G632.0

中国版本图书馆 CIP 数据核字(2021)第 248890 号

推进育人方式变革的区域教学改进研究

著　者　李文萱　等
策划编辑　林青荻
特约审读　洪昱珩
责任校对　时东明
装帧设计　高静芳　等

出版发行　华东师范大学出版社
社　　址　上海市中山北路 3663 号　邮编 200062
网　　址　www.ecnupress.com.cn
电　　话　021-60821666　行政传真 021-62572105
客服电话　021-62865537　门市(邮购)电话 021-62869887
地　　址　上海市中山北路 3663 号华东师范大学校内先锋路口
网　　店　http://hdsdcbs.tmall.com

印 刷 者　上海商务联西印刷有限公司
开　　本　787×1092　16 开
印　　张　17.25
字　　数　171 千字
版　　次　2021 年 12 月第 1 版
印　　次　2021 年 12 月第 1 次
书　　号　ISBN 978-7-5760-2314-5
定　　价　56.00 元

出 版 人　王　焰

(如发现本版图书有印订质量问题,请寄回本社客服中心调换或电话 021-62865537 联系)

目 录

序　以育人方式变革撬动区域教育高质量发展　尹后庆 / 1
推荐序　系统转化新课程　构建教学新体系　崔允漷 / 1

第一章　整体规划：指向育人方式变革的区域教学改进框架 / 1

第一节　区域教学改进的关键问题 / 2
一、转变教育质量观：如何从"知识本位"走向"素养本位" / 2
二、落实课程育人：如何基于国家课程方案构建学校课程体系 / 3
三、构建教学与评价目标体系：如何从"分解细化"走向"综合统整" / 4
四、改进课堂教学：如何从"教为中心"转向"学为中心" / 6
五、提升教师关键能力：如何更新研修机制与内涵 / 7

第二节　区域教学改进的现实基础 / 9
一、课程标准转化的思路与工具 / 9
二、教学评一致的课堂范式与典型案例 / 10
三、基于课标转化的研修与教师发展 / 14

第三节　区域教学改进的整体框架 / 17
一、区域教学改进的基本思路 / 17

二、区域教学改进的内容框架 / 21

本章小结 / 23

第二章　系统转化：从正式的课程到运作的课程 / 25

第一节　从国家课程方案到学校课程规划 / 26
一、国家课程校本化要点解读 / 26

二、国家课程校本化整体设计 / 30

三、国家课程校本化特色打造 / 43

第二节　从国家课程标准到校本教学手册 / 59
一、厘清课程结构，建构目标体系 / 59

二、明确学习主题，统整课程内容 / 71

三、遵循学习逻辑，规划学习单元 / 74

四、编制《指南》《手册》，形成校本"标准" / 79

五、优化学习评价，探索以评促学 / 91

第三节　学习为中心的单元教学设计 / 102
一、单元教学设计模型 / 102

二、单元学习目标的确立 / 102

三、单元学习评价的改进 / 106

四、单元学习活动的设计 / 109

五、学习资源的开发与融合 / 113

六、《指南》样例解读 / 114

本章小结 / 132

第三章　模型建构：从"教为中心"到"学为中心" / 133

第一节　从"教为中心"到"学为中心"的关键问题 / 134
一、学习为中心的教学内涵 / 134

二、学习为中心的教学关键问题 / 135

三、解决关键问题的实践思路与路径 / 136

第二节　学习为中心的教学模型与学理分析 / 140
一、学习中的"解构—建构—应用" / 140

二、学习为中心的教学模型 / 160

第三节　学习为中心的教学设计与实施 / 169
一、引导学习的目标设计与实施 / 170

二、促进学习的评价设计与实施 / 173

三、优化学习的过程设计与实施 / 188

四、学习为中心的几种教学样态 / 199

本章小结 / 216

第四章　专业支撑：提升教师关键能力的深度研修 / 217

第一节　教师面临的关键问题与能力挑战 / 218
一、教学改进需解决的关键问题 / 218
二、教师所面临的能力挑战 / 219
三、应对能力挑战的思路 / 220

第二节　建构教师关键能力结构模型 / 221
一、课程设计能力 / 222
二、课堂实施能力 / 225
三、学生发展评价指导能力 / 226
四、信息技术应用能力 / 229
五、系统反思能力 / 230

第三节　提升教师关键能力的研修实践 / 232
一、"三位一体，四元协同"研修结构模型的实施与反思 / 232
二、研修机制的优化与实施流程的构建 / 233
三、聚焦关键能力提升的教师研修策略 / 240

本章小结 / 258

主要参考文献 / 259

后记 / 261

序
以育人方式变革撬动区域教育高质量发展

进入中国特色社会主义新时代,基础教育改革应坚守"为党育人、为国育才"的使命,大力推进育人方式变革,促进德智体美劳全面培养的教育体系与更高水平的人才教育体系构建,实现基础教育的高质量发展。区域教研机构,需要在新时代找准发展定位,发挥自身专业优势,把握新时代育人方向,大力推进育人方式变革,引导区域内学校教育实现整体提升,撬动区域教育高质量发展。

面向 2035 的上海教育改革发展的新蓝图,是加快建设具有世界影响力的社会主义现代化一流教育。徐汇区作为上海市的中心城区,多年来持续发挥对上海市区域教育的引领、示范作用,要保持自身教育改革的活力与能量,就必须在建设具有世界影响力的社会主义现代化一流教育上"先一步、高一层"地谋划与思考,在发展具有世界先进水平、中国特色的优质教育上形成更多、更好的改革智慧。

《推进育人方式变革的区域教学改进研究》一书的出版,既是一个具有先导价值与引领作用的徐汇区域整体改革智慧的体现,也提供了一个立足于新时代育人方式变革撬动区域教育高质量发展不可多得的样本。其注重把握国家发布的《中共中央国务院关于深化教育教学改革全面提高义务教育质量的意见》《国务院办公厅关于新时代推进普通高中育人方式改革的指导意见》两个指导性文件的改革精髓并进行快速响应,立足于上海市教育改革使命与徐汇区域教育整体提升要求,找到区域教育整体转型发展的"金钥匙"。

我向来关注徐汇教育的改革与发展,因为徐汇教育在每一轮教育改革中都能主动、快速地形成区域教育的整体改革回响,显现区域教育高地的应有价值,其中徐汇区教育学院作为区域专业研究、指导与研修机构发挥了重要的引领作用。

李文萱院长主政徐汇区教育学院以来,更加注重对国家政策、上海市改革要求的区域转化与学校整体改革实践,注重以区域教育领先发展的战略规划,促进高品质优化基于核心素养的区域课程改革实践体系,激发区域教师的整体发展。这一方面来自她对教育高质量发展的执着与追求,注重"教育即唤醒与激发"的教育思想实践导引;

另一方面来自她数十年担任各类中学校长的成功实践,更清晰地知道基层学校改革需要区域教研机构提供怎样的指导与支撑。其中一个最为关键的核心是聚焦于国家课程的校本化实施,聚焦育人方式变革的区域教学整体改革。

对于基层学校来说,课程改革与教学改进始终是学校育人方式变革的"牛鼻子"。抓住了新时代教育改革的"牛鼻子",就能牵一发而动全身。《推进育人方式变革的区域教学改进研究》一书将区域教学的整体提升定位于"改进",蕴含着既弘扬区域课程教学改革的已有特色、优良传统,又注重把握新时代育人方式变革的脉搏与日俱进的内涵,具有借鉴与启迪价值。

当前我国普通高中正逐步实施新课程、新教材,义务教育阶段的新课程、新教材改革也在推进当中。基础教育新课程、新教材的实施将形成用课程支撑学校育人目标的共识,激活学校特色创建能力,培育广大教师课程意识与开发能力,提升广大教师"用教材教"的能力与对学生学习的研究,促进教师对学生的学习观察与过程性评价能力。这些机遇与挑战,归纳起来就是关注区域学校的教学融合渗透,既注重已有优势、特色的传承,又注重基于学生核心素养提升的教学发展与创新。

《推进育人方式变革的区域教学改进研究》一书对区域学校教学改进提供了诸多教学融合渗透的思考与路径,主要体现在以下"四个注重"上。第一,注重指向育人方式变革的区域教学改进框架的整体规划,促进国家课程方案与课程标准的区域性校本化转化及教学改进的关键问题解决。第二,注重从国家课程方案到学校课程规划的系统转化思考,促进区域学校认识从正式的课程到经验的课程的转化的必经之路,促进国家课程的校本化实践与校本课程的特色化实施,从而形成了具有区域学校指导价值、集聚区域学校研修共同体智慧的区域《学科教学指南》与《学校教学手册》,突破课程改革的教学转化瓶颈。第三,注重从"教为中心"到"学为中心"的模型建构,促进新课程、新教材学习过程的解构、建构、应用,深化基于知识理解的有意义学习、基于问题探究的发现式学习、基于实践活动的体验式学习。第四,注重指向教师关键能力提升的深度研修的专业支撑,促进教学改进中教师面临的关键问题的解决,强化提升关键能力(包括课程设计能力、课堂教学能力、学习评价能力、信息技术运用能力以及系统反思能力等)的研修实施模型与机制优化,全面理解学科教学发展的历程、深入理解学科本质,关注单元教学的结构性问题等。

我很欣赏这本《推进育人方式变革的区域教学改进研究》,著作能够在深化教育教学改革、全面提高义务教育质量与新时代推进普通高中育人方式改革的重要阶段出版，在推进基础教育改革的区域课程转化、促进区域教育高质量发展上也会产生示范辐射价值。

站在"两个一百年"奋斗目标的交汇点上，立足于下一个百年奋斗目标的实现与我国建设教育强国的要求，徐汇区开展的以育人方式变革引导区域教学改进研究，必将为基础教育聚焦国家课程校本化实施、聚焦育人方式改革引领教学改进，为教育高质量发展，为构建新时代德智体美劳全面培养的教育体系与更高水平的人才教育体系添砖加瓦。

是为序！

教育部基础教育教学指导委员会副主任
中国教育学会副会长
上海市教育学会会长
原上海市教委副主任
2021年7月

推荐序
系统转化新课程　构建教学新体系

新课程呼唤新教学。随着普通高中课程方案与课程标准的颁布,义务教育课程方案与课程标准正在修订,以核心素养为标志的课程改革已经到来。新教学"新"在哪里？新教学"新"在超越知识点的了解、记住、说出等低阶位目标的素养目标,"新"在与之配套的以单元为设计单位的"新教案","新"在以学科实践的方式学习学科的"新课堂","新"在超越双向细目表而突显学习结果综合表现的"新考评"……所有这些"新",不论是对一线老师还是对教研员专家,都将是比较大的一个专业挑战。

徐汇区多年来一直致力于国家课程的区域性推进与校本化实施,从基于课程标准的区域性转化指导与策略的研究探索,到基于核心素养的区域教学改进,都是在持续探索区域推进育人方式变革的行动路径与方略,促进区域教育高质量发展,形成了徐汇特色经验,提供了徐汇典型样本。

整体设计,多方自主,联动协同,持续攻坚的战略与战术,体现了徐汇教育人教育改革的自信与担当。一所学校发生变革不难,难的是所有学校都进行变革;零敲碎打的改变不难,难的是育人目标导向下的系统变革与持续推进。徐汇区汇聚行政支持、专业引领与校本自主实践于一体,组成研究共同体,协同攻关,形成区域推进的整体框架与实施策略,为大规模的变革提供了机制保障。

立足课堂,着眼课程,中观介入,将育人方式的变革聚焦课程、教学与评价三个关键领域,运用层级转化思想,融入区域、学校、教师和学生等多种实践情境与复杂因素,以《学校课程规划》《学科教学指南》《学科教学手册》《单元教学设计》等为载体,系统实现学校课程的整体规划、学科教学目标的细化、评价的过程化、教学的整体性与情境性,从而构建以学习为中心的新课堂,展现了徐汇智慧与徐汇方案。

教师为本,区校联动,研修一体,基于关键领域关键问题的创造性解决与教师新课程实施能力的发展,双轨融合,开展实践、研究与教师研修,从而创生和优化"三位一体,四元协同"的研修机制和研修课程群,为教师的主动发展与变革的持续推进提供了内生动力机制。

育人方式的变革是一个持续的过程，在素养评价、智能化教学等方面还需深化探索，创建系统经验。期待徐汇继续紧扣时代脉搏，勇立课改潮头，将理论与实践对接，为中国本土的课程实践模式的构建提供高质量的实践范式。

崔允漷

教育学博士、教育部人文社会科学重点研究基地华东师范大学课程与教学研究所所长、教授、博士生导师；国家基础教育课程教材专家委员会委员

2021年7月

第一章

整体规划：推进育人方式变革的区域教学改进框架

党的十九大明确提出："要全面贯彻党的教育方针,落实立德树人根本任务,发展素质教育,推进教育公平,培养德智体美全面发展的社会主义建设者和接班人。"

新版课程标准进一步明确了普通高中教育的定位,优化了高中课程结构,强化了课程有效实施的制度建设。各学科课程标准凝练了学科核心素养,更新了学科教学内容,研制了学业质量标准,突出了课程标准的可操作性,为深化课程改革、提升育人质量提供了方向的指引。

要实现育人目标,关键在于育人方式的变革,育人方式变革的核心是课程改革和课堂教学优化。要以区域教学改进,促进深度学习的发生和核心素养的培育。为此,区域需要在原有经验的基础上,进行转化体系和支持工具的改进,探索教学新形态,通过《推进育人方式变革的区域教学改进研究》实践,以"立德树人"为目标,攻克国家课程区域性转化的难点。

第一节　区域教学改进的关键问题

根据古德莱德课程实施理论，课程实施分为五个层次：一是理想的课程，二是正式的课程，三是领悟的课程，四是运作的课程，五是经验的课程。正式的课程是国家层面对理想课程的文本化探索，而区域教育要攻克的难关在于将国家颁布的正式课程，通过科学有效的工具和范式，转化为教师实际操作与学生真实体验的课程，从而使区域学校教学真正实现促进核心素养培育的目标。

为了使国家课程在逐层转化的过程中不变形、不走样，为了帮助区域教师在真正理解新课标精神的基础上优化课程设计与实施，为了区域的学生在课堂上体验到学习内容和学习方式的转变，获得有意义的学习，我们从"正式课程"到"经验课程"的落差入手，以"理解—设计—实施"的整体思路，找到区域推进课程改革、推进育人方式变革的关键点和困难点，并在实践中加以探索。

找到指向育人方式变革的区域教学改进所面临的关键问题，是突破难点的前提。通过调研和访谈，我们归结出区域在育人方式变革过程中的主要困难，表现在五个方面：转变教育质量观，如何从"知识本位"走向"素养本位"？落实课程育人，如何基于国家课程方案构建学校课程体系？构建教学与评价目标体系，如何从"分解细化"走向"综合统整"？改进课堂教学，如何从"教为中心"转向"学为中心"？提升教师关键能力，如何更新研修机制与内涵？

一、转变教育质量观：如何从"知识本位"走向"素养本位"

我国中小学教学改革经历了从"双基"到"三维目标"再到"核心素养"的三个阶段，这一过程是从知识到学科到人的逐步转向。[1] 2014 年教育部研制印发《关于全面深化课程改革落实立德树人根本任务的意见》，提出"教育部将组织研究提出各学段学生发

---

[1] 余文森.育人方式变革的四个体现[J].基础教育课程，2021(Z1)：18—20.

展核心素养体系,明确学生应具备的适应终身发展和社会发展需要的必备品格和关键能力"。

普通高中新课程标准明确了各学科教学的逻辑起点是学科核心素养目标的达成。目标从知识点的了解、理解与记忆转变为学科核心素养的关键能力、必备品格与价值观念的培育。核心素养是党的教育方针的具体化,是连接宏观教育理念、培养目标与具体教育教学实践的中间环节。党的教育方针通过核心素养这一桥梁,可以转化为教育教学实践可用的、教育工作者易于理解的具体要求,明确学生应具备的必备品格和关键能力,从中观层面回答"立什么德、树什么人"的根本问题,引领课程改革和育人模式变革。

因此,当前我国的基础教育进入了以人为本和核心素养的新时代。从教育的角度看,这是从"为了知识的教育"走向"通过知识的教育"。知识成为素养培育的载体,课堂教学"基于知识、通过知识,但不止于知识"。

观念引领行为,只有教师真正理解了"为何而改",才能主动探索"如何改"。转变育人方式的改革首先要在课程标准转化的过程中,促进教师对学科育人价值的理解,促进教师在完成基本知识与技能的培养目标向知识技能、过程方法、情感态度价值观三维目标转化的基础上,进一步理解以关键能力和必备品格为表征的核心素养的培养目标,并以此质量观统领教学行为的转变。

二、落实课程育人:如何基于国家课程方案构建学校课程体系

要将国家颁布的正式课程转化为区域内学校运作的课程面临着学校课程体系构建的问题,从区域的角度,需要指导学校根据国家课程方案,构建学校的课程体系。而学校则必须尽快实现从课程的"贯彻执行"者角色向"统筹规划"者角色转变,推进各门课程内部融合以及国家、地方和校本课程整合。①

构建学校课程体系首先要做好国家课程的校本化实施。要全面落实立德树人根本任务,坚持为党育人、为国育才,努力培养德智体美劳全面发展的社会主义建设者和接班人。贯彻国家教育方针,回应社会发展新要求,深入分析新时代学生发展新诉求,

---

① 侯丽娜,傅维利.学校课程规划方案分析体系的建构及应用[J].教育理论与实践,2021,41(19):52—59.

解决好"怎样培养人"的问题。要有整体设计,指向核心素养培育,推进教学改革,突破教育评价上的瓶颈,关注信息技术融合与培养学生自主学习能力。

构建学校课程体系还要建设好学校的特色课程群。高中新课程标准中的课程设置和学分设置均有所调整,选修学分增加,为学校选修课程的设置提出了更高的要求。学校要根据原有基础,分析学校发展愿景,围绕综合实践活动,打破学科界限,以学科核心素养和跨学科核心素养为培养目标,建设学校特色课程。

构建学校课程体系面临的具体挑战包括:1.把握国家课程改革的基本方向,从实施新时代立德树人工程的高度出发,构建五育并举的学校课程体系;2.建设和优化学校特色课程(群),保障选修课开设质量;3.进一步深化教学改革,提供因材施教的多样方式;4.深入开展育人方式转变的教学研究,创建并优化校本教研机制,努力研究如何优化学生发展指导,努力探索学校考试评价改革;5.充分开发与利用课程资源,做好课程实施的组织管理与技术支撑。

三、构建教学与评价目标体系:如何从"分解细化"走向"综合统整"

转变育人方式的教学起点是目标的准确定位,要基于课程标准,将课程目标和学业质量标准转化为学段、学年、单元、课时各层级教学目标。

在以往的经验中,教师习惯以"拆分"的思维方式对课标要求进行简单的"分解细化",新的育人目标要求教师必须提升教学设计的站位,即从关注单一的知识点、课时目标转变为大单元设计。这就要从单向走向双向、从一维走向多维,通过纵向横向的"综合统整"构建指向核心素养的过程化目标体系。

要从学科核心素养与学科本质出发,通过建立学科核心素养与学业质量水平的关系,梳理同一学习任务群/模块/主题三类课程的层级关系,在学段内基于学科大观念统整重构学习目标体系。要深入理解教材编写的思路、框架与意图,研究指向核心素养的学生学习规律,分析学生的学习基础及需求。

面对新课标、新教材,靠教师个体的力量乃至学校教研组、备课组的力量构建这一目标体系都有很大的困难,因而急需在区域层面众筹经验、富集智慧,以区域《学科教学指南》(以下简称《指南》)研制为抓手,建立并完善目标体系,并在区域目标体系总体架构下,鼓励各校根据学情,编制《学科教学手册》(以下简称《手册》),形成以校为本的教学目标体系。

这就需要我们在"基于标准教学"的理念指导下，将单纯的分解思维逐步转化为"分解—重组"的系统转化思维，并形成与之配套的路径与工具。在充分了解学生学情的前提下，将课程方案、课程标准、学科教材转化为区域性的教学目标体系与评价要点，修订《指南》和《手册》。《指南》立足学科核心素养，基于课程标准规定的学业要求和学业质量水平，通过单元规划，建立学段目标体系与评价要点，并为学校教师开展基于单元的教学设计与实施提供指引和案例。《手册》则是在《指南》的目标体系与评价要点基础上，由学校视校情具体制定的教学计划，为教师展开教学提供工具。

在此过程中，区域层面进行单元规划是一个难点。单元规划指依据学科核心素养和学科内容，对教材进行加工并形成单元序列的过程。以学科教材自然单元为主的单元规划，虽然无需对教材做大的调整，但需要按照教材的自然单元序列制定目标体系与评价要点。更大的难点在于依据学科核心概念或跨学科核心素养，形成大单元主题，对教材进行适度统整，形成新的单元序列，并在此基础上制定目标体系与评价要点。

作为承接，还需要引导各所学校以区域教学目标体系与评价要点为指引，以学年为单位，根据校情，对课程教学做整体安排，使教师从"为什么教""教什么""怎么教""教到什么程度"等方面展开系统思考，确保教学评的一致性。

具体而言，面临以下三个方面的挑战。第一，理解学科核心素养内涵，建立整体的目标体系。建构指向核心素养培育的目标体系首先要攻破的难点是解读课程方案、课程标准，理解学科核心素养的内涵及其相互关系，梳理学科核心素养与学科本质、学业质量水平之间的关系，研究三类课程的逻辑关系，建立三类课程教学的目标体系。第二，分析教材内容及其内在关联，确立学习任务群/模块/主题单元学习目标体系。难点在于打破逐一落实知识点、逐步训练能力点的思维定式，从学科大概念出发，分析三类课程教材内容及其内在关联，以学习任务群/模块/主题单元为基本单位，构建整体目标体系。第三，研究指向核心素养的学习规律，分析学习基础、需求，确定过程性目标体系。建构指向核心素养的教学新形态要从学习者立场来思考学习目标的确立，需要在研究静态文本的同时，深入地研究学习者的学习基础、学习需求，研究素养形成的要素与过程性表现，确定促进学生深度参与的单元、课时学习目标。

四、改进课堂教学：如何从"教为中心"转向"学为中心"

面对新的教育质量观，需要从更高的站位、更广的视角和更深入的实践来实施课堂教学的改进，深化教学改革。要求教学方法由传统的"教师为中心"向"学生为中心"转变，这不仅对教师的教法、同样对学生的学法提出了挑战。要求教师要在教的过程中还原学生的主体地位，学生在学的过程中进行深度学习，只有这样才能培养出知行合一、具有创造能力的人才。研究表明，在实际教学过程中，教师所采用的教学方法与学生采用的学习方法之间具有重大的关联性。如果教师采用以学生为中心的教学，所教学生就会进行主动的深度学习；如果教师采用以教师为中心的教学，他们所教的学生就会停留于被动的浅层学习。

"学为中心"课堂是以学生和学习为中心构建的课堂，坚持以学生为中心的教学思想，立足学生、基于学生、依靠学生、为了学生，教材、教师、教学环境、教学设计等一切教学要素和活动都要围绕学生，为学生服务。以学习为主线进行教学设计，围绕学生学习的内在规律展开教学过程，让学习活动占据课堂的主要时空，让学生的学习在课堂里真实、深刻、完整地发生，使课堂教学真正成为学生的学习过程，成为学生的认识和思维不断提升的过程。"学为中心"的教学能改变传统的以教师和教材为中心的课堂，以学生为中心，唤醒学生主动学习的内在驱动力，让学生积极、主动学习，增加学生学习的自主性、合作性、创新性和探究性，让学生成为学习的真正主人。

以学习为中心，要求教师通过目标引导、任务驱动，设计有挑战的学习过程，以情境化、结构化、系统化的学习设计，促进学生整合知识、方法和态度，在解决问题的动态过程中，提升学生素养。

"学为中心"课堂形态构建的难点在于破解学生学习过程的"黑箱"，以学习活动为载体，以评价嵌入为支架，合理运用信息技术手段，优化学习环境，促进深度学习，培养学生的运用、迁移和创新能力。

具体而言，有如下挑战。第一，以终为始，基于目标优化学习评价。从目标出发，明确预期的学习结果，确定能证明学生达到预期学习结果的证据，这是逆向设计教学思维的重要环节，也是建构指向核心素养的教学新形态需要着力加强的关键点。要转变教师观念,评价注重总结性评价与过程性评价相结合;评价的主体可以从教师转变成师生评价、生生评价,避免教师一言堂的现象,增加学生的"标准化"意识;评价的形式除了纸笔测试之外,也可呈现表现性评价、反思性评价等;最关键的是,评价的标准可以用描述性特征取代"标准答案"。鼓励、支持学生参与评价,可以让学生清晰地了解学习目标,通过评价进行反思,形成"洞察、自知",完善学习过程,促进自身整体、深入地"理解"。评价要注意单元整体性,努力设计出真实复杂的情境,从而准确检测学生的深度理解与应用迁移的目标达成度。第二,锚定目标,设计真实情景下任务驱动的学习活动。在学习活动中,学生应通过不同的学习任务,体验学习,形成自己独特的学习经验,习得相应的知识技能,形成自己的学习方法。在此过程中,教师作为教练,观察、提示、帮助学生,促使学生完成整个学习过程。这样学生才能积极主动地勾连新旧知识,形成"迁移"。因此,教师设计活动时,既要保证在整个活动中能够落实相应的学习目标,还要能够调动学生参与的主动性、积极性。情境的设计要基于学科大概念,与学生的生活实际相结合,单元学习活动由单元大活动与课时学习活动构成,核心任务的设计要有足够的驱动性,学习过程注意评价的全程嵌入。力求实现学习问题化、问题情景化、认知结构化、支架信息化、评价一体化。第三,优化任务间的逻辑,构建系统协同机制。学习的过程是从简单到复杂、从具体到抽象、从感性到理性的循环往复的立体过程,指向核心素养的教学需要注意学习过程的不断优化,从学科逻辑和学习规律出发,关注学习任务间的系统协同,构建学习任务间的逻辑关联,通过学习过程提炼学习策略的显性路径,促进元认知能力的提升,培养学科核心素养。

五、提升教师关键能力:如何更新研修机制与内涵

支撑育人方式变革,教研需要以新课程实施为载体,通过研修促进教师在课程实施过程中提升关键能力。教师关键能力是教师对学生全面发展施加影响的过程中,起重要支撑作用并产生决定性效能的那些能力。教师关键能力的提升保障了区域教学改进,服务于育人方式变革。

从教育实践的现实来看,教师作为开展教学的直接力量,由于缺乏胜任核心素养教育的能力而导致核心素养教育理论与实践"断裂",是核心素养教育难落地,学生核

心素养发展受阻的直接原因。由此可见,形成教师的指向核心素养培育的胜任力是开展核心素养教育的重点。

通过对区域教师的调查研究,我们对育人方式变革所需的教师要提升的关键能力进行了梳理和概括,提炼出五大关键能力,分别是:课程设计能力、课堂实施能力、学生发展评价与指导能力、信息技术应用能力和系统反思能力。教师关键能力的培养既是教育改革发展的迫切要求,也是教师专业发展的职业需求,更是教师教育改革的必然趋势。

以研修促进核心素养培育目标带来教师角色与关键能力的更新,面临的具体挑战有三个。第一,围绕推进育人方式变革的区域教学改进确定研修重点。将新课标、新教材推进的过程与教师关键能力培养的契机融为一体,需要聚焦教师们的实际困难和挑战,开展教研修一体的教师培训。要提炼核心素养培育的教学转型的重点和难点环节作为研修的主要内容,例如:如何基于课程标准,开展单元教学设计;如何围绕核心素养,实施和评价学习活动,提升教师课程实施与评价能力等。第二,在研修课程迭代中深化研修内涵。从提高教师的"双新"课程实施能力与促进教师自身专业发展入手,需要建立一个多维度、强交互性、统一协调的区域课程实施系统,在"双新"推进的研修实践中,需要将原来的"三位一体、四元协同"研修模式进一步优化,探索更新教研范式。"双新"推进的主体是教师,教学方式改革的智慧在广大教师的教学实践中,研训员是"双新"推进共同体中的组织者、参与者、实践智慧的凝聚与推广者。第三,建立"物化成果"与"隐性发展"相结合的研修效果评估机制。评估指向核心素养的教师关键能力提升效果需要开发相关工具、测量标准,并在评估与分析的过程中不断加以优化。除了要注重"物化成果"(如《手册》编制、课堂教学案例生成等),还要重视教师的隐性的发展成果(如教师理念的转变、关键能力提升等)。教师关键能力提升效果的评估可以从两个维度展开,一是教师维度,二是学生维度。从教师维度来看,可以从教师自身的感受出发,对其进行问卷和访谈调查,促进教师反思研修效果。还可以从课程实施过程的观察者出发,评估教师在课程设计、课程实施、课程评价的过程中行为的改变、效果的差异。从学生维度来看,一方面通过其对教师教学行为的评价来直接反馈教师的关键能力,另一方面通过信息化平台,搜集数据证据,测评学生的核心素养的提升效果,从而反证教师关键能力的提升。

第二节 区域教学改进的现实基础

2013年始,徐汇区紧紧把握住国家和上海市的课改脉搏,从重点推进转入系统攻坚,并以上海市重点教育科研项目"基于课程标准教学的区域性转化与指导策略的研究"为主要抓手,全面推进课程与教学的系统改革。聚焦课程整体规划和系统转化、教学评一致性的策略改进、教师研修机制的完善等关键问题,全方位一体化探索了国家课程校本化实施的系统路径与策略,构建了区域课程实施新体系,优化了徐汇课改新生态,为核心素养时代的课程实施的推进与深化,为育人方式的变革奠定了坚实的基础。

一、课程标准转化的思路与工具

学科课程标准如何有效落地,并科学引导教师的教学行为,这是课程实施的关键问题。立足微观课堂,搭建脚手架,将宏观的课程标准进行层级式转化,这是我们的基本思路。具体通过研制和实施区域性的《指南》和校本化的《手册》《课堂教学设计框架》三类工具,共同搭建课程标准与教学实践之间的专业脚手架,缩小从课标到课堂的落差,实现教学目标、教学活动与评价的一致性,从而系统优化基础型课程的实施体系。

在课程标准的区域性转化支架工具的搭建要素中,我们抓住了"支架"搭建中居于核心地位的三个"关联",即教学目标同课程目标间的关联,课程目标同内容之间的关联,以及课程模块内容标准之间的内在关联,形成了操作性的联结路径,并提出了《指南》《手册》和《课堂教学设计框架》的组成要素、结构框架。

《指南》是该学科课程标准转化为教学实施的区域性指导文件,是区域层面以学年为单位对学科课程标准的解读与细化,重点解决三维目标的整合与内在关联,实现学年设计中的教学评一致性。《指南》包括导言或概述、课程标准导学、课程标准内容要求转化为教学目标、课程实施建议与案例、附录等五个部分。它为本区教师依据本学科课程标准,紧密结合本校实际编制《学科教学手册》,展开教学和评价,改进相关教学管理工作提出了思路、方法、操作意见及样例,是对课程标准的第一级转化。

《手册》是在《指南》的基础上,学校依据自身特点和需求,以学期、单元为单位,进一步对《指南》进行细化和校本化,重点解决教学目标的可操作性与可检测性,实现学期和单元设计中的教学评一致性。《手册》包括导言、学期学习目标、教学进度安排、教学内容与目标、教学活动建议、练习与评价设计、教学样例等部分,为本校的学科教师展开教学和评价,提供科学规范和具体详尽的教学操作意见及样例,是教师进行教学设计与课堂教学的重要依据,是课程标准校本化的第二级转化。

《课堂教学设计框架》是学校教师在把握理解《手册》的基础上,对课堂教学的具体设计,包括学情分析、教学目标、学习评价、教学过程等结构要素。重点解决评价融于教学,实现课堂教学设计的教学评一致性,是课标到课堂的第三级转化。

以上三个工具相互衔接,逐层细化和深化,体现了目标、教学和评价在两个维度上的一致。纵向上创设课程与教学连接的三个环节,体现三者在标准、《指南》《手册》和设计上的一致性;横向上保持教学内部教学评的一致性,这样就从课程实施的高度,系统地体现目标、教学与评价的一致性,最终搭建起由课标到课堂的"支架"体系,从而实现课程与教学的一体化实施,让课标扎实落地。

通过文本的解读,与已有优秀经验的对接,联系复杂的现实情境,搭建三层支架,课程实施的主体即教师逐渐形成了课程整体意识、要素关联意识,在课程标准与课堂教学之间顺利行走。

二、教学评一致的课堂范式与典型案例

在对基于课程标准教学的区域性转化与校本化实施中,如何使基于标准的教学最终有效落到课堂?教师的教如何更好地服务学生的学?这是广大教师最为关心的问题,也是课改深化最艰巨的任务。源于对已有课堂实践的反思与系统改进,我们进行了课堂范式创生的实践探索。我们认为,区域推进课堂全面整体转型必须以课堂范式变革为依托,从而从认识论和方法论的高度来重新认识课堂是什么,并影响教师的教学思想和教学观念,指导教师的课堂实践。正如贝塞特所说的:"教学范式的作用就好像一系列教学透镜或教学信仰,它可以用来过滤或支配人们的主观意向和实际行动。"

借鉴托马斯·库恩(Thomas Kuhn)的范式理论,我们认为教学范式是指教学人员及研究群体共同接受的教育信念,以及这些信念指导下的课堂教学活动的基本规约和实践模型。我们从学生学习的视角,深入把握基于课程标准教学的内涵特征,基于实践经验的提炼和借鉴,遵循课堂学习的三大宗旨,即教师智慧导学、学生自主学习、课堂民主和谐,形成了教学评一致性的课堂教学范式四大基本规约。

1. 学习目标源于课程标准,适于学生的差异化发展。 学习目标要源于课程标准,符合国家对学生核心素养培养的统一要求,同时要基于校本情况,做生本化细化和处理,适合班级学生的个性化、差异化发展。学习目标是课堂教学中的重要因素,贯穿教学的始终,引领教学的方向和进程。这是基于标准的课堂教学的前提。

"指向学科核心素养培育的'双导向'教学模式"提出了"问题—目标"双导向的引导式教学。其中目标是引导学生有意识地寻找问题及背后的知识与信息,自主解决问题并建构能力。明确目标是依据教学实际情况,将目标融入课堂教学的各个环节,发挥目标对教学的正确导向作用。具体模式如图1-1所示。

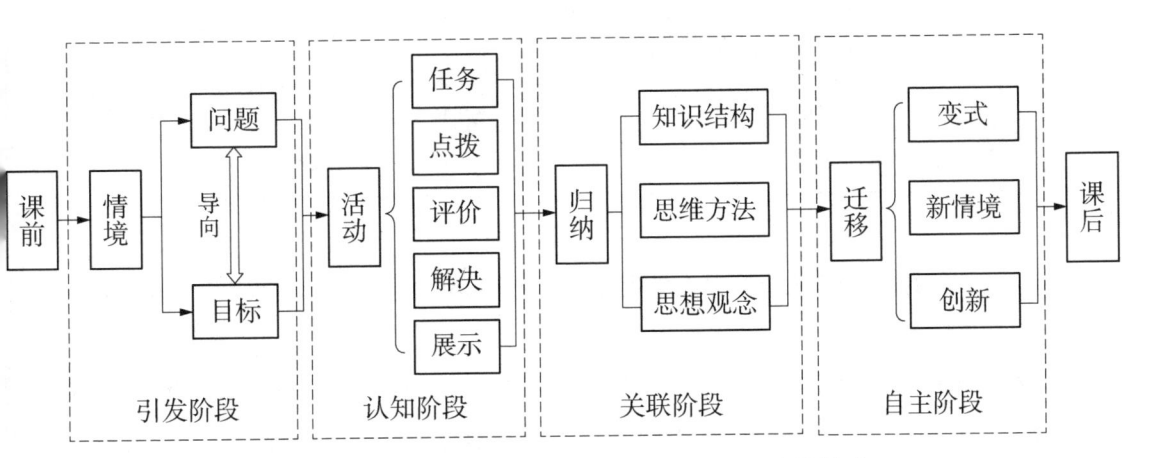

图1-1 指向学科核心素养培育的"双导向"教学模式

2. 评价融于教学活动。 在学习目标的导向下,课堂评价不仅仅是对学生学习结果的评判,还是收集学生学习表现、学习效果证据,并以此调节课堂教学过程的教学手段和方法。教师在确定学习目标之后,要精心设计评价任务和活动,尤其是表现性、过程性评价,使之成为教与学的活动的一部分。评价活动过程中,蕴含着教师对学生学习状态的深度了解与精准把握，这是使课堂教学科学有效的保障。

如"指向核心素养培育的初中科学'三环节'教学实践"，在对学习目标进行可操作、可检测的表述的基础上，进行教学评价的设计和目标达成的检测评价，使教师能在课堂教学前明确学生本节课要学到什么程度，在课堂教学中知道学生学到了什么程度，对学生的学习预期精准，对学生的检测有方法和工具。如表1-1所示的初一科学课程《食物的消化》教学目标与评价的一体化设计。

表1-1 初一科学课程《食物的消化》教育目标与评价的一体化设计

目标具体表现	检测评价标准	
	课堂	课后
1. 通过对淀粉的消化的实验探究，知道淀粉在口腔中消化成糖，知道唾液中含有消化酶。	会说出 会探究	会写出 会应用
2. 通过观看视频，比较蛋白质、脂肪、淀粉的消化，知道食物中各营养物质在人体内消化的基本过程。	会说出	会比较
3. 通过在实际生活中运用消化的有关知识，养成健康的饮食习惯，关注消化系统健康。	会说出 会评价	会应用 会关注

3. 学习过程合理充分，促进学生自主发展。 课堂教学要把学习的权利还给学生，释放学生的学习时空，合理安排充分的学习活动，激发学生的学习积极性和主动性，引导学生进行深度学习。教师作为学习过程中的引导者，应注重处理好引导、指导、疏导与学生自主学习和发展之间的关系。教师通过情境创设、适当点拨、方向引领等适合学习的方式方法，促进学生的自主学习，使学生有主动参与学习的活动、经历和时间。如通过预习、独立思考与探究、合作学习等经历体验感悟、意义建构和问题解决的过程，建构学生自主学习的能力，实现学习方式的转变，让学习行为真正发生。这是基于标准的课堂教学的关键。

如"'淘金式'阅读教学模式"，使学生基于自主选择，通过质疑的方式，大胆与文本进行深层互动，发展批判性思维能力。具体来说是学生通过前阅读和预思考提出问题，自主选择学习方向，教师据此调整教学目标和方案，在教学过程中弱化教师的讲解，强化学生的体验式活动，引导学生反思阅读过程，提高阅读能力。如图1-2所示。

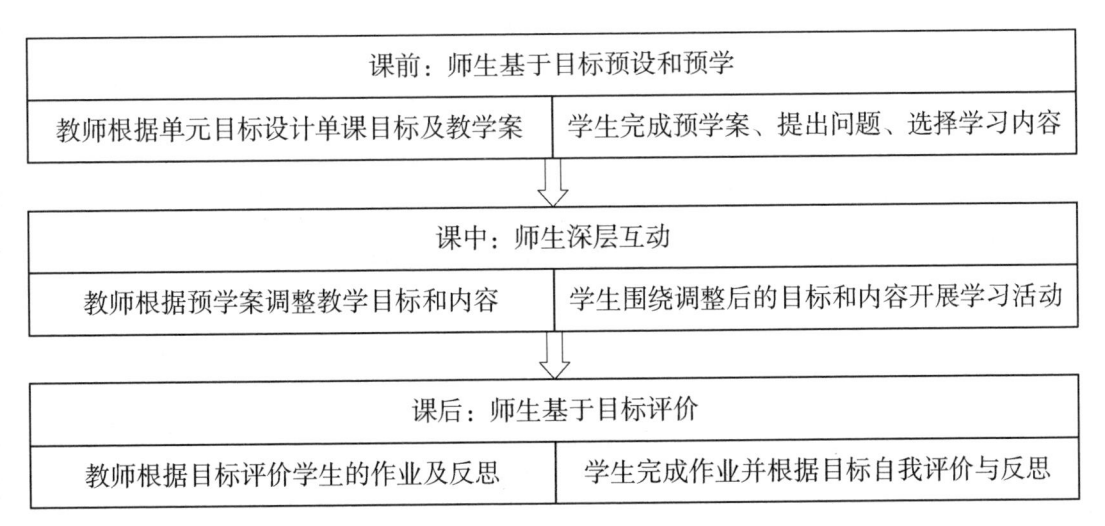

课前：师生基于目标预设和预学	
教师根据单元目标设计单课目标及教学案	学生完成预学案、提出问题、选择学习内容

⬇

课中：师生深层互动	
教师根据预学案调整教学目标和内容	学生围绕调整后的目标和内容开展学习活动

⬇

课后：师生基于目标评价	
教师根据目标评价学生的作业及反思	学生完成作业并根据目标自我评价与反思

图1-2 "淘金式"阅读教学模式

4. 学习氛围民主和谐，构建活力课堂文化。 教师基于对学生个体生命的尊重和学习无限潜能的欣赏，也基于对学生的长远发展的考量，在师生之间、生生之间的对话、合作、交流等互动过程中，营造安全、友好、平等的学习氛围，鼓励学生大胆发表观点和想法，允许学生犯错，不随意打断学生的思考与行动，欣赏思想的独特与合理的创造性行为，生生之间相互尊重、相互学习、认真倾听，从而建构宽松民主和谐的师生、生生关系，构建活力课堂，绽放师生个性，促进生命成长。这是师生持续发展的显性与隐性的课堂情境场域。

如"'一课三单'的小学数学'五学三动'教学模式"是以学为本的课堂范式的典型案例。其将课堂教学放在更广阔的时空里进行系统研究，课堂教学基于学生的前置性"研学"，课上展开"对学、群学、展学"，课后进行"延学"，课中强调合作讨论，交流分享，生生互动。教师站在儿童的立场上思考和开展教学，儿童要学、会学、有学习的权利，教师的教基于学生的学习，坚持"基于知识，高于知识，关注能力，指向素养"的教学价值取向。最为重要的是，该模式变以往教案为"三单"，即课前的研学单、课中的学历单、课后的练习单，从而解决现实中大量"虚假学习""游离学习"的问题，实现"真学习"。

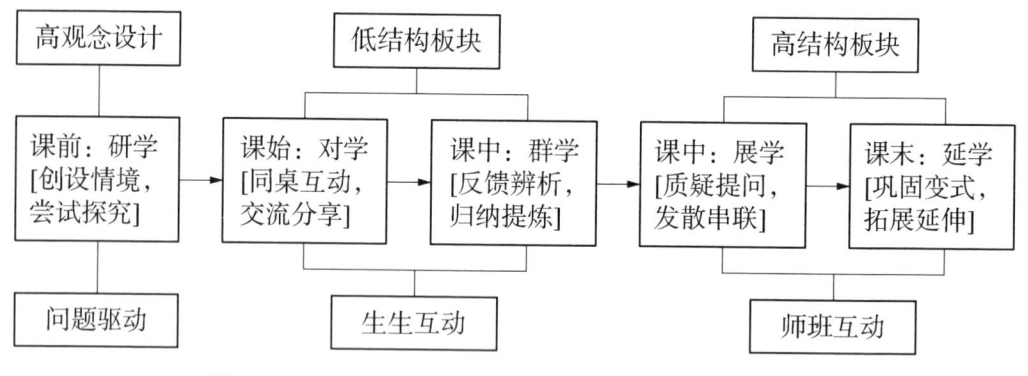

```
高观念设计          低结构板块                    高结构板块
    │        ┌──────┴──────┐          ┌──────┴──────┐
┌───┴───┐ ┌──────┐ ┌──────┐ ┌──────┐ ┌──────┐
│课前:研学│ │课始:对学│ │课中:群学│ │课中:展学│ │课末:延学│
│[创设情境,│→│[同桌互动,│→│[反馈辨析,│→│[质疑提问,│→│[巩固变式,│
│尝试探究]│ │交流分享]│ │归纳提炼]│ │发散串联]│ │拓展延伸]│
└───┬───┘ └──────┘ └──────┘ └──────┘ └──────┘
┌───┴───┐      ┌──────┐              ┌──────┐
│问题驱动│      │生生互动│              │师班互动│
└───────┘      └──────┘              └──────┘
```

图1-3 "一课三单"的小学数学"五学三动"教学模式

教学评一致的课堂范式,为教学评一致的课堂教学实施提供了基本框架,但并没有限定其具体的方法与教学形态,相反鼓励在基本规约下的形态多样化、个性化的探索,这也契合了以人为本和活力课堂的内在主旨。

三、基于课标转化的研修与教师发展

基于核心素养培育的区域教学改进,关键在教师。教师需要聚焦关键环节与关键问题,进行实践研究与研修,探索问题解决的思路、策略和方法,在此过程中提升相应的专业能力,这是教学改进至关重要的保障。经过近五年的基于课程标准教学的转化与指导研究,我们摸索出了教师研修转型之路,建构了"三位一体,四元协同"的教师研修结构模型。

(一)基于支架工具研发的研修路径

我们在基于课程标准进行转化的过程中特别关注支架和工具的研制路径和方法。为此,需要正确理解其中三个关键要素:一是研制与实施的主体必须是教师,不能由学科专家代替;二是研制与实施要同步进行,避免出现两张皮现象;三是教师的培训研修要贯穿始终,及时实现研究成果的课程化转化和辐射,关注教师课程能力的过程性建构与提升。因此我们明确了研制的基本思路,即区校分工,联动协同,以基于课程标准转化的三个支架和相应的工具为抓手,将研制、研修与实施统一起来,从而使研究的科学性、实施的有效性以及教师的课程能力得到协同整体提升,成事成人。具体路径如图1-4所示。

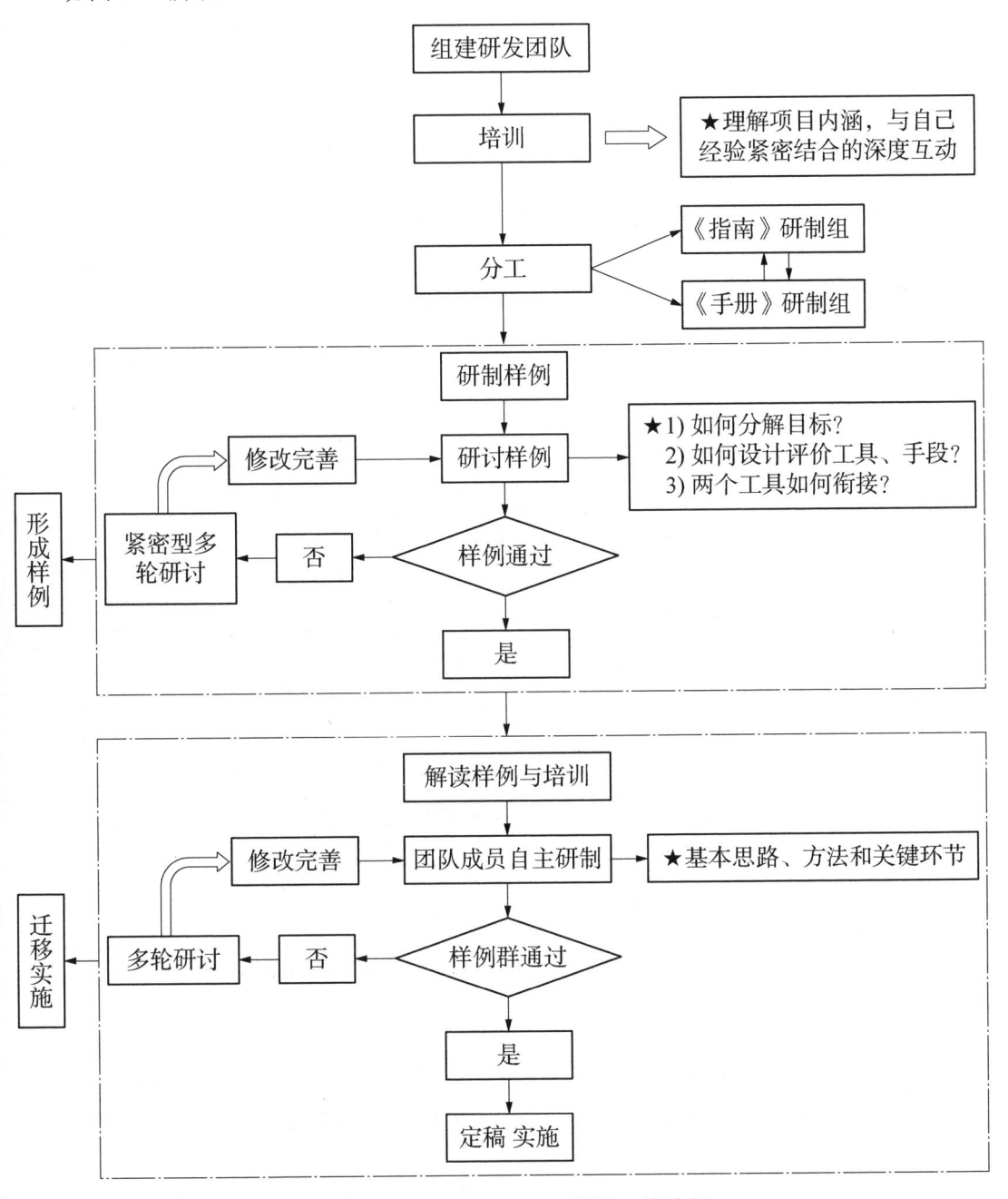

图1-4 基于支架工具研发的研修路径

流程：组建研发团队 → 培训（★理解项目内涵,与自己经验紧密结合的深度互动）→ 分工（《指南》研制组、《手册》研制组）

第一阶段（形成样例）：研制样例 → 研讨样例（★1) 如何分解目标？2) 如何设计评价工具、手段？3) 两个工具如何衔接？）→ 样例通过？否 → 紧密型多轮研讨 → 修改完善 → 研讨样例；是 → 形成样例

第二阶段（迁移实施）：解读样例与培训 → 团队成员自主研制（★基本思路、方法和关键环节）→ 样例群通过？否 → 多轮研讨 → 修改完善 → 团队成员自主研制；是 → 定稿 实施 → 迁移实施

这一路径中,教师研修活动主要集中于形成工具样例和迁移实施两个阶段,前者的研修活动旨在掌握工具研发思路和方法的同时,带出一支种子团队;后者则由这些团队的教师担任引领指导者,通过对样例的解读研讨,对其他教师展开培训,让有关的思路方法获得传播,并在更广的范围内运用和完善。这种角色互换中的连环跟进,对教师专业成长的持续支撑作用明显。

(二)"三位一体,四元协同"的研修结构模型

基于上述路径,我们提出了"三位一体,四元协同"的研修结构模型,以破解长期以来存在的教师研修目标不明确,活动随意性大,研修内容零散,缺乏系统性、针对性,组织实施形式与方法单一,缺乏提炼反思,研修成果传存性差等问题,该模型的结构如图1-5所示。

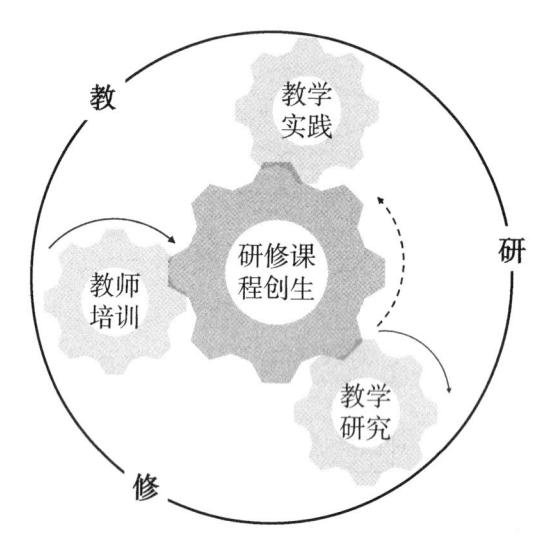

图1-5 "三位一体,四元协同"的研修结构模型

它是在教研修一体中引入课程要素,聚焦关键问题,以研修课程的创生为载体和纽带,将"教育教学实践""教育教学研究"和"教师培训"贯穿起来,形成了四者相互嵌入、有机整合的研修一体化模型。

(三) 基于工具研发与实施的研修策略

在"三位一体,四元协同"研修模型运行中,我们主要采取了两条主要策略。一是区校联动,消除教师的认知盲区和误区。在教师教学实施的关键处、教师教学思维的薄弱处联动,确保研修课程的系统建构和研修活动的有效实施。二是合作建构,建立教学经验的系统与结构化体系。课程的创生是研修的纽带,是研修团队成员合作建构的产物,基于工具支架研发的教师研修,涉及几乎所有的教学环节和要素,也孵化出大量的新知识、新经验,这些知识和经验在系列化处理的同时需要进行结构化设计,既解决研修成果传承性差等问题,也是研修活动课程化的集中体现。

第三节　区域教学改进的整体框架

一、区域教学改进的基本思路

(一) 对育人方式变革的理解

新时代国家提出教育要落实立德树人根本任务,发展学生核心素养,培养德智体美劳全面发展的社会主义建设者和接班人,并通过课程方案与课程标准的修订、教材的编制,进一步将学生发展核心素养融入课程体系,使教育目标更为清晰具体,在顶层设计层面为怎样培养人即育人方式的转型定向导航。育人方式的变革,是教育实践层面亟需突破的课改重点,这是课改是否成功的关键。如何开展育人方式的变革,从而实现高质量育人目标?我们把育人方式变革作为一个过程,从三个方面进行理解。

1. **育人方式的变革是一个整体推进过程。** 育人方式变革的整体性表现在两个方面。一是指育人方式内涵的丰富性和全面性,区别于狭义的具体的教育教学方法的认知,包括了学校课程体系的建构、教学目标的细化与内容的调适、教学方式方法的优化、学习评价方式的完善等学校需要校本化落实的课程教学诸要素的整合,如此才能实现课程的综合育人功能,促进育人目标的达成;二是育人方式变革的计划性与规模化,国家培养目标导向下的育人方式变革不是学校自发地、零敲碎打地推进,需要基本规范下的自主创新与顶层设计统领,对一个区域来说,不是几所学校的变革,而是全区所有学校的协同推进,需要系统设计变革方案,整合行政与专业等多种资源,统整实施,从而实现大规模的有效变革。

2. 育人方式的变革是一个持续改进过程。 育人方式与时代育人目标要求相适应,随着育人目标的不断完善和丰富而发生变革。同时育人方式与学生发展基础和需求契合,面对不同的学校、不同的学生,在微观层面具有情境性与复杂性。这些因素,决定了育人方式的变革是一个持续的过程。需要我们在系统设计的基础上,考虑变革的阶段性发展特点,着眼长远,点面结合,聚焦关键,重点攻坚。

3. 育人方式的变革是一个多元联动过程。 经过多年的改革与发展,教育的开放性与整合性逐渐形成,从教育的实施主体来说,学校、家庭和社会构成了协同育人的共同体;从教育的资源与保障来说,治理服务和专业引领整体推进。育人方式的整体变革,需要组建"行政—专业—实践"的联合体,在相互尊重平等的前提下,以校为本、行政推动、专业引领、区校联动,达成对变革的理解与共识,共同创新变革的经验与方法。

(二) 对教学改进的认识

在核心素养时代,关于教学改革的方向学者们达成了一些基本共识。部分学者强调,相对于传统的教学方式,核心素养时代的教学不应是教师向学生的单方面传授,而更强调教师与学生作为学习共同体参与学习(郑昀、徐林祥,2017;张光陆,2017)。另一些学者明确提出,教学活动必须以学生的学习为中心,在解决真实问题的过程中促进学生的深度参与和深度学习(罗祖兵,2017;张鹏、蔡清田,2017;郭华,2018)。相对于明确的改革方向而言,指向学生核心素养培育的教学变革在理论研究与实践推进方面我们要关注以下三点。

1. 原理性内涵阐述较多,具有操作性的定义需要实践探索。 我国指向核心素养的课程改革尚处于起步阶段,研究成果相对较少。对基于核心素养的教学的理解和界定,是在原有教学要素以及核心素养培养要求的比较、融合基础上加以解析,赋予其新的内涵。具体涉及教学目的、教学内容、教与学的关系、教学过程等方面的阐述。专家一致认为教学是以学生的学习为中心，指向学生的发展。教学内容应考虑从大观念出发加以建构，尽量避免以孤立的知识点展开教学（崔允漷，邵朝友，2018）；教是为了学生的学，为了学生学会学，教师是引导者、促进者和辅助者，教学过程是促进学生积极主动的学习过程（张鹏飞，2017）。上述只是对核心素养背景下有关教学的一些原理性主张，但尚未形成稳定的可操作的定义。特别是这些主张和认识，对于广大教师来说还缺乏批判性思考和接受的过程，更缺乏基于实践的自我意义建构。

2. 局部改进较多，基于实证的整体实践形态研究需要加强。 如何实施指向核心素养的教学，落实学生发展核心素养，国内外研究大都致力于推动以学习为中心的教学。在应然的原理性要求上，有学者指出教师要由单纯关注学科知识教学、考试教学转向全面关注学科能力教学、学生发展素养教学（王喜斌，2019）；要给学生提供足够的机会进行讨论和独立思考，开展有意义的学习，整合各类社会资源（张紫屏，2016），等等。在具体策略上，有学者强调，培育学生核心素养的教学，要将课时设计转到单元设计，将教学内容结构化、情境化和条件化，开发促进核心素养发展的单元案例；创设整合性的、真实的现实情境或主题；强调任务或问题驱动的深度学习过程（杨向东，2017）；有的强调将信息技术与学科教学深度统合（Dede C，2011）。目前的实践探索多聚焦于某一方面的专题突破，如深度学习、项目化学习等，部分区域的中小学进行了一定的探索，初步形成了一定条件下的教学操作流程，但总体上还需要基于循证实践的验证和完善，特别是需要对指向核心素养的教学结构加以重建、教学流程进行再构、探索和揭示学生学习的发生机制，并在此基础上推进课堂教学的整体转型。

3. 教师单一行动和零散经验较多，区域推进的整体实验和系统经验较少。 指向核心素养的教学改进是国家课程实施的重要内容之一，同时也是一个系统工程。区域作为沟通国家政策和学校实践的桥梁，有责任进行区域范围的整体探索，为区域性教学改进提供系统经验。从已有文献来看，有研究者从区域推进的行动层面提出了一些策略，如组建研究共同体、提供制度保障、建设共享资源等（郭冬红、周长凤，2018）。还有少数研究从提供智能化环境支持的角度，探索未来教室、智慧课堂、未来学习中心等区域性教学改革的举措。尽管这些研究促进了师生思维方式和行为方式的改进，为区域性教学改进提供了思考方向与认知空间，但对技术的依赖性大，成本高，大面积推广仍存在困难。目前，区域基于整体思考与设计，聚焦专业支撑这一核心，展开教学改进的整体探索尚不多见。区域专业机构亟需基于本地区的实际状况评估,从核心素养培育的要求出发,明确教学改进的目标、任务,建设操作实施的基本规范,提供系统的专业支持,从而为核心素养时代的教学改革创建系统经验。

(三) 区域推进的基本观点与思路

1. 区域推进育人方式变革与教学改进具有内在统一性。 根据对育人方式变革与教学改进的理解阐述,在区域推进实践层面,我们理清了两者的内在关系。基于国家对人才培养目标、课程顶层设计的明确规定,学校育人方式的变革,就是要解决如何培养人的问题,从课程教学的角度,就是如何实现国家课程校本化实施的问题,其难点是指向核心素养的教学改进。所以我们根据素养导向的课改要求,聚焦国家课程校本化实施的重点难点,以系统改进区域教学,构建教学新样态,实现育人方式的转型。

2. 系统转化是国家课程区域性推进与校本化实施的主要思想方法。 课程转化的理论,主要依据的是古德莱德(Goodlad)所提出的课程层次理论。古德莱德(Goodlad)把课程从理想概念到具体实施划分为五个阶段:理想课程(专家)、正式课程(国家)、领悟课程(教师)、运作课程(课堂)以及经验课程(学生)。从古德莱德(Goodlad)的课程层次来看,从设计层面的理想课程到学生最终获得的经验课程是一个不断转化的过程。在区域和学校的课改实践层面,课程转化就是基于国家设计的课程,经过一系列的承接、融合、具化、实施,变为学生实践体验的课程,从而实现国家课程的校本化实施,在此过程中,尽可能保持各个要素、各个层级的一致性,减少转化过程中的偏离与遗漏。正因为如此,课程转化具有系统性,从国家课程方案、课程标准、教材到学校的课程方案、教学目标、内容和活动、教学评价等方面,要梳理转化环节、统整转化要素,明确转化方法,开发转化工具。

3. 区域推进基本思路。 在上述分析与思考的基础上,我们形成了指向育人方式变革的区域教学改进的基本思路。以践行立德树人为根本任务,以发展学生核心素养为育人目标,将"核心素养进课程,核心素养进课堂,核心素养进评价"作为行动原则,助力学校变革育人方式,创新人才培养模式,系统优化学校课程方案,持续推进课堂教学转型,探索多元教育评价,完善教师研修模式,高品质实现整体优化。具体来说,指向学生核心素养发展,充分发挥课程整体育人、综合育人的功能,聚焦课程、课堂、评价三个核心领域的关键问题,依托以校为本、区校联动的教师专业研修支持系统,展开系统设计、统整实施,完成从正式课程到经验课程的逐层转化,构建以学习为中心的新课堂的区域变革方案,探索区域教学改进的路径、策略与方法。

二、区域教学改进的内容框架

基于上述思路,我们从课程转化、教学模型建构、教师研修三个方面确立了研究实践的内容框架。

(一)优化国家课程转化路线与内容

国家基础教育课程与教学改革持续深化,修订课程方案和学科课程标准,编制新教材,明确了核心素养发展要求,规定了学业质量标准,加强了教材与学科课程标准的匹配度,增强了课程宏观层面设计的系统导向、专业引领与操作指导的功能。但统一的素养导向的课标如何落到情境各异的课堂,仍然需要通过多样化的转化来实现校本化实施。通过梳理国家课程实施环节与关键点,明确国家课程系统转化的路线与内容,即将国家课程方案转化为五育融合的学校整体的课程规划,构建具有学校特色的课程体系;将国家课程标准转化为区域《学科教学指南》和学校《学科教学手册》,构建学科课程的教学目标体系、评价体系、内容体系。主要解决的是将国家设计的正式课程转化为教师教学层面、学生学习层面的设计课程的问题。

在此过程中,重点推进基于核心素养的学校课程的系统设计;优化国家课程校本化特色实施路径,有效落实新课程标准,实现学科育人目标;完善校本课程开发与实施的有效机制,深化基于核心素养的校本课程开发,充分实现校本课程的多样化、特色化、选择性和丰富性,从而提升课程的综合育人、全面育人功能。

(二)创建以学习为中心的教学模型与样态

育人方式变革的关键领域在微观的课堂教学,教与学方式的转型、课堂教学模型与样态的构建是主要任务。如何创建以学习为中心的课堂,开展基于素养培育的教学?我们的基本思路是,以课程标准与教学转化为基础,以《学科教学手册》为载体,建立教学评一致性体系,以单元教学为突破,构架以学习为中心的教学模型,创建具有学科特点的学习为中心的教学新样态,为区域推进课堂教学转型提供系统经验。其中要突破的关键是如何整合学科知识逻辑和学生素养发展逻辑,重构学科教学的实践逻辑。主要从三个方面着手:一是在教学设计上,要将课时设计转到单元整体规划与设计,将教学内容结构化、情境化和条件化,为此需要研制单元教学设计模版,开发促进核心素养发展的单元典型案例;二是在教学过程中,要创设整合性的真实情境或主题,强调任务或问题驱动的深度学习过程,探索自主学习、探究学习、合作学习等多种学习方式,为此,教师要开发和搭建自主、深度学习的支架;三是评价融于教学过程,目标导向,评价伴随,教师和学生自主监测和调控教与学的全过程,需要基于学生的学习经历与表现,开展过程性、表现性评价实践研究。通过上述研究,重建指向核心素养的教学结构、再构教学流程、探索与揭示学生学习发生机制,从而科学建构教学新样态。

(三)优化教师关键能力提升的深度研修机制

育人方式的变革,指向核心素养的教学改进,教师是关键要素。在变革的过程中,教师的理解、参与的方式与程度,决定变革的效果,而教师的胜任能力是核心因素。如何大面积地提升区域教师指向核心素养的教学改进能力?基于原有区域的研修经验,在"三位一体,四元协同"的研修结构基础上,我们聚焦教师关键能力发展,优化教师研修,为实现育人方式的变革提供重要的专业支持系统。我们从两个方面进行了突破。第一,明确素养时代教师的关键能力。在梳理和理解课程教学改革深化对教师的需求之后,结合对全区教师指向核心素养的教学现状调查分析,我们明确了现阶段区域教师的五大关键能力,即课程设计能力、课堂实施能力、学生发展评价与指导能力、信息技术应用能力、系统反思能力,五大能力指向了素养培育的课程实施中的关键环节与关节问题的解决。第二,明确了教师关键能力发展的双轨融合机制。该机制在"三位一体,四元协同"的研修模型基础上,指向教师关键能力,以核心问题解决的任务驱动,开展多样化的团队实践与反思、研究与研修,并将过程性的资源通过迭代发展,形成研修课程群。在此过程中,实现教学的改进与教师关键能力的发展。

本章小结

在此章中,我们从现实逻辑出发,基于新时代课程改革要求与区域基础教育发展现状,围绕区域推进育人方式的变革,指向核心素养的教学改进,从教育质量观、学校课程体系建设、课堂教学、教师研修等四个方面存在的问题进行梳理和剖析,为区域教学改进研究把脉。与此同时,基于国家课程的区域性转化与校本化实施,从课程标准的层级式转化工具的研制与实施,教师"三位一体,四元协同"的研修结构模型等方面,对区域前期的研究成果和经验进行解析,为区域教学改进研究奠基。在此基础上,基于对育人方式变革与区域教学改进的实践性理解与系统思考,将系统转化作为区域改进的主要思想方法,形成聚焦课程、教学、评价和研修的四个关键环节的整体改进思路与框架。

第二章

系统转化：从正式的课程到运作的课程

育人方式变革的关键是怎样培养人，载体是课程实施，路径是教学转化，实践是教学改进。将国家颁布的正式课程转化为区域内学校的运作课程要解决的关键问题有三个。其一，如何基于国家课程方案构建学校课程体系。从区域角度面临的挑战是，把握国家课程改革的基本方向，从实施立德树人工程的高度出发，指导区域各校构建五育并举的学校课程体系；学校面临的挑战是，如何借力区域专业支撑，结合学校现有基础及学生群体的特点，构建学校的课程体系，落实课程育人的目标。其二，如何实施国家课程的教学转化。要攻克的难点在于，将国家颁布的正式课程借助科学有效的工具支架和教学模型，转化为符合学生认知规律的运作课程，从而使区域学校教学真正实现促进核心素养培育的目标。其三，如何实施学为中心、以评促学的教学改进。教师要树立以关键能力和必备品格为表征的育人理念，以此统领教学行为的改进，实现素养育人的目标。

解决从正式课程到运作课程的关键问题，首先要从区域层面进行整体规划，研制落实国家课程方案的相关政策、实施意见和方案步骤，推进正式课程到运作课程的转化，指导区域各校构建学校课程体系；其次借力区校双轨的研修机制，在充分理解国家课程的基础上，建构学科教学目标与评价体系，统整课程内容，借助《指南》《手册》等工具，富集区校同伴智慧，实施单元设计，探索科学有效的运作课程；在此基础上，基于学校课程体系的框架，依托区域和校本研修，不断改进课堂教学，推进育人方式的变革。

第一节　从国家课程方案到学校课程规划

上世纪末本世纪初,世界范围内掀起的核心素养热潮实质上是教育质量的升级运动,是国际教育竞争的集中反映。中国 2016 年发布了学生发展核心素养,2017 年颁布了普通高中新课程方案和新课程标准,进入了指向核心素养、以育人方式变革为标志的课程教学改革的新阶段。

育人方式的本质是怎样培养人,主要载体是课程实施。根据古德莱德课程层次理论,从正式的课程(如课程计划、课程标准、教材等)到理解的课程、运作的课程和经验的课程,既是课程设计实施的层次系统,也是一个完整的转化系统。如何解决课程层次之间的落差是达成课程育人目标、实现育人方式变革的关键问题。因此课程的系统转化(理想课程—正式课程—理解课程—运作课程—经验课程)既是课程校本化实施的主要策略,也是实现育人方式变革的基本策略。主要任务有三个方面,即实现三个转化:一是将国家课程方案转化为学校课程规划;二是基于学情将课程标准、教材转化为教学方案;三是将教学方案转化为学生的习得经验。

基础教育课程承载着党的教育方针和教育思想,规定了教育目标和教育内容,是国家意志在教育领域的直接体现,在立德树人中发挥关键作用。推进育人方式变革的区域课程教学改进行动,首要任务是引导区域学校在课程体系建设上有整体的规划(包括学校特色课程建设),着力推进国家课程标准的校本化实施,把握国家课程校本化(指对国家课程方案的校本化实施,既包括国家必修课程、选择性必修课程和选修课程的校本化实施,也包括校本课程的学校建设)实施的基本要点、有为空间以及行动路径。

一、国家课程校本化要点解读

(一) 把握国家课程改革的基本方向

首先,必须牢牢把握国家课程改革致力于推进构建德智体美劳全面培养的教育体系，形成更高水平的人才培养体系。国家新一轮课程改革，是在2018年全国教育大会的精神指导下进行的。此轮课程改革，就是要在培养什么人、怎样培养人、为谁培养人这一根本问题上，全面加强党对教育工作的领导，坚持立德树人，加强学校思想政治工作，推进教育改革，加快补齐教育短板，努力构建德智体美劳全面培养的教育体系，形成更高水平的人才培养体系。

努力构建德智体美劳全面发展的教育体系，培养德智体美劳全面发展的社会主义建设者与接班人是此次课程改革的指导思想，也是区域教育以及学校推进国家课程校本化实施的行动指南。形成更高水平的人才培养体系，强调课程改革是人才培养体系的重要一环，需要考虑与其他各个环节的相互衔接、互为依托的关系，强调学校的课程改革必须把立德树人融入思想道德教育、文化知识教育、社会实践教育各环节，贯穿基础教育、职业教育、高等教育各领域，学科体系、教学体系、教材体系、管理体系都要围绕这个目标来设计，教师要围绕这个目标来教，学生要围绕这个目标来学。凡是不利于实现这个目标的做法都要坚决改过来。

学校在推进德智体美劳全面发展的教育体系过程中深化课程改革，需要对新时代的学校德育、美育、体育、劳动教育方面的课程建设进一步加以关注。这在国家发布的政策文本《关于深化新时代学校思想政治理论课改革创新的若干意见》（2019年8月30日）、《关于全面加强新时代大中小学劳动教育的意见》（2020年3月20日）、《关于全面加强和改进新时代学校体育工作的意见》（2020年10月15日）、《关于全面加强和改进新时代学校美育工作的意见》（2020年10月15日）中有比较清晰的指引，需要学校在推进国家课程校本化设计中认真贯彻落实。

其次，必须牢牢把握国家课程改革致力于育人方式的变革与人才培养模式的改革创新。《关于新时代推进普通高中育人方式改革的指导意见》（2019年6月11日）与《关于深化教育教学改革全面提高义务教育质量的意见》（2019年6月23）这两个指导性政策文件给予了方向性导引要求。

普通高中育人方式变革的政策文本中，进一步明晰了深化育人关键环节和重点领域改革，包括构建全面培养体系，优化课程实施，创新教学组织管理，加强学生发展指导，完善考试与招生制度，强化师资和条件保障。其中在课程建设上，强调依照普通高中课程方案，合理安排三年各学科课程，开齐开足体育与健康、艺术、综合实践活动和理化生实验等课程。加强学校特色课程建设，积极开展校园体育、艺术、阅读、写作、演讲、科技创新等社团活动。关注学生个性化、多样化的学习和发展需求，促进人才培养模式的转变。

在深化教育教学改革全面提高义务教育质量方面，强调在坚定理想信念、厚植爱国主义情怀、加强品德修养、增长知识见识、培养奋斗精神、增强综合素质上下功夫。在课程教材建设上，进一步明确了国家建立义务教育课程方案、课程标准修订和实施监测机制，完善教材管理办法。

第三，必须牢牢把握国家课程改革致力于学生全面而有个性发展与学校教育评价方式的突破。这在教育部制定的《普通高中课程方案（2017年版2020年修订）》、《中小学综合实践活动课程指导纲要》（2017年9月25日）以及《教育部等五部门关于大力加强中小学线上教育教学资源建设与应用的意见》（教基〔2021〕1号）、《深化新时代教育评价改革总体方案》等文件中有明确的导引。

为促进学生全面而有个性的发展，国家对高中阶段课程改革强调多样性、综合性、实践性方面的引领，注重在推进各学科课程标准实施过程中凝聚与落实学生的学科核心素养，关注信息化环境下的教学改革，提供适合学生个性发展的良好现实平台与创新空间。在学校教育评价方式上，则强调坚持科学有效，改进结果评价，强化过程评价，探索增值评价，健全综合评价。坚持统筹兼顾，针对不同主体和不同学段、不同类型教育特点，分类设计、稳步推进，增强改革的系统性、整体性、协同性。坚持中国特色，扎根中国、融通中外、立足时代、面向未来，坚定不移走中国特色社会主义教育发展道路。

（二）明晰国家课程改革的基本要点

1. 实施新时代立德树人工程，构建五育并举的学校课程体系。 推进国家课程校本化实施，应注重这一要点的有效贯彻落实。在落实过程中要处理好学科课程与综合实践活动、劳动教育课程的关系，不能简单地把综合实践活动、劳动教育融入相应学科课程体系，而应针对性地考虑与设计。正确认识国家对必修课程、选择性必修课程、选修课程凸显多样性（支持个性化）、综合性（突出关联性）、实践性（强化做中学）的设计思路，注重课程统整，实现五育融合实施。要注重引导学生从实践性学习活动和跨学科学习活动中优化学习经历。

2. 建设和优化学校特色课程（群），保障选修课开设质量。 要注重推进国家课程的规定性和校本课程建设的丰富性相结合,保障学生应该具备的共同知识基础和切合学校实际、学生特点的特色课程群建设;校本课程建设应关注课程形态的具备与实施要求,包括目标指向、内容关联、经历丰富、资源支持、评价系统等。关注校本课程开设的规范性,包括设计规范,如流程、属性、问题链的梳理;实施规范,包括课时设置、实施评价、档案整理。每一门校本课程的开设,要明确价值取向、内容领域、设置安排、资源支持、编制审核、教学建议、评价要求等,不能随意开设。对于校本课程,要注重课程分层,明确基础性、发展性、挑战性等多层次结合,以满足学生的多样化需求,扩大受益面。

3. 进一步深化教学改革,提供因材施教的多样方式。 一方面学校要大力坚持素养导向,进一步丰富学科教学实践,努力探索综合学习形态,拓展因材施教的实施方式。在教学改革中,要强化知识的生成和应用过程,注重开发伴随知识生成和应用过程的思想方法,如综合取向的生活逻辑与分解取向的学科逻辑相补充,建构进阶取向的教学逻辑。另一方面要注重推进指向学科核心素养培育的单元教学,促进深度学习发生的教学方式变革。将素养导向的单元教学、真实情境的深度学习、问题解决的进阶评价、线上线下的智能支持作为新课程实施中新教学形态的基本要素加以研究实践。在促进因材施教的教学过程中,教学目标应体现核心素养培育和质量标准达成,推进教育内容组织结构化和内容呈现情境化,凸显用资源支持学习活动的自主性、衔接性,在教学、作业、评价上保持一致性。

4. 深入开展育人方式转变的教学研究,形成多样的校本研修机制。 在推进国家课程的区域性校本化实施过程中,要研究课程内容的目标导向、问题导向,着眼全面育人视角,针对关键环节进行突破;要强化对课程标准的学习视角,进行系统规划与系统性转化。创新转化实施的研修机制,区校联动,以区域研修创新带动校本研修的创新。

5. 优化学生发展指导,努力探索学校评价改革。 国家新一轮课程改革,十分强调学校建立学生发展指导制度,加强对学生的理想、心理、学业、生活、生涯规划等方面的指导,开展多种形式的指导活动,让学生正确地认识自我,处理好兴趣特长、潜能倾向与社会需要的关系,在生涯发展、心理辅导、选课指导、职业体验等方面做出切合学校发展实际的改革。在优化学生发展指导的同时,要进一步完善学分认定与管理制度,促进综合素质评价与规范考试评价,探索考试评价改革。在评价类型上,要注重测验考试、作业评价、活动评价、综合评价的结合;在评价工具上,要选择稳定性与解释性结合的衡量工具;在评价方法上,要注重诊断、改进与增值评价,注重评价的结果表达与结果使用。

6. 充分开发与利用课程资源,做好课程实施的组织管理与技术支撑。 在开发学校课程资源上,要注重校园的整体环境资源变革,这是推动教学方式变革的抓手。学校要充分开发与课程实施匹配的场馆资源,做到有规划、有建设;注重与课程教学整合的实验资源开发,在阅读资源、视频资源以及作业和评价资源等方面探索推进数字化。在学校课程实施的组织管理上,要关注课程制度建设,推进选课走班、学分认定以及教学质量保障,注重在领导体系与部门设置上做好匹配。在新一轮课程改革中,必须认清现代信息技术、数字技术、人工智能技术对学校改革环境的影响,促进现代技术与课程教学的融合,注重提供技术资源的丰富性,技术工具的互动性、直观性,技术平台的汇聚性,技术数据服务的智能化,包括数据输入、分析模型、服务机制等,进一步推进教学管理,深化个性化教学。

二、国家课程校本化整体设计

基于国家课程方案,根据学校的育人目标、办学理念、学校特色、学生需求与面临的新形势、新挑战,进行国家课程校本化整体设计,包括课程目标、结构、特色、实施、管理、评价、师资、条件保障等一体化设计。

(一)构建育人方式变革区域行动路径

在区域层面,通过顶层设计,提出指向育人方式变革,凸显"3+3+3+1"内涵的区域行动路径(图2-1),即聚焦课程、课堂和评价三个核心领域;把握课程转化中理解、设计和实施三个要点;形成定位问题、开发工具、循证改进三个关键策略;构建一个区域专业支持系统。

(二)国家课程校本化整体设计的有为空间

国家课程校本化整体设计的有为空间,在于关注育人方式的五育并举融合实施。其内在联系是立德树人与以人为本的内在统一。在整体设计过程中,关注在课程、教

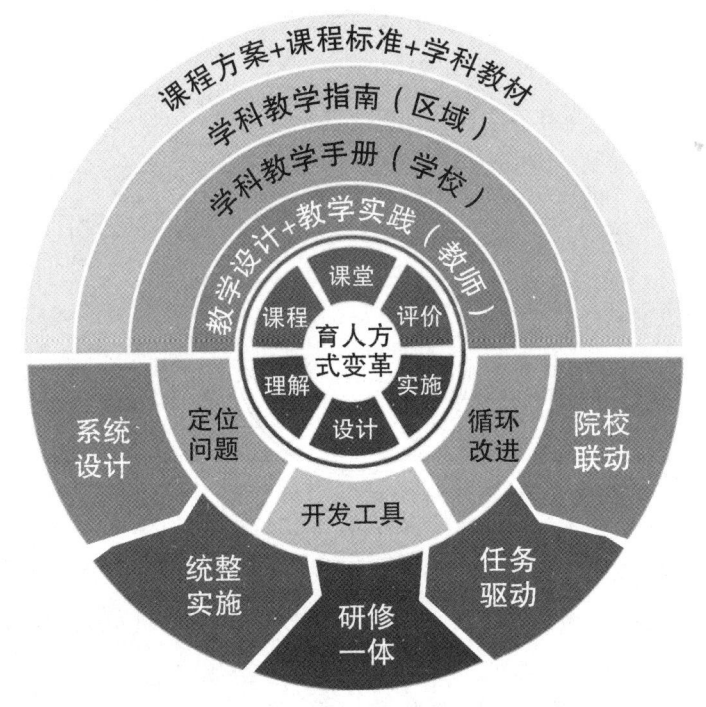

图 2-1 育人方式变革区域行动路径

学、评价、招生、管理、环境、教师等方面进行突破,在多样化课程、综合性课程、实践性课程方面进行创新,在教学方式和评价方式变革、信息技术与课程教学融合上找到切入点。国家课程校本化整体设计,要实现育人模式的变革,显现德育为先、能力为重、关注经历、资源支撑的大规模因材施教等基本特点。

1. 寻求学校课程体系的统筹谋划。《普通高中课程方案(2017 年版 2020 年修订)》中,进一步明确了学校课程体系的三类课程结构:必修课程、选择性必修、选修课程。国家课程方案规定高中生毕业应修满 144 学分,但从整个课程方案设置的学制与课时要求来看,学校课时安排可以提供 210 学分,即学校有 66 学分可机动,用以推进学校校本特色的彰显与育人个性的弘扬。

2. 坚持把发展学生核心素养作为课程体系建设的关键。 学生发展核心素养是指适应未来社会发展需要和个人终身学习需要所应具备的关键能力、必备品格和核心价值观。学科核心素养是学生在接受学科教育过程中逐步形成的适应个人终身发展和社会发展需要的正确价值观、必备品格、关键能力,是学生通过学科学习内化的带有学科特性的关键品质。课程体系建设中,要关注学生核心素养发展目标,关注学科核心素养培育对学生核心素养发展的汇聚价值。

3. 坚持把教学改革作为学校教育质量提升的关键。 在教学改革的设计中,要关注素养导向,丰富学科实践,探索综合学习,实施因材施教。在教学改革的理论逻辑遵循上,强调进阶取向的教学逻辑、分解取向的学科逻辑、综合取向的生活逻辑。在教学改革实践智慧积累上,注重素养导向的单元教学、真实情境的深度学习、问题解决的进阶测试、线上线下混合学习。

4. 要着力破解教育评价的难题。 在国家课程校本化整体设计中,要将学校评价导向于培养时代新人(中国特色社会主义建设者与接班人),做到立德树人、问题导向、科学有效、统筹兼顾、中国特色。改革学校评价、改革教师评价、改革学生评价。在学校评价的实践路径上,要注重改进结果评价、强化过程评价、探索增值评价、健全综合评价。

5. 关注信息技术融合与数字化学习能力培养。 学校应通过现代技术的引入,促进学校教育教学的流程再造、内容重组、时空拓展、数据跟踪、个性定制。在课程的数字化整合上,要推进课内外一体化思考,进行结构化内容重组与情境化内容呈现,注重教学活动化流程再造,持续促进深度学习,落实核心素养,形成数字化学习能力。

(三)开发国家课程方案转化的技术

这里的技术包括操作路径、工具、策略等。在课程领域,以转化工具开发为抓手,定位和解决的问题是如何依据国家课程方案,构建五育并举、融合实施的学校课程体系。其主要任务是编制学校课程规划,它是学校课程实施的"蓝图",也是课程育人的"起步",我们主要从三个方面展开探索:

1. 学校课程规划思路与模板。 规划编制,要依据学校的现状和育人目标,对课程的发展进行定向,对结构内容进行架构。据此,研制了由"六大领域"和"十个要点"组成的学校课程规划思考框架,为学校课程规划的编制提供指引(表2-1)。

表 2-1 学校课程规划思考框架

领域	要点	具体内容
一、课程	1. 构建立德树人、五育并举的学校课程体系	
	2. 选修课开设,即特色课程建设	
	3. 五育融合实施,强化实践性学习经历	
二、教学	4. 推进教学改革	单元教学设计 作业 教与学方式
	5. 优化学生发展指导	
三、评价	6. 探索考试评价改革	学业评价 活动表现评价 综合素质评价
四、管理	7. 创新组织管理	组织架构 选课走班 学术认定 质量保障→课程制度
五、研修	8. 校本研修	突出全面育人研究 加强关键环节研究 创新研修方式
六、环境	9. 开发课程资源	实验 场馆 图书 课例 ……
	10. 信息化融入课程教学	

与此同时,还编制了学校课程规划内容框架(表2-2),各校参照模板,通过深入诊断、分析和谋划,编制出各具特色的课程规划。

表2-2 学校课程规划内容框架

板块	内 容
一、编制依据 ↓ 回答为什么	(一)背景现状:政策分析+SWOT分析
	(二)办学理念:办学传统+理念提炼
	(三)培养目标:针对国家培养目标的强化和补充
二、课程设置 ↓ 回答是什么	(一)课程体系:结构示意图+类别学分示意图
	(二)科目设置:各科目周课时安排+一日活动安排
	(三)特色课程:结构示意图+类别学分示意图
三、实施建议 ↓ 回答如何做	(一)课程建设:方向+路径+抓手
	(二)发展指导:方向+路径+抓手
	(三)教学改革:方向+路径+抓手
	(四)评价改革:方向+路径+抓手
四、实施保障 ↓ 回答如何做	(一)组织领导:组织架构+工作机制
	(二)校本研修:开放性+针对性+实践性
	(三)环境建设:环境+资源+技术

2. 编制学校课程建设的评价标准。 依据学校课程规划的内容,我们编制了由"4项一级指标""7项二级指标"和"33个观察点",以及配套数据采集分析工具构成的《徐汇区中小学(幼儿园)学校课程建设评估方案》,对学校课程体系建设和完善展开动态评估与反馈。

3. 提出学校课程建设的实施建议:

① 建设优化学校特色课程(群),形成国家课程框架下选择性选修课体系,满足学生不同需要与学校特色发展;

② 开发整合各类课程资源,营造学生发展的创客空间,促进多方协同办学,完善纵横双向学生培养格局;

③ 增强课程实施的组织管理与技术支撑,注重个性化学程和学分制管理的智能升级,共建共享,探索信息化和教学深度融合。

由此,通过工具指引,展开课程规划的编制、实施和评估,构建学校课程体系,既是国家课程的重要转化,也是实现课程育人的顶层设计和底线支撑。

(四)国家课程校本化整体设计的基本任务与案例分析

国家课程校本化整体设计的基本任务,表现在学校课程规划编制、国家课程的校本化实施以及学校特色课程建设。学校课程规划编制,强调基于国家课程方案,形成改进机制;国家课程的校本化实施,强调基于国家课程标准进一步联系教材、丰富资源、强化设计;学校特色课程建设,强调基于学校办学目标,注重学校特色、学生需求、现实条件,提炼规格程序。

1. 学校课程规划编制任务。
2. 编制学校课程规划的要素框架,如表2-2所示。

表2-3 学校课程规划框架

序号	要素	备注
1	背景分析	优势 Strength(学校文化、校内外资源……) 劣势 Weakness(学校环境、学生习惯……) 机会 Opportunity(教师年轻、管理风格……) 威胁 Threat(学科不平衡、家庭背景……)
2	目标设定	SMART 原则: 具体的(Specific) 可衡量的(Measurable)

续 表

序号	要素	备 注
		可达到的(Attainable) 真实客观的(Realistic) 有明确的截止期限(Time-based)
3	课程结构	
4	课程设置	
5	课程实施	
6	课程管理	
7	课程评价	
8	实施保障	
9	其他	计划依据、计划说明

首先,应注重对学校现状的分析。可以采用 SWOT(优势 Strength、劣势 Weakness、机会 Opportunity、威胁/挑战 Threat)框架,用问卷和访谈相结合方式,明确攻关方向,形成共同愿景。

案例2-1 SH中学课程建设基础分析

已有改革经验与成果:

1. 集选择性、现代性与探究性于一体的校本课程体系建设;

2. 促进学生个性潜能发展的课程组织管理方式;

3. 促进学术志趣聚焦的"三高"教学与跨学科教学;

4. 拓展学生个性化发展空间的评价系统构建;

5. 整合校内外资源的大中学合作的育人模式;

6. 信息技术与教育教学深度融合的智慧校园建设。

面临的主要挑战与困难:

1. 五育并举在课程实施中的落实尚待加强;

2. 强调自我与社会结合的学生发展指导系统尚待优化;

3. "三高"教学模式与"双新"的对接系统尚待完善;

4. 基于真实学习过程的评价体系尚待理顺;

5. 基于智慧校园建设的泛在学习生态体系尚待建立。

由此可以看到,SH中学的现状分析采用SWOT框架,用问卷和访谈相结合方式,明确攻关方向,形成共同愿景;体现目标导向(基于国家课程方案)与问题导向相结合;反映国家方案、上海特点和校本特征。

其次,依据学校课程规划,编制框架明确课程改革目标设定、课程结构、课程设置、课程实施(课程开发规范与教学改革)、课程管理、课程评价等板块,确定重点突破领域,明确行动路径。

案例2-2 SH中学课程体系建设思路与行动策略

学校从全面贯彻党的教育方针、全面落实立德树人的根本任务,以及全面实施素质教育的要求出发,坚持新课程新教材的"忠实实施、优质拓展、整体提升"的发展取向,形成聚焦一个"目标"、提升两大"素养"、凸显三个"亮点"、激活四大"平台"、优化五个"系统"的建设方案。其中聚焦一个"目标"与提升"两大素养"是学校建设国家级示范校的价值追求;凸显三个"亮点"、激活四大"平台"、优化五个"系统"是学校建设国家级示范校的实践突破。

1. 聚焦一个"目标"。落实立德树人根本任务,强化五育并举,促进学生全面而有个性地发展,为使高中生成为有理想、有本领、有担当的时代新人与创新人才奠基。

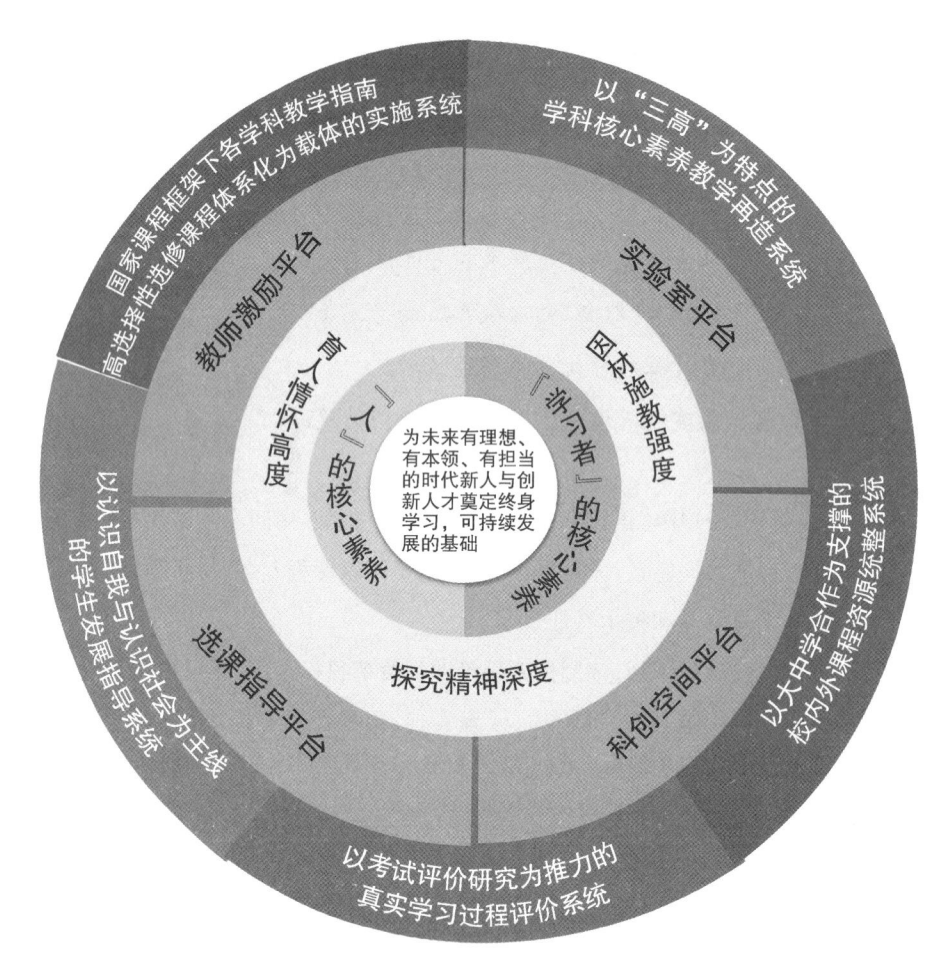

图2-2 SH中学课程体系建设思路与行动策略

通过高中育人方式的变革,实现"凝聚人心、完善人格、开发人力、培育人才、造福人民"的学校教育改革追求,促进学校持续走在构建世界一流研究型、创新型中国基础教育顶尖名校发展之路上。

2. 提升两大"素养"。提升"人"的核心素养和"学习者"的核心素养。其中"人"的核心素养主要体现在作为时代新人需要具备不断学习以适应时代发展的正确价值观、必备品格和关键能力。

"学习者"的核心素养体现在通过高中阶段各学科核心素养的学习者内化,为学生适应社会生活、高等教育和职业发展做准备,为学生终身发展奠定基础,为学生成为未来国家发展需要的高水平人才夯实根基。

3. 凸显三大"亮点"。(1)凸显新课程新教材的"育人情怀"高度的教育教学改革,凸显高中育人方式变革的时代特点与思想高度。(2)凸显新课程新教材实施的"因材施教"强度,国家课程框架下切合学校与学生特点的创造性实施。(3)凸显新课程新教材实施的"探究精神"深度。以跨学科研究、深度学习、课题开展与项目设计等为载体进行突破,深化基于学习生活记录的评价制度改革。

4. 激活四大"平台"。新课程新教材的实施需要相应的教师资源、课程资源、实践资源、技术资源匹配,学校将立足原有基础,激活如下四个平台:(1)新课程新教材实施的教师激励平台;(2)拓宽激发学生兴趣、开发学生潜能的实验室探究平台;(3)围绕学生生涯发展指导,进一步优化学生的选课指导平台;(4)提升学生进行探究创新的科创空间平台。

5. 优化五个"系统"。包括:(1)国家课程框架下各学科教学指南、高选择性选修课程体系化为载体的实施系统;(2)以认识自我与认识社会为主线的学生发展指导系统;(3)以"三高"为特点的学科核心素养教学再造系统;(4)以考试评价研究为推力的真实学习过程评价系统;(5)以大中学合作为支撑的校内外课程资源统整系统。

SH中学课程建设整体思路符合国家和上海课程方案及相关要求,学校愿景、使命与目标明确,突出立德树人要求与育人方式的改变。目标定位高、视野宽,内容完整,重点突破领域的行动策略明确适切。

案例2-3 SH中学课程建设重点突破

1. 优化学校课程体系,形成资优生德育和资优生劳动教育特色;
2. 个性化学程和学分制管理;
3. 促进以"学术共同体"为根基的教学学术;
4. 探索不同类型的课程中跨学科项目式学习的模式;

5. 深化"双新"背景下以导师制为代表的大中学合作育人机制；

6. 建立基于数据跟踪分析的生涯发展指导体系；

7. 打造面向未来学习者的学习环境；

8. 开发基于真实学习过程的评价工具和有效的描述性反馈。

SH中学课程体系建设聚焦8个方面进行实践突破，注重国家"双新"要求与学校创造性落实难题的突破；注重对标于新课程方案的课程实施与评价系统难题的突破；注重指向学生核心素养提升与学术志趣激活平台创设难题的突破。体现了新课程实施国家战略要求，反映了基层课改实践需求，彰显了国家级课改示范校的使命担当。

第三，明确课程建设任务、实施建议，对学校课程规划编制的各个板块进行丰富与完善。

案例2-4 SH中学课程建设任务举例

任务1：形成国家课程框架下各学科教学指南与高选择性选修课体系化实施系统

1. 工作目标

在国家课程框架下，形成符合新课程新教材实施要求、满足SH中学学生发展需求的各学科教学指南，并在推进学生德智体美劳全面发展基础上的个性潜能开发思想指引下，进一步整合学校多年来形成的高选择性选修课程体系，形成切合学校"聚焦志趣、激发潜能"办学特色、落实五育并举与提升学生核心素养、内化学科核心素养与SH中学教学特色的高选择性选修课体系化实施系统。

2. 工作举措

整体规划课程体系，体现学校特色优势。开足开齐开好课程标准规定的课程，在规定的课时总量中保质保量加速完成规定的教学任务；关注规定课时中"溢出内容"选择的科学性；进一步优化整合学校多样、高选择性的选修课程。根据SH中学学生特点和师资水平，创造性实施国家必修课程与选择性必修课程，整合有助于学生潜能激发的内容,引导学生科学选择课程溢出内容的学习。

学校"聚焦志趣、激发潜能"的办学理念与五育并举的融会贯通。"聚焦志趣、激发潜能"既有关注学生理想信念、理智理性、积极进取的德育要求,也有促进不同潜质学生的学科素养、自主学习、终身学习的智育要求;既有促进学生"向上、向善、向美、向真"的美育关注,也有强化学生运动能力、坚韧品格、健康行为的体育追求,更有深化学生职业技能、自我服务、社会公益的劳育情怀。学校将围绕此理念与五育并举要求提供多样的模块、活动来促进学生的成长(如图2-3所示)。

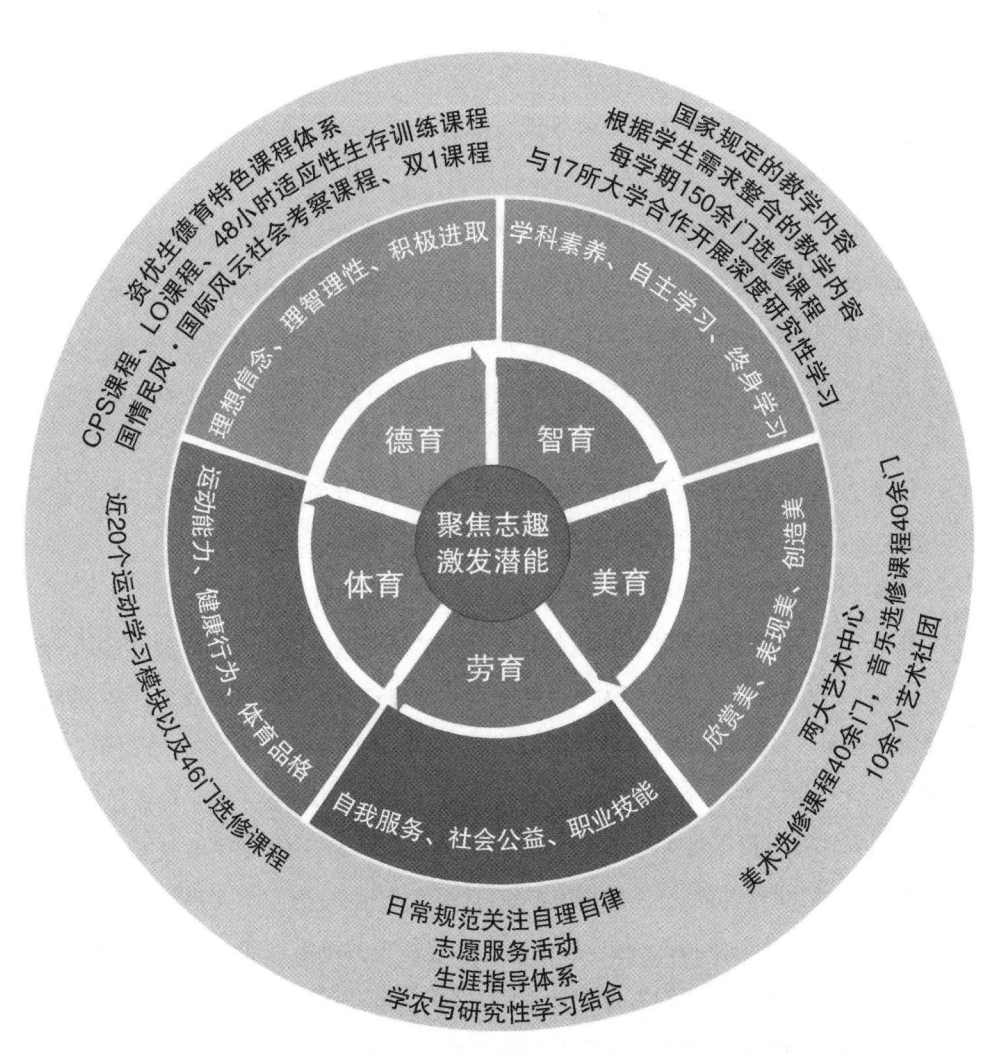

图2-3 SH中学在新课程新教材实施中落实"五育并举"的实施框架

特别强调在这三年规划中对资优生德育的优化探索以及对资优生劳动教育的深化思考。

学校在必修、选择性必修以及选修三类课程的实施过程中,既注重对必修课程以及选择性必修课程中五育并举的方针体现与相应元素整合,又注重多样选修课程设计时的五育并举方针落实。学校将注重学校整体课程规划与劳动教育特色创建的结合,专门劳动教育与学科劳动教育渗透结合,教师劳动教育培训与劳动教育能力提升结合,劳动教育的实训基地建设与社会资源开发相结合,基于文化创生的综合劳动与实践育人相结合。

3. 实施步骤

(1)培训与试行阶段;(2)全面推进与落实阶段;(3)完善与推广阶段。

4. 预期成果

(1)形成14个学科的《SH中学学科教学指南》,在学校所有学科教学中试行,并根据教学反馈数据进行修订。(2)提炼出资优生劳动素养的形成结构,形成资优生劳动教育实践系统;将学校劳动教育与学校科创课程特色进行统整思考,形成劳动教育与科创教育的评价导引系统。(3)形成系统化的以劳树德的行动策略落实体系。

任务2:形成以认识自我与认识社会为主线的学生发展指导系统;

任务3:形成以"三高"为特点的学科核心素养教学再造系统;

任务4:形成以考试评价研究为推力的真实学习过程评价系统;

任务5:形成基于实践智慧生成的教学"学术"研究系统——以研促教、以研促学;

任务6:形成以大中学合作为支撑的校内外课程资源统整系统。六大任务对接课程建设目标要求,每项任务具有明确的目标,完成任务的举措清晰、实施阶段明了,预期成果可检测、可评估。清晰地回答了谁做、做什么事,把事情做正确是什么样子。

1. 国家课程的校本化实施任务。 国家课程的校本化实施,要注重以下几个方面的内容落实:在课程设置上,注重国家必修、选择性必修、选修三类课程的有效执行与推进,围绕课程方案与学科课程表,注重融合德智体美劳全面发展与立足于奠定学生发展的未来,从而构筑全面教育培养体系,促进学生全面而富有个性的发展。在教学改革上,关注素养导向下的深度学习与智能运用,推进课堂教学深度学习行动研究,完善素养导向下教学体系。在学习平台上,注重因材施教与智能升级,促进共建共享,探索信息化和教学深度融合,推进信息化学习平台建设。在课程管理上,注重各类课程资源的开发与整合,营造学生发展的创客空间,促进多方协同办学,完善纵横双向学生发展培养格局。在教学研究上,形成新研修方式,聚焦问题导向,注重分层分类教学,形成主题研修与深度教研,创设教师专业发展与新课程新教材实施的赋能机制。在课程评价上,关注对学生发展的核心素养评价与学科发展的学科核心素养评价,注重教育质量优先与过程激励的契合改革,进一步深化综合素养评价,升级学生发展指导,落实学分绩点制方案。(这部分内容将在本章第二、三节详细阐述)

2. 学校特色课程建设任务。 对于国家课程校本化实施过程中推进学校特色课程建设,要思考:如何确立课程价值,建立课程与学校发展和学生发展的关联?如何发现和培育学生的发展需要,指导学生选择(课程说明书)?如何选择课程形态(内容资源、路径环境、教学方式、评价方式),建设课程资源,设计教学方式和评价方式?如何通过教研不断提高课程质量?学校特色课程建设的"特色"内涵,应关注课程价值、课程形态、组织方式(包括人员、内容、资源)、认知方式、活动方式等方面的延伸与拓展。学校特色课程的建设,应关注课程形态的多样化,包括跨学科、数字化、资源型、实践类、自主性等;应凸显课程的丰富层次性,包括全员性、选择性、社团性等;应进一步强调课程设计的规范性,包括设计规范与实施规范,含价值取向、内容领域、设置安排、资源支持、编制审核、教学建议、评价要求等要点;应注重办学传统的继承与发扬,促进与学校办学目标和传统相匹配,与新时代学校办学创新相匹配。

三、国家课程校本化特色打造

在育人方式变革视野下推进国家课程的校本化实施,每所学校都可以找到切合自身优势、挑战的特色化发展路径。

(一)在现状分析与愿景确立中反映特色

要形成国家课程方案的校本化特色,首先要摸清自己的"家底",厘清新课程、新教学、新评价面临的任务与挑战,形成学校课程改革切合国家育人目标与学校培养目标的育人规格要求。

在学校发展基础与挑战上,学校课程建设基础分析采用SWOT分析方法。现以上海市DS中学课程方案中学校课程建设的基础现状为例进行分析。上海市DS中学是一所有着150多年悠久办学历史、深厚办学传统的公办完全中学,是徐汇区政府命名的"区实验性、示范性高中"。学校传承"砥德砺行"办学理念,弘扬"崇德启明、求真树人"校训精神,以办学思想为魂,重传承创新;以学生成长为本,育德养性,促进学生全面个性成长,促进学校优质全面协调发展。在新课程新教材实施背景下,其在制定学校实施方案过程中,形成了学校课程建设现状分析。

表2-4 上海市DS中学课程改革现状分析

因素	优势(S)	劣势(W)	机会(O)	挑战(T)
课程框架	1. 学校课程按市教委要求开足开齐三类课程。 2. 为学生提供多元、可选的课程,满足学生成长的个性化需求。	1. 国家课程校本化实施需进一步加强。开发的校本精品课程有待进一步加强。 2. 与育人目标相吻合的课程体系有待进一步完善。 3. 课程设置还不能完全满足学生个性化需求。	1. 坚持"理念校本化、素养核心化、课程体系化、资源整合化"的四位一体发展策略,打造具有S中特色的学校课程群。 2. 围绕学校育人目标,构建初高中一体化的课程体系。	1. 不断优化课程结构,完善课程体系,创建特色课程群。 2. 在确保国家课程有效实施的前提下针对学生的兴趣与需要,结合学校的传统和优势以及办学理念,充分利用学校和社区的课程资源,自主开发校本课程。
课程管理	1. 学校对课程开发做了整体规划。 2. 校长直接负责课程领导,教学副校长、课程副校长、教导处、科研处、政教处等职能部	1. 课程的精细化管理有待进一步提升,制度落实有待进一步加强。 2. 对必修和选择性必修课程(基础型课程)的教学研究、评价等还需进一步完善。	1. 借助区域课程领导力项目助推学校课程建设。 2. 学校课程管理不断规范。 3. 加强课程过程性管理,努力提高课堂教学效率,让减负增效落到实处。	1. 课程管理需要稳步推进,加强课程管理的实践探索和执行。 2. 随着中高考改革和新课标、新课程、新教材的不断推进,从课程规划、教师教研能力和成效、教师教学方式改变等方面对

续　表

因素	优势(S)	劣势(W)	机会(O)	挑战(T)
	门具体组织实施相关管理制度。			课程管理提出了更高的要求。
课程实施	1. 从市、区、校三个层面加强教师对新课程、新教材实施的培训,教师的课程意识有较大提升。 2. 学校新课标、新课程、新教材实践研究稳步推进。	1. 教师对新课标、新教材、新教法研究滞后,还需要不断提升教师的课程意识。 2. 教师课程执行力不均衡,需进一步加强。 3. 教与学方式还需要进一步改进和创新。	1. 增强教师的双新课程意识和执行能力,提升学科教学水平。 2. 组织教师开展基于单元整体教学设计的实践研究。 3. 构建国家课程校本化实施的评价体系,开展适应不同年级学生发展需求的系列化学案等研究。	1. 进一步深化教师培养举措和机制,激发教师专业化发展。 2. 教师自身对课程理念的理解透彻,对课程实施要执行到位。 3. 教师的课堂教学模式需要转型。
师资队伍	1. 学校拥有一支敬业爱岗、勤奋踏实、专业博学的教师队伍,师资结构相对合理。 2. 开展有效的校本研修,促进教师专业化发展。	1. 学校师资队伍结构不太合理(分布还不够均衡,教师年龄层次偏大)。 2. 在区域内有专业发言权的骨干教师和学科带头人数还有待增加。	1. 市、区、校等各级层面的培训以及教育教学综合改革为教师专业发展提供机会与平台。 2. 学校学习共同体、名师工作室、师徒带教等平台使不同层次、不同类型教师在品行修养、专业知识、专业能力、人文素养等方面均有一定提升。	1. 教育教学综合改革对教师的思想观念和教学素养提出了巨大挑战,促使教师必须转变角色。 2. 教师要从单纯的知识传授者转变为学生学习的促进者、课程的开发者和研究者,同时追求持续的专业化发展。

续　表

因素	优势(S)	劣势(W)	机会(O)	挑战(T)
学生发展	1. 关注学生的发展，围绕培育学生的核心素养构建课程体系。 2. 学生知识面宽、综合能力较强；有一定的自主学习和探究实践能力。	1. 结合学校历史文化底蕴、自身特长、学生需要等实际情况开发校本课程。 2. 部分学生两极分化严重。	加强学校课程的多元化、精品化建设，为学生全面可持续发展创设条件。	1. 通过课程建设和实施，培养学生创新精神、实践能力、终身学习能力和适应社会生活的能力，促进学生个性的健康发展，为社会、为高校输送优质人才。 2. 不断完善学生综合素质评价方案。

从本节所举事例中可以非常明显地看到各类学校现实基础、面临的问题与挑战具有各自的校本特色。

学校课程建设现状分析之后，就需要明确在新课程、新教学、新评价要求下如何把握国家对义务教育、高中教育的育人要求与培养目标，形成学校课程的育人目标与基本架构。学校课程育人目标的确立，对学校推进国家课程校本化实施特色能够发挥引领作用。现以上海市NYMF中学的课程改革育人目标为例。

上海市NYMF中学围绕中国学生发展核心素养，以"青锋精神，模范追求"为核心理念，将"培育胸怀天下、精神富有、学业扎实、追求卓越，具有国际竞争力、引领时代发展的，能够选择和创造美好生活的优雅的模范的人"作为育人总目标，并提炼总结出培育高素质人才的"公、智、能"三维育人目标(如图2-3)。

学校把公、智、能三维育人目标渗透到学校所有的教育活动——学校课程体系之中，确保和优化国家与地方课程，开发和形成学校课程。建设大众化与个性化相统一，基础性与发展性相统一，教师指导与自主探究相统一，适合学生个性和潜能不断发展的有主干、多维度的高中课程体系，并建立相应的评价系统。

教育部发布的中国学生发展六大核心素养，指学生应具备的、能够适应终身发展

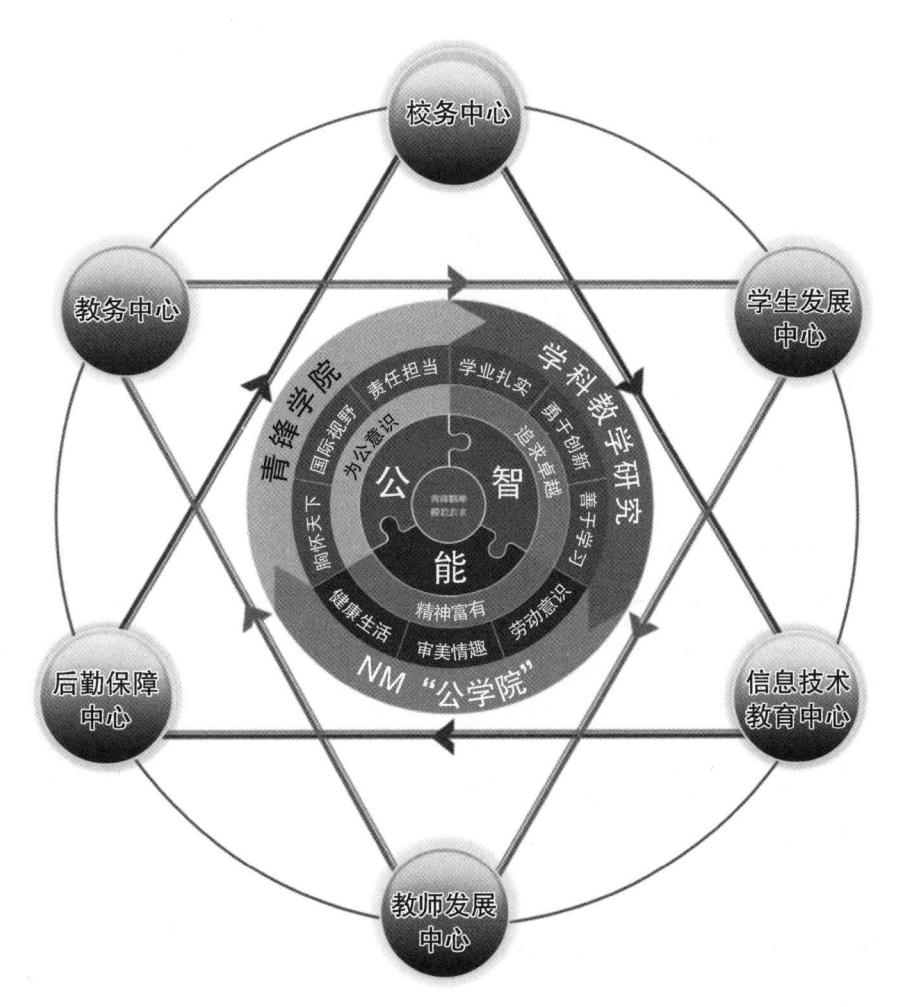

图 2-4 NYMF 中学育人目标

和社会发展需要的必备品格和关键能力。围绕社会参与(包括责任担当与实践创新)、自主发展(包括学会学习与健康生活)与文化基础(包括人文底蕴及科学精神)三个维度,NYMF 中学把中国学生的六大核心素养与上海的城市精神及 NM 教育发展的历史相结合,向内求"精神富足",向外求"家国担当",形成了拥有 NM 风格、上海文化、全球视野的三维育人目标的校本表达,构成了"青锋精神,模范追求"高品质教育的内涵,以期真正提升学科核心素养。具体描述如下。

"公": 指服务社会的为公意识(胸怀天下、国际视野、责任担当)。其一, NM 的学生应有远大的理想抱负,具有国家意识,拥有文化自信,爱国爱党,为中华民族伟大复兴不懈奋斗;其二,具有全球意识和开放的心态,能够理解、尊重、包容多元文化,关注人类面临的全球性挑战;其三,自尊自律,热心公益,乐于奉献,崇尚自由平等,具有强烈的社会责任感和人文关怀。

"智": 指适应不确定未来社会的智慧, NM 的学生要敢为人先,追求卓越(学业扎实、勇于创新、善于学习)。其一, NM 的学生应有扎实的学业基础,强大的理性思维能力,深厚的人文积淀,突出的语言表达能力;其二,具有青年的锐气,不断变革,敢于质疑,具有好奇心和想象力,追求科技、人文的创新;其三,正确理解学习的价值,养成良好的学习习惯,勤于反思,具有信息意识。

"能": 指选择和创造美好生活的能力, NM 的学生应追求精神富有(健康生活、审美情趣、劳动意识)。其一,理解生命的意义与人生价值,自信自爱,懂得生活,体质强健,身心健康;其二,识美,赏美,尚美,具有良好的审美修养,高雅的生活情趣,优雅的个人气质,非凡的领导才能;其三,具有积极的劳动态度,主动参加公益活动和社会实践,积极改进创新劳动方式。

(二) 在三类课程结构的整体安排与校本课程群设计中彰显特色

每一所学校需要按照国家规定的课程方案进行课程结构的整体设置与布局思考,这个整体布局思考往往能够显现学校的特色与亮点。对于选修课程,属于学校的校本课程设计安排,是特色化推进的重要组成部分。下面列举上海市 NY 中学的课程结构、选修课程结构以及整体课程设置为例。

上海市 NY 中学在"双新"实施要求下,继承和发扬"NY 科技"特色,积极吸纳与利用校内外课程资源,培育和开发一批特色课程,为学生提供优良、丰富、多元的选修课程,逐步建立具有 NY 中学特色的课程结构框架体系(见图 2-5)。

对于选修课程,上海市 NY 中学适应国家人才培养需要,在保证每个学生达到基本素养的前提下,充分考虑学生不同的发展需求,结合学校科技特色的创建要求,进行可选择的课程设计,尤其注重科技类选修课程的设计,满足学生不同学习需要与学校特色发展的需求,形成选修课程结构图(见图 2-6)。

选修课程

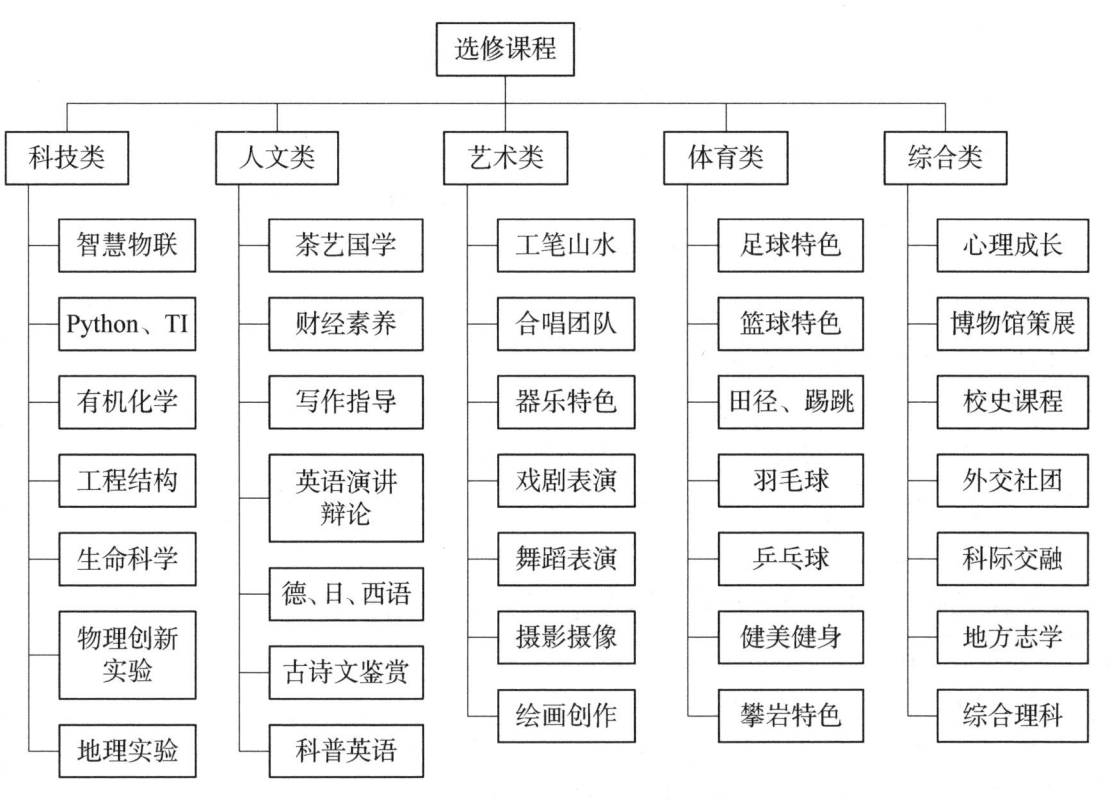

- **科技类**: 智慧物联；Python、TI；有机化学；工程结构；生命科学；物理创新实验；地理实验
- **人文类**: 茶艺国学；财经素养；写作指导；英语演讲辩论；德、日、西语；古诗文鉴赏；科普英语
- **艺术类**: 工笔山水；合唱团队；器乐特色；戏剧表演；舞蹈表演；摄影摄像；绘画创作
- **体育类**: 足球特色；篮球特色；田径、踢跳；羽毛球；乒乓球；健美健身；攀岩特色
- **综合类**: 心理成长；博物馆策展；校史课程；外交社团；科际交融；地方志学；综合理科

图 2-5 NY 中学课程体系框架图

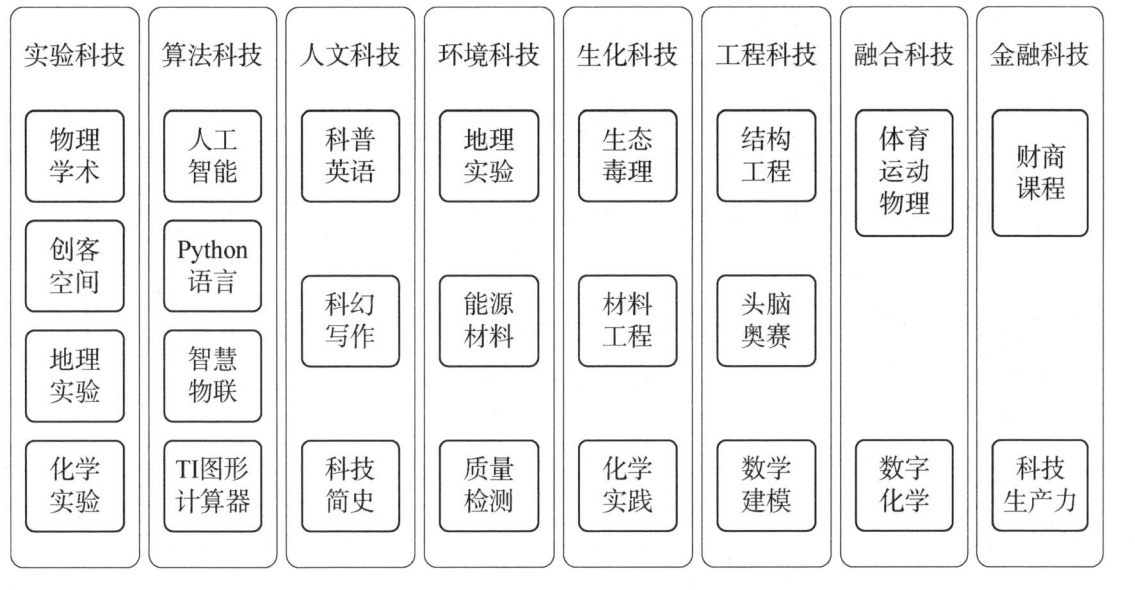

- **实验科技**: 物理学术；创客空间；地理实验；化学实验
- **算法科技**: 人工智能；Python 语言；智慧物联；TI 图形计算器
- **人文科技**: 科普英语；科幻写作；科技简史
- **环境科技**: 地理实验；能源材料；质量检测
- **生化科技**: 生态毒理；材料工程；化学实践
- **工程科技**: 结构工程；头脑奥赛；数学建模
- **融合科技**: 体育运动物理；数字化学
- **金融科技**: 财商课程；科技生产力

图 2-6 NY 中学选修课程结构图

上海市 NY 中学的整个课程设置与课时安排也进行了切合学生实际发展的安排。普通高中学制为三年,每学年 52 周,其中教学时间 40 周,社会实践 1 周,假期(包括寒暑假、节假日和农忙假)11 周。每周 35 课时,每课时按 45 分钟计,18 课时为 1 学分。于此 1 学分＝18 * 45＝810 分钟。按照学校 40 分钟 1 课时折算,同时每学期应该是 20 周,因为考试、社会实践类、学校承担其他社会工作等,每学期实际教学时间为 14 周,因此每学期每周 1 课时的学科,可以认定为 1 * 14 * 40/810≈0.7 学分,其中高三第二学期以 12 周计,则 1 * 12 * 40/810≈0.6 学分。

(三) 在综合实践活动的校本化特色发展空间中彰显特色

综合实践活动共 8 学分,包括研究性学习、党团活动、军训、社会考察等,研究性学习 6 学分(完成 2 个课题研究或项目设计,以开展跨学科研究为主)。学校对于综合实践活动的落实,党团活动、军训、社会考察等内容都有特色推进的空间,而且诸多学校都形成了诸多的实践,在这不重复。对于研究性学习的发展空间,每个学校都可以大有作为。

上海市 XH 中学作为上海市特色高中,秉承"汇学"之校训,培养有"科学素养、艺术修养、人文涵养、文化教养",有"科学精神、创新能力、中西汇通、家国情怀的现代社会建设者"。其科技特色以五大要素为抓手,注重将特色课程开展与课题研究结合,培养具有理想信念和社会责任感的"汇学型"人才。

表 2-5　XH 中学综合实践活动设计课程

科学知识基础	操作设计能力	技术应用意识	人文审美旨趣	造福社会的情怀
基础学科＋生命科学、工程科学、新科学新技术、其他创新科技等	动手操作能力、信息收集分析处理能力、项目完成能力、沟通能力等	设计能力、解决问题能力、终身学习能力、写作能力、创新能力等	人文素养、艺术素养、体育素养等	服务意识、安全意识、环境意识、健康意识、责任担当、爱国情怀等

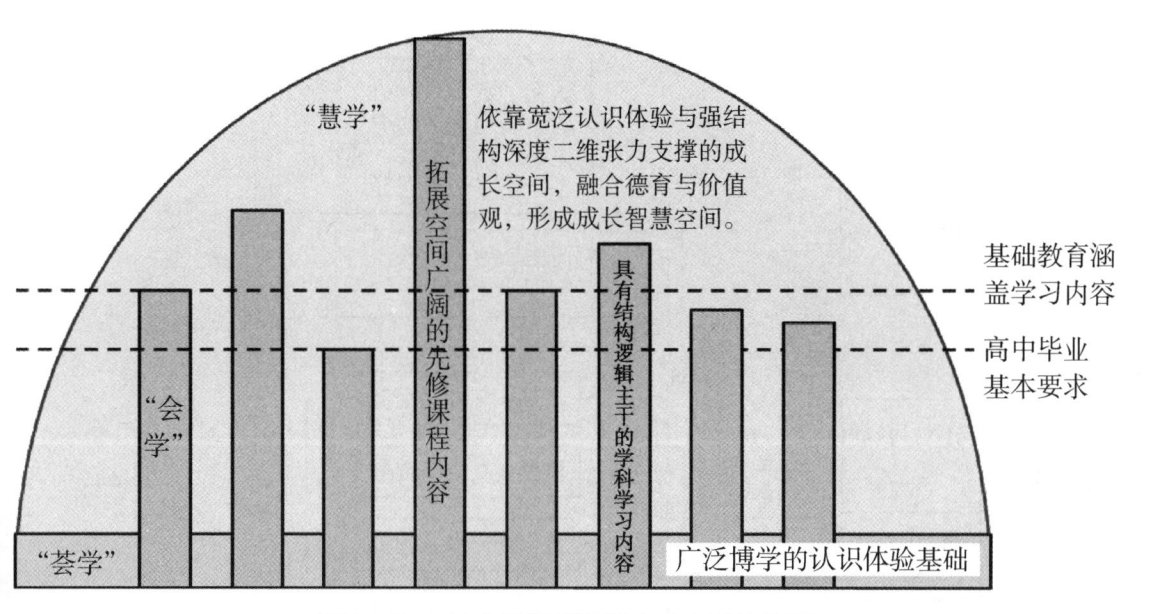

图 2-7　XH 中学"汇学型"人才素质结构图

图中标注内容：
- "慧学"
- "会学"
- "荟学"
- 拓展空间广阔的先修课程内容
- 具有结构逻辑主干的学科学习内容
- 依靠宽泛认识体验与强结构深度二维张力支撑的成长空间，融合德育与价值观，形成成长智慧空间。
- 广泛博学的认识体验基础
- 基础教育涵盖学习内容
- 高中毕业基本要求

学校基于从知识教育层面的"荟学"，能力培养层面的"会学"，以及智慧养成层面的"慧学"等三个层面构建"汇学型"学生人才培养与教育模式。

学校本着国家课程校本化实施、校本课程特色化实施的实施思路，重新构建"汇学"课程的整体框架(图 2-8)。

学校整体构建工程素养培育"2+X"特色课程群，构建以"生物工程和交通工程"为主的工程素养培育"2+X"特色课程群。

1. **特色课程实施目标。** 关注工程素养的情感与态度——对工程精神怀有尊重、包容、珍爱、负责的情感态度；掌握工程素养的知识和技能——学习和掌握有关工程知识和技能；学习工程素养的思维与方法——培养工程思维和掌握正确处理工程问题的方法。

2. **特色课程的整体架构。** 详见图 2-9。

3. **分类分层设计特色课程。** "2+X"课程涉及 10 个工程领域特色课程，分普及型、提高型及课题研究三个层次的设计。详见表 2-6。

图 2-8　XH 中学"汇学"课程框架图

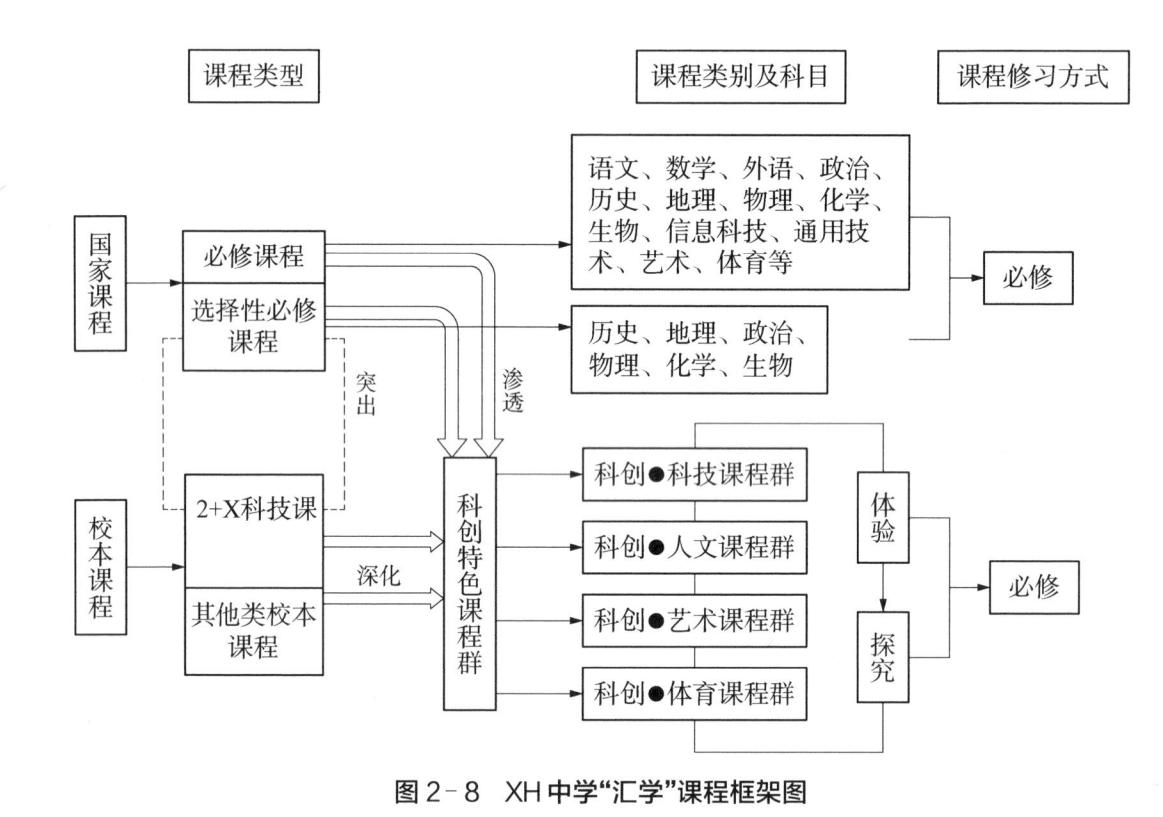

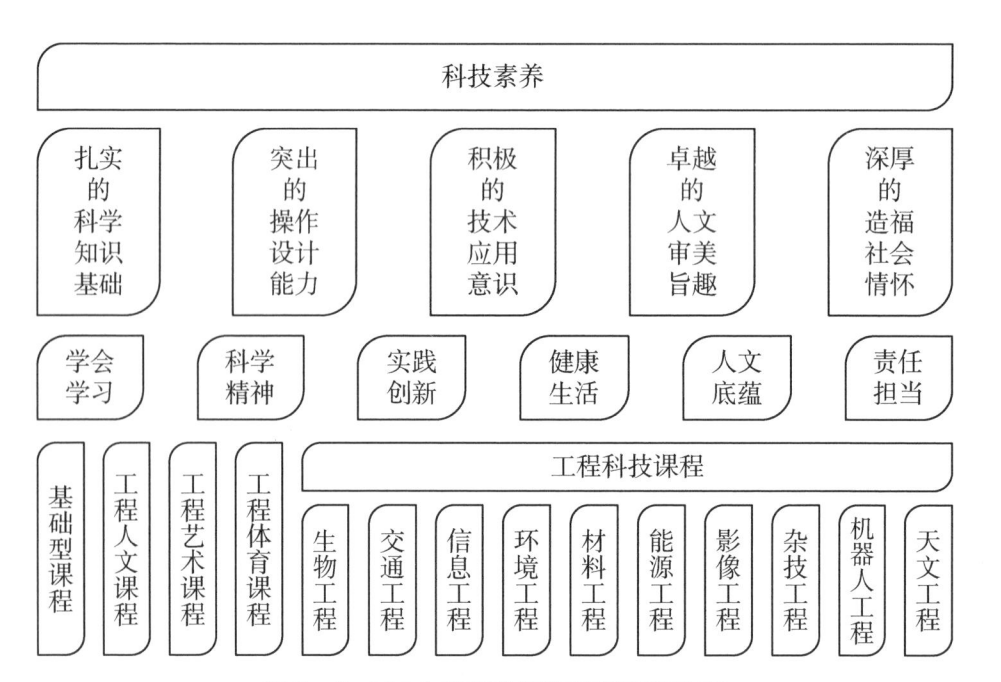

图 2-9　XH 中学特色课程的整体架构图

表2-6 XH中学分层特色课程一览表

工程	课程名称
生物工程	微生物生物工程发酵系统
	现代生物信息生物大分子比对和设计的计算机系统
	生物化学与分子生物学基因操作实验系统
	蔬菜与副食品的农药、兽药残留检测系统
	城市污水污染指标的生物监测系统
	尼古丁的生物降解
	利用SYBYL设计和模拟药物
	转基因水稻和玉米的快速检测
	微生物艺术绘画
	外周血肿瘤细胞捕获模拟实验
	基因疗法治疗遗传罕见病模拟实验
交通工程	波音787飞机模拟驾驶
	轨道交通调度
	高铁模拟驾驶
	智能自动驾驶
航天工程	卫星制作与研究
	火星车应用与研究
	火星车"火星救援"
信息工程	数据科学与大数据("双新"课程)
	程序控制("双新"课程)
	走进地理信息技术("双新"课程)

续　表

工　程	课　程　名　称
环境工程	污水处理模拟装置系统
	简易空气净化器制作及性能评价("双新"课程)
材料工程	多彩的功能膜("双新"课程)
	3D打印的技术与创意("双新"课程)
能源工程	太阳能光伏发电系统设计与应用("双新"课程)
影像工程	无人机航拍
	影像制作
	5G＋MR科创课程
机器人工程	水下机器人
天文工程	宇宙探秘
工程设计	参数化建模

上海市XH中学的特色课程与学生课题研究深度融合，编制《研究性学习指导手册》《研究性学习记录手册》指导和规范学生的研究行为，组建了一支由校内课程教师和校外兼职教师组成的辅导团队，对学生的研究方法、选题、数据采集分析、研究报告撰写等方面进行全程指导。

(四) 在劳动科目的特色化设计中彰显特色

在《普通高中课程方案(2017年版2020年修订)》中，将劳动科目作为必修课程单独列出，以推进新时代劳动教育要求的落实，促进学生德智体美劳全面发展。然而，许多学校并没有对劳动这一科目的实施予以关注，更没有将之作为学校特色化的重要组成部分加以思考。有的学校在课程方案设计中只是写一下国家规定的劳动6学分要求。在劳动6学分中，包括志愿服务2学分，也包括与通用技术的选择性必修内容和校本课程内容的统筹结合，这方面应引起重视，并让学校在特色化设计中加以思考。

高中阶段是学生"三观"形成、品格完善、能力培养、自主发展的关键时期，劳动素养是学生的必备品格和关键能力，包括劳动兴趣、劳动意识、劳动认知、劳动价值、劳动态度、劳动习惯、劳动技能、劳动韧性、劳动精神、劳动创造等多个方面。SH中学作为上海市首批实验性、示范性高中，一直以来秉承"储人才，备国家之用"的办学宗旨。近些年来学校在拔尖创新人才早期培养过程中一直强调学生劳育发展，通过构建完整的劳动教育课程体系和创设丰富的劳动教育实践活动提升学生的劳动素养。在学校开展劳动教育过程中，不仅需要日复一日的卫生纪检来"保底"，还需要形式多样的项目活动来"保鲜"。为了帮助学生激发劳动热情、培养劳动兴趣、锻炼劳动能力，学校整合家庭、学校、社会等多方力量，借助学科教学、德育课程、实践基地等多方平台，构建全员、全程、全方位"三全育人"模式，积极拓展劳动教育空间，努力创设劳动教育载体，开展了内容丰富、形式多样的劳动教育实践活动，学生参与度高、实践收获丰，有利其树立正确的劳动价值取向，锻炼多元的劳动技能水平。如表2-7所示。

表2-7 SH中学劳动教育实践活动项目表

达成重点劳动素养目标	劳动教育实践活动	实施建议（内容、方式、方法）	实施年级
劳动情感 劳动能力 劳动精神	红色研学绿色学农	以高二年级学农为契机，指导学生通过挥锄下地尝试传统农业，体验一粥一饭来之不易；实地参观现代农业，感受农业科技带来的革新	高二年级
	48小时生存训练	第二学期期中考试后，组织高一年级学生赴东方绿舟开展48小时生存训练，通过定向越野、搭建帐篷、采购炊事等活动锻炼野外生存技能、磨练劳动意志	高一年级
	CPS（创新·实践·服务）活动	高一年级学生以小组为单位开展的自组活动，按规模分为校园型和社会型两类。CPS活动以创新为理念、以实践为形式、以服务为宗旨，学生在自定课题、参与实施的过程中锻炼组织能力、强化服务意识、体悟劳动价值	高一年级

续 表

达成重点劳动素养目标	劳动教育实践活动	实施建议(内容、方式、方法)	实施年级
	暑期街道挂职锻炼	学生干部利用暑假时间到长桥街道、华泾街道挂职锻炼,扮演社工角色、实现劳动创造、分享劳动成就	高一、高二年级
	志愿者服务	每个学生利用寒暑假、节假日参与博雅网社会实践平台志愿服务,深入各行各业,体验劳动行为,感受劳动价值	高一、高二年级
	后勤体验周	每年三月初,结合学雷锋活动,学生穿上志愿者马甲,充当保安保洁、食堂工作人员等不同后勤角色,体验职工为学校各项活动正常开展付出的辛勤劳动,体验劳动过程、感恩劳动价值	高一、高二年级

在劳动与通用技术的选择性必修内容和校本课程内容结合方面,学校进行了特色化的劳动技术课程设置(如表2-8所示),拓展学生科创劳动空间与舞台。

表2-8 SH中学特色化劳动技术课程

类别	课程设置	模块	名 称
高一上必修课程	开设3门课程,每门5—6课时;每名学生在一学期中修3门	机械工程	机械设计与制造基础
		电工基础	电子技术
		硬件技术	开源硬件及传感器基础
高一下和高二上选修课程	提供若干门课程,每门6—8课时;每名学生在一学期中选修其中的2门	机械工程	基于AutoCAD的二维建模与制图
			三维建模与3D打印
		软件技术	视频与音频剪辑
			网页设计与动画制作

续 表

类别	课程设置	模块	名称
		硬件技术	乐高机器人基础
		科学仪器	化学光谱分析法入门
			生命科学基础探究实验
		数学模块	基于MATLAB的数值计算
		生活技术	汽车原理与驾驶技术
高二下选修课程	提供若干门课程，每门12—16课时；每名学生在一学期中选修1门	机械工程	建筑结构设计、无人机、简易飞行器
		软件技术	VR虚拟现实
		硬件技术	开源硬件与机器人设计
		科学仪器	化学、生命科学类课题探究
		电工技术	电机控制
		数学模块	数学类课题探究
		生活技术	EP节能汽车的制作

(五) 促进新课程新教材实施的课程资源特色化开发与利用

在新课程新教材实施中，校本化实施需要以课程资源的特色化开发与利用作为保障与支撑。学校课程资源的特色化开发，可以为学生提供丰富、便利的实践体验机会，创设良好的课程实施条件和环境。课程资源的特色化开发可以由学校独立开发，也可与其他学校、科研院所、企事业单位等进行联合开发，鼓励共享共建，从而提高课程资源的有效性和利用率。

上海市XH中学积极拓展课程资源，开发学校实践体验课程的校外实践基地(参见表2-9)，让学生在大学、高科技公司开展探究学习，搭建学校科技特色教育丰富的课程校外资源与实践平台。

表2-9 XH中学社会实践体验课程一览表

基地名称	课程活动内容	参与对象	活动时长
南京：侵华日军南京大屠杀遇难同胞纪念馆，南京博物院，中山陵等	爱国主义教育	全体高一学生	三天
绍兴：兰亭景区，鲁迅故里，沈园，周恩来祖居等	传统文化教育	全体高二学生	三天
宋庆龄故居	成人仪式	全体高三学生	一天
交通大学工程训练中心	参观大学生实践基地，了解交大的招生政策	部分高中学生	两天半
上海地铁盾构设备工程有限公司	参观并进行机械手臂的简单操作	部分高中学生	一天
上海恩坦华汽车门系统有限公司	参观并动手检测零部件	部分高中学生	一天
邦信阳中建中汇律师事务所	模拟法庭	部分高中学生	一天
凯斯纽荷兰（中国）管理有限公司	工程机械工厂参观和实践操作	部分高中学生	一天
上海无线电科普教育基地	了解无线电技术的发展，行业运用并体验	部分高中学生	一天
上海航空电器有限公司	参观飞机模拟驾驶舱，飞机驾驶模拟体验	部分高中学生	半天
李尔公司	参观汽车零部件实验室及产品介绍	部分高中学生	半天
中国科学院巴斯德研究所	课程培训和课题研究	部分高中学生	两天
同济大学交通运输工程学院	课程培训和课题研究	部分高中学生	三天

在育人方式变革视野下学校推进新课程新教材实施的特色化工作，还有诸多方面可以探索，包括学校课程评价的特色化探索、学校课程教学与数字化整合探索、学分制评价、

立足于新课程实施的教学研究机制等,给予了学校特色化实施的广泛空间,不一一列举。

第二节 从国家课程标准到校本教学手册

课程标准转化是理解并落实学科课程的一项专业活动。教师只有从事课程标准细化与转化的专业活动,才能形成学科课程的整体观、系统观;只有参与课程标准细化与转化的过程,教师才能整体系统理解课程标准,把握核心素养与学科育人的内涵;只有实现了课程标准的科学合理的细化与转化,教师才能有效贯彻落实课程标准,才能自觉走向基于课程标准的教学,有效落实"学习为中心"的教学理念,真正实现国家课程的校本最优化实施。

一、厘清课程结构,建构目标体系

(一) 明晰课程功能定位

立足"立德树人"的教育终极目标,以学生核心素养的发展为媒介,依据课程方案和课程标准,国家进一步优化了课程结构,将普通高中课程分为必修课程、选择性必修课程和选修课程,在保证共同基础的前提下,为不同发展方向的学生提供有选择的课程。

必修课程由国家根据学生全面发展需要设置,所有学生必须全修全考。选择性必修课程由国家根据学生个性发展和升学考试需要设置,选修选考。参加普通高等学校招生全国统一考试的学生,必须在语文、数学、外语和选择性考试科目课程规定范围内修完所有选择性必修课程;同时结合兴趣爱好,在其他科目中选择部分内容修习,以满足毕业学分的要求。选修课程由学校根据实际情况统筹规划开设,依据学生多样化需求,结合社会、经济、文化发展需要,学科课程标准的建议以及学校办学特色等开发设置,学生自主选择修习,学而不考或学而备考,为学生就业和高校招生录取提供参考。在此基础上,国家又合理确定各类课程学分比例,即在毕业总学分不变的情况下,对原必修课程学分进行重构,由必修课程学分、选择性必修课程学分组成,适当增加选修课程学分,既保证基础性,又兼顾选择性。课程标准明确各类课程的功能定位,与高考综合改革相衔接。

(二)建构学科教学目标体系

高中教材遵照课程标准的理念,按照课程标准规定的学业要求和学业水平编写,依据课程结构的梯度分必修、选择性必修、选修进行整体规划、编排教材。每册教材由若干个单元构成,每个单元以一个主题或大观念或大任务来组织目标、情境、知识点等要素,成为一个相对独立或完整的学习单位,这些由不同的学习任务群/模块/主题组成的学习单位呈现从易到难、从简单到复杂的进阶逻辑。课标中的课程结构决定了学科课程的层级与梯度,有效呈现在课程内容和学习方式上的进阶特点。依此,图2-10展示了建立学科教学目标体系各要素之间的关联。

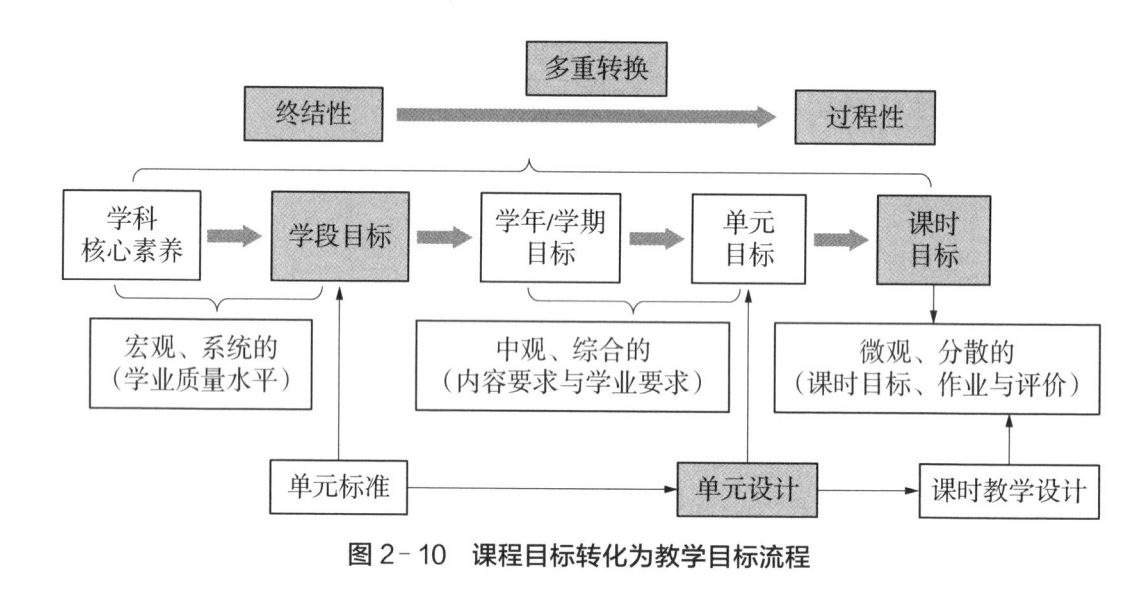

图2-10 课程目标转化为教学目标流程

图2-10说明:建构学科教学目标体系,须厘清学科课程结构,依据课程标准对应课程的学业要求和学业质量水平标准,分析单元教材,由学科大概念或大观念或学习主题为统领,统整课堂内容,形成彼此关联且层次渐进的学科目标体系,进而确立单元目标,转化单元课时目标。

下面以高中学段的历史学科为例,阐释学科教学目标体系建立的学理与流程。

高中历史课程由必修、选择性必修、选修三类课程构成,课程整体结构具有关联性、层次性和渐进性特点。历史必修课程是共同基础,学生通过学习,掌握中国史和世界史的重要史事和发展脉络,基本形成对历史的整体认识;历史选择性必修课程是必修课程的递进与拓展,从三个主要领域呈现更为丰富多彩的历史内容,提高学生的学习兴趣,引领学生从多角度认识历史的发展与变迁;历史选修课程是在必修课程和选择性必修课程基础上的进一步延伸,通过专业理论和专业技能的学习,强化学生的史学专业基础。通过这三类历史课程的学习,学生的历史学科核心素养不断得到提高。三类课程彼此关联,形成高中历史教材的学科逻辑,如图 2-11 所示。

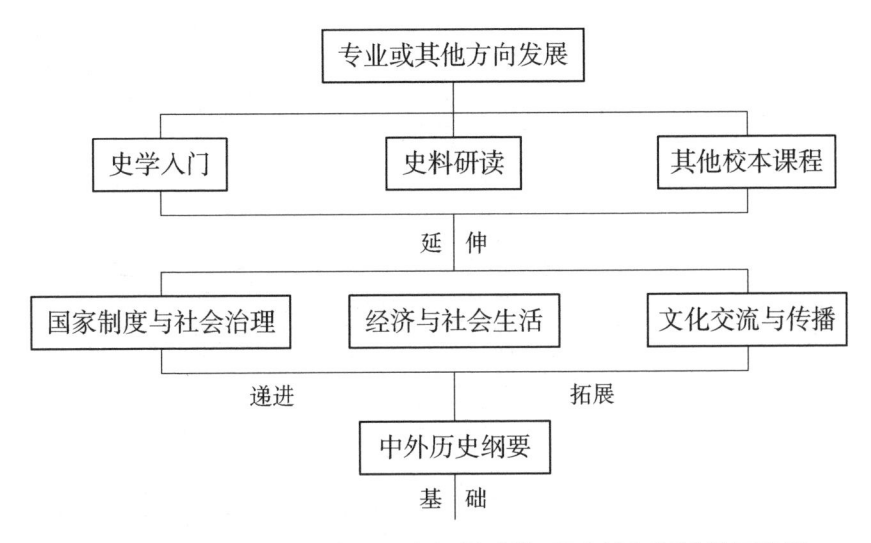

图 2-11 高中历史三类课程之间关联性、层次性和渐进性示意图

图 2-11 说明:统编高中历史教材的编写特点体现为通史和中外混编并与知识专题相结合,其设计思路既强调历史基本的时空观念与整体观的联系,同时也重视世界的多元发展与各具特色的文明多样性的渗透,促进学生形成正确的世界观、人生观、价值观;又保证了历史综合素养的基本训练,使教学有一条大致可以把握的趋势,也有层级序列较为清晰的梯度结构。换言之,既强调落实立德树人,又重视发展核心素养。

高中历史三类课程在厘清了课程结构、理解教材编写体例的基础上,建构高中历史课程必修课程和选择性必修课程目标体系,如表 2-10 所示。

表 2-10　高中历史必修和选择性必修课程目标体系

学科核心概念	学业要求	单元主题	单元目标	学业质量水平	评价要点
统一多民族封建国家的建立、巩固与发展	1. 通过了解秦朝的统一业绩和汉朝削藩、开疆拓土、尊崇儒术等举措，认识统一多民族封建国家的建立及巩固在中国历史上的意义；通过了解秦汉时期的社会矛盾和农民起义，认识秦朝崩溃和两汉衰亡的原因。	单元一 从中华文明起源到秦汉统一多民族封建国家的建立与巩固	了解中华文明的起源情况以及早期国家特征；理解战国时期变法运动的必然性，了解孔子、老子学说与百家争鸣及其意义；认识秦汉时期在中国历史上的意义，巩固统一多民族封建国家的建立，以及秦朝朝废和两汉衰亡的原因。	水平一 水平二	1. 能够辨识历史叙述中不同的时间与空间表达方式。 2. 能够理解这些表达方式的意义。 3. 在叙述个别史事时能够运用恰当的时间和空间表达方式。
	2. 通过了解三国两晋南北朝政权更迭的历史脉络，认识三国两晋南北朝至隋唐时期制度变化与创新、民族交融、区域开发和思想文化领域的新成就。	单元二 三国两晋南北朝的民族交融与隋唐统一多民族封建国家的发展	了解三国两晋南北朝政权更迭的历史脉络和隋唐王朝的鼎盛局面，认识这一时期制度演进、民族交融、区域开发和思想文化发展等新成就。	水平一 水平二	
	3. 通过了解明清时期统一全国和经略边疆的相关举措，知道南海诸岛、台湾及其包括钓鱼岛在内的附属岛屿是中国版图的一部分，认识明清时期统一多民族国家版图奠定的重要意义；了解明清时期社会经济、思想文化的重要变化；通过了解明清封建专制的发展，世界变化对中国的影响，认识中国社会面临的危机。				

续 表

学科核心概念	学业要求	单元主题	单元目标	学业质量水平	评价要点
		单元三 辽宋夏金多民族政权的并立与元朝的统一	认识两宋王朝在政治、经济、文化与社会诸方面的新变化；了解辽夏金元诸政权的建立、发展和相关民族政权在制度等方面的建设，认识北方少数民族政权在统一多民族封建国家发展中的重要作用。	水平一 水平二	
	4. 认识列强侵华对中国社会的影响，概述晚清时期中国人民反抗外来侵略的斗争事迹，理解其性质和意义；认识社会各阶级为挽救危局所做的努力及存在的局限性。	单元四 明清中国版图的奠定与面临的挑战	了解明清的相关举措，认识这一时期统一多民族封建国家版图奠定的重要意义；了解明清时期社会经济、思想文化的重要变化；认识明清时期封建专制制度发展和世界形势变化对中国建设的影响，以及中国社会面临的危机。	水平一 水平二	
		单元五 晚清时期的内忧外患与救亡图存	认识列强侵华对中国社会的影响；了解中国人民反抗外来侵略斗争的事迹，理解其性质和意义；认识社会各阶级为挽救危局所做的努力及存在的局限性。	水平一 水平二	

学科核心概念	学业要求	单元主题	单元目标	学业质量水平	评价要点
主题三 社会主义革命、建设与发展	1. 认识中华人民共和国成立的伟大意义；概述新中国巩固人民政权的政治建设和向社会主义过渡所做出的努力。 2. 了解20世纪50—70年代中国探索社会主义建设道路的曲折发展及伟大成就，认识"文化大革命"的错误及教训；理解政治、经济、外交、国防等领域所取得的成就在新中国历史上所具有的开创性、奠基性意义；了解和感悟这一时期中国人民艰苦奋斗、奋发图强的精神风貌；了解毛泽东对中国革命和社会主义建设的贡献，认识毛泽东思想对近现代中国的深远影响。 3. 认识真理标准问题讨论和党的十一届三中全会的历史意义；认识改革开放以来中国在各个领域取得的成就，综合国力及国际影响力的不断提高，认识"一国两制"对实现祖国完全统一	单元九 中华人民共和国成立和社会主义革命与建设	认识中华人民共和国成立的伟大意义；了解新中国巩固人民政权的主要举措；认识新中国为民主政治建设和向社会主义过渡所做出的努力；了解和感悟这一时期中国人民艰苦奋斗、奋发图强的精神风貌；了解毛泽东对中国革命和社会主义建设的贡献，认识毛泽东思想对近现代中国的深远影响。	水平一 水平二	1. 能够具有对家乡、民族、国家的认同感。 2. 理解并认同社会主义核心价值观和中华优秀传统文化，具有对祖国和人民的深情大爱。
		单元十 改革开放与社会主义建设新时期	认识真理标准问题讨论和党的十一届三中全会的历史意义；认识改革开放以来中国在各个领域取得的成就，综合国力及国际影响力的不断提高，认识"一国两制"对实现祖国完全统一的重大意义；认识邓小平理论对建设中国特色社会主义的重要指导意义；认识"三个代表"重要思想是加强和改进党的建设，推进我国社会主义自我完善和	水平一 水平二	3. 能够理解和尊重世界各国优秀文化传统。

续表

学科核心概念	学业要求	单元主题	单元目标	学业质量水平	评价要点
	的重大意义;认识邓小平理论对建设中国特色社会主义的重要指导意义;认识"三个代表"重要思想是加强党的建设、推进我国社会主义自我完善和发展的强大理论武器;认识科学发展观和发展马克思主义关于发展的世界观和方法论的集中体现;认识中国特色社会主义进入新时代的重大意义,认清我国发展新的历史方位;认识习近平新时代中国特色社会主义思想是全党全国人民为实现中华民族伟大复兴而奋斗的行动指南;形成对中国特色社会主义道路、理论体系、制度、文化的形成过程及意义的系统认识。		发展的强大理论武器;认识科学发展观和发展马克思主义关于发展的世界观和方法论的集中体现;认识中国特色社会主义进入新时代的重大意义,认清我国发展新的历史方位;认识习近平新时代中国特色社会主义思想是全党全国人民为实现中华民族伟大复兴而奋斗的行动指南;形成对中国特色社会主义道路、理论体系、制度、文化的形成过程及意义的系统认识。		
主题四 区域走向世界的古代文明	1. 知道早期人类文明的产生;了解各文明古国发展的不同特点,并分析、认识这些特点形成的不同时空条件。 2. 认识古代各大帝国的区域性影响和不同文明之间文明联系。	单元十一 古代文明的产生与发展	知道早期人类文明的产生;了解各文明古国发展的不同特点,并分析、认识这些特点形成的不同时空条件;认识古代各大帝国的区域性影响和不同文明之间文明的早期联系。	水平一 水平二	1. 能够将某一史事定位在特定的时间和空间框架下。 2. 能够利用历史年

续 表

学科核心概念	学业要求	单元主题	单元目标	学业质量水平	评价要点
	3. 通过了解中古时期欧亚地区的不同国家、民族、宗教对社会变化，以及世界其他地区的社会状况，认识这一时期世界各区域文明的多元面貌。	单元十二 中古时期的世界	通过了解中古时期欧亚地区的不同国家、民族、宗教对社会变化，以及世界其他地区的社会状况，认识这一时期世界各区域文明的多元面貌。	水平一 水平二	表、历史地图等方式对相关史事加以描述。3. 能够认识事物发生的来龙去脉，理解空间和环境因素对认识历史真实的重要性。
	4. 通过了解新航路开辟所引发的全球性流动、人类认识世界的视野和能力的改变，以及对世界各区域文明的不同影响，理解新航路开辟是人类历史从分散走向整体过程中的重要节点。	单元十三 走向整体的世界	通过了解新航路开辟所引发的全球性流动、人类认识世界的视野和能力的改变，以及对世界各区域文明的不同影响，理解新航路开辟是人类历史从分散走向整体过程中的重要节点。	水平一 水平二	
主题五 资本主义世界体系的确立与发展	1. 通过了解文艺复兴、宗教改革、启蒙运动与资产阶级革命的历史渊源，认识资产阶级革命的发生和资本主义制度的确立是近代西方政治思想理念的初步实现。	单元十四 资本主义制度的确立	通过了解文艺复兴、宗教改革、启蒙运动与资产阶级革命的历史渊源，认识资产阶级革命的发生和资本主义制度的确立是近代西方政治思想理念的初步实现。	水平一 水平二	1. 能够选择、组织和运用相关材料并使用相关历史术语，对个别或系列史事提出自己的解释。

续 表

学科核心概念	学业要求	单元主题	单元目标	学业质量水平	评价要点
	2. 通过了解工业革命带来的社会生产力的极大发展以及所引起的生产关系的深刻变化,理解工业革命对资本主义世界体系的形成及对人类社会生活的深远影响。	单元十五 工业革命与马克思主义的诞生	通过了解工业革命带来的社会生产力的极大发展以及所引起的生产关系的深刻变化,理解工业革命对资本主义世界体系的形成及对人类社会生活的深远影响;通过了解马克思、恩格斯的理论探索与革命实践,了解《共产党宣言》的主要内容,理解马克思主义产生的世界意义。	水平一 水平二	2. 能够在历史叙述中将历史史实描述与历史解释结合起来。 3. 能够尝试从历史的角度解释现实问题。
	3. 通过了解马克思主义产生的时代背景以及马克思、恩格斯《共产党宣言》的主要内容,理解马克思主义产生的世界意义。				
	4. 通过了解西方列强对亚非拉的殖民扩张,世界殖民体系的建立以及亚非拉人民的抗争,理解世界殖民体系的建立及殖民地半殖民地民族独立运动对世界历史发展的影响。	单元十六 世界殖民体系与亚非拉民族独立运动	通过了解西方列强对亚非拉的殖民扩张以及亚非拉人民的抗争,理解世界殖民体系的建立及殖民地半殖民地民族独立运动对世界历史发展的影响。	水平一 水平二	

学科核心概念	学业要求	单元主题	单元目标	学业质量水平	评价要点
主题六 20世纪国际格局的演变与发展	1. 通过了解两次世界大战，理解20世纪上半期国际秩序的变动；了解列宁领导的十月革命爆发的原因、过程，理解十月革命的世界历史意义；理解两次世界大战之间亚非拉民族民主运动对国际秩序的影响。 2. 通过了解第二次世界大战后资本主义、社会主义其发展中的成就与问题，认识冷战时期的典型事件，理解冷战的基本特征，理解冷战的发生、发展与世界格局变化之间的相互影响。 3. 通过了解冷战结束后世界多极化、经济全球化、社会信息化、文化多样化的发展特点，以及出现的全球性问题，认识人类社会面临的机遇与挑战，理解和平、发展、合作、共赢成为时代潮流，牢固树立人类命运共同体意识，共同担当，共济共商，全球的和平与发展。	单元十七 两次世界大战、十月革命与国际秩序的演变	通过了解两次世界大战，理解20世纪上半期国际秩序的变动；了解列宁领导的十月革命爆发的原因、过程，理解十月革命的世界历史意义；理解两次世界大战之间亚非拉民族民主运动对国际秩序的影响。	水平一 水平二	1. 能够认识不同类型的史料所具有的不同价值。 2. 明了史料在历史叙述中的基础作用。 3. 在对史事进行论述的过程中，能够尝试运用史料作为证据论证自己的观点。
		单元十八 20世纪下半叶世界的新变化	通过了解第二次世界大战后资本主义、社会主义其发展中的成就与问题；通过认识冷战时期的典型事件，理解冷战的发生、发展与世界格局变化之间的相互影响。	水平一 水平二	

再以初中英语为例,阐释学科目标体系的建构路径。初中英语按照主题模块,结合学科知识编写教材,构成彼此关联、层级递进的学科体系。依照教材编写体系,遵循学科逻辑,建构学科分级目标体系,如表 2-11 所示。

表 2-11 初中英语学科目标体系

维度	六年级	七年级	八年级	九年级
学习水平	能够听懂并根据教师的英语指令做出正确反应。能听懂简单的对话和小故事。能进行简单的日常生活对话,语音语调正确。能够就所给情境编写简单对话,并进行表演。能够根据拼读规律,正确读出或者拼写出英语单词,能用五种基本句型写出简短语句。能填写简单的卡片与表格。	能够听懂有关熟悉话题的对话或者语段,能识别不同句式,并根据语调变化体会不同句意变化或者理解情感态度。能用英语完成简单的交际对话,能背诵或者讲述英语小故事,能读懂简单的故事并基本理解故事大意。有简单的语法知识,并能运用所学语法知识正确表达。会就所学主题用句或者段落描述事件或者事物。	能听懂接近自然语速的熟悉话题的对话或语段,并能通过获取关键信息,形成基本理解并做出恰当的应答。能就熟悉话题主动用英语形成符合语境的交流和表达,语音语调正确。能读懂说明文、应用文、故事等不同文体的文章,把握基本大意,找出有关信息,能通过上下文猜测词义。能围绕话题写出简单的文段,组织内容,起草和修改。	能借助语调、语境等听懂说话者的表达和意图,并能做出合适的交际反应或者观点表达。能用英语完成表演、演讲或者辩论等活动,语音语调正确自然。能在阅读过程中识别不同文体,能根据上下文和构词法等扫除阅读中的单词障碍,能理解段落大意,句段逻辑关系,有基本的猜测、推断和思辨的阅读能力。能独立根据写作主题和要求,准备素材,组织结构,符合英语语言习惯地有条理地真实、清晰、翔实地描述或者书面表达。

续　表

维度	六年级	七年级	八年级	九年级
学习策略	在学习英语时注意力集中，有良好的复习、归纳学习内容的习惯，有课堂笔记记录的习惯。课堂中能积极与他人合作，共同完成学习任务。能合理安排学习时间。	对自己英语学习的进步与不足有一定的认识，能主动向老师或者同学请教，会制定简单的英语学习计划。能较好地归纳和记住学习要点，能初步借助简单的工具书学习。尝试阅读简单的英语读物。	能反思英语学习的过程方法，积极探索适合自己的学习方法，制定适切的英语学习计划。在学习中积极思考，课堂交际活动中有良好的倾听的习惯，积极参与课内外英语学习活动，积极用英语表达交流。有阅读课外英语读物的习惯，尝试听学原版英语等。	明确英语学习需要，有明确的学习英语的目标，在学习中善于整理和归纳，善于总结并发现语言的规律并能恰当地运用规律举一反三。会运用联想等学习方法提高学习效率，能借助肢体语言辅助交流。会充分运用身边的各类学习资源丰富自己的学习，能注意到中外交际习俗的差异。
情感态度	对于英语语言学习有兴趣，有较良好的课内、课外的英语学习习惯。能积极主动地参与教学活动，乐于并能较好地完成学习任务。	具有主动使用所学英语语言知识进行简单交际的意识，并能参与实践。乐于接受与学习不同文化，能够初步地理解不同的文化差异。	能积极主动地在课内、课外运用英语语言开展符合情境的交际活动实践。乐于接触英语歌曲与读物，遇到问题能主动请教，勇于克服困难。有一定的跨文化意识和文化认同。	能积极自信使用英语，在英语交际中注意并理解他人情感，敢于用英语表达情感、态度和观点。积极探索并模仿生活中遇到的英语，热爱祖国文化，具有一定的国际视野和国际意识。

从正式课程转化为运作课程,教师需要研究教材与课标的关联,梳理清晰由学科大概念或大观念或学习主题统领建构的课程体系,正确理解和把握教材的价值取向、教材的编写意图和特点、教材的知识体系,全面分析教材单元以及单元配套资源的特点、功能及与目标达成的关联作用,在此基础上建构学段学科目标体系,为科学制定单元和课时目标,选择适切的教与学的方式和策略,提供学理依据。

二、明确学习主题,统整课程内容

学段内学科教学规划应立足学科核心素养,从学科整体视角出发,遵照学科学习逻辑,由学科大概念或大观念或学习主题统整课程内容。学习主题是教材编写者遵照课程结构,将学科知识与学科课程的层级相融合,以学科大概念或大观念或人文主题来统领课程内容,形成学科特有的体系。大概念或大观念或学习主题是学科性质的集中体现,能够统摄某一层次上一个单元结构的内容主旨,或者能为这一单元结构内的学习任务提供基本方向和根本方法。

统整课程内容须注重学科知识的整体性和联系性,建立学科知识网络;就方法而言,学科大概念或大观念是统整工具,它反映学科本质的核心概念或命题,能有效地整合、统领学科知识内容并实现知识的有机融通和广泛迁移。学科大概念或大观念,是指能反映学科的本质,居于学科的中心地位,具有较为广泛的适用性和解释力的原理、思想和方法,其主要特征为:能反映学科的主要观点和思维方式,是学科结构的骨架和主干部分;能统摄或包含大量的学科知识,具有普遍性和广泛的解释力;能帮助学生把握学科本质,在学科知识技能和学科核心素养之间建立有益、有效的连接;能给学生提供对于理解知识、研究和解决问题的思想方法或关键工具,可运用于新的情境,具有持久的可迁移应用价值。

以大概念或大观念或学习主题统整课程内容,涉及提炼大概念、构建学习单元、设计单元学习目标、学习流程及学习评价等要素。课程教学转化,依赖教师对学科知识本质的把握,以及依此形成的对学生知识理解、思维发展和能力培养的期待及系统考虑。从具体的学习内容出发,分析和挖掘具体知识背后更为本质的思想或方法,并以大概念或大观念来统整相关内容,是成为系统分析和构建单元教学的关键所在。

下面以高中化学和高中政治学科为例,阐释以大概念或大观念统整课程内容,实施教学转化的学科逻辑。

化学是一门以实验为基础,在原子、分子水平上研究物质的组成、结构、变化规律及其应用的自然科学。化学变化是化学科学研究的核心内容,微观与宏观的联系是化学不同于其他科学的最特征的思维方法,化学实验是化学科学研究的基本方法和途径,科学地改造、应用物质,实现自然和社会的可持续发展、和谐发展是化学科学的终极目的。基于化学学科的特点和研究视角,在长期的发展过程中,化学科学形成了认识物质世界的大概念,例如物质的组成结构决定性质等。聚焦学科的本质,从学科大概念来俯视具体知识内容,将具体知识内容与学科大概念建立关联或对接,有利于分析和把握具体内容背后更为本质的思想与方法,为单元教学指引方向。如高中化学学科"有机物官能团与性质的关系"可以设计如图2-12的知识层级图,并以此规划学习流程,提升学生的能力和素养。

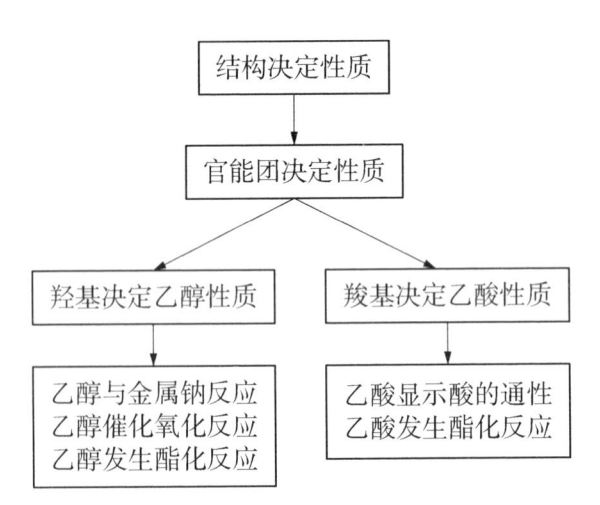

```
              结构决定性质
                  ↓
              官能团决定性质
              ↙          ↘
    羟基决定乙醇性质    羧基决定乙酸性质
           ↓                  ↓
    乙醇与金属钠反应      乙酸显示酸的通性
    乙醇催化氧化反应      乙酸发生酯化反应
    乙醇发生酯化反应
```

图 2-12 有机物官能团与性质的关系知识层级示意图

依据有机物官能团与性质关系知识层级的关联,规划学科教学逻辑框架,如图 2-13 所示。

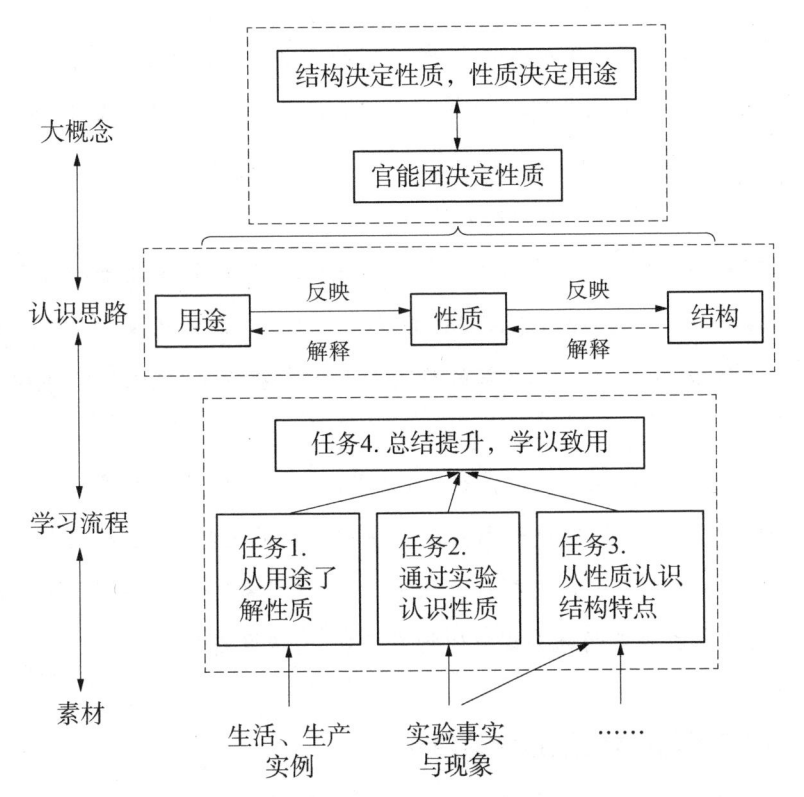

```
大概念 ┌─ 结构决定性质，性质决定用途 ─┐
       │            ↕              │
       │     官能团决定性质         │
       └──────────────────────────┘

认识思路 ┌─────反映─────      ─────反映─────┐
        │ 用途 ←────── 性质 ←────── 结构 │
        │      ─解释─→       ─解释─→      │
        └────────────────────────────────┘

学习流程 ┌──── 任务4. 总结提升，学以致用 ────┐
        │     ↑         ↑          ↑      │
        │ 任务1.    任务2.      任务3.    │
        │ 从用途了  通过实验    从性质认识 │
        │ 解性质    认识性质    结构特点   │
        └──↑─────────↑───────────↑───────┘

素材    生活、生产   实验事实    ……
        实例         与现象
```

图2-13 高中化学必修课程认识有机物的单元教学逻辑框架

高中政治学科以"中国特色社会主义经济建设"为大观念，统领以"转型升级，改善民生"为学习主题的必修二教材的内容，即有中国特色的社会主义经济建设在现阶段进入了全面转型升级的阶段，经济的换挡提速目的是改善民生。依据教材编写内隐的学科逻辑统整课程内容，呈现如下。

统编高中政治必修课程以学科大观念统整学科课程内容

必修一《中国特色社会主义》从第一课到第四课，遵循"人类社会发展的历史""世界社会主义发展的历史""中国社会站起来、富起来、强起来的发展历史"这三个历史发展逻辑，在历史发展的维度上，由远及近，由普遍性到特殊性，最终聚焦到"中国特色社会主义已进入新时代"这一新的历史方位的诸多方面。

以"中国特色社会主义经济建设"为大观念,统领以"转型升级,改善民生"为主旨的必修二教学内容,即有中国特色的社会主义经济建设进入了全面转型升级的阶段,经济的换挡提速目的是改善民生。

以"中国特色社会主义政治建设"为大观念,统领以"民主政治,人民当家"为主旨的必修三教学内容,即有中国特色的社会主义民主政治建设是在现有国情基础上的制度建设,其根本特征和最终目的是人民当家作主,民主政治建设要坚持中国共产党的领导。

以"中国特色社会主义文化建设"为大观念,统领以"物质世界,辩证思维"为主旨的必修四教学内容,即我们所处的世界是物质的世界,物质基础决定了主观意识,生产方式决定了社会形态与意识形态,但要学会辩证思考,高扬人的主体性。中国文化要在今天的社会实践的物质基础上,传承创新。

三、遵循学习逻辑,规划学习单元

学习过程是一个包含了学习新知、掌握方法、解决问题、迁移运用等多层次循环加工的渐进过程,蕴含了学习者的认知规律,可称之为学习逻辑。课程内容的转化,须遵循学习逻辑,才能实现学习效果的最大化。

单元规划是依据课程标准,遵循学科逻辑和学习规律,通过对学科教材的分析,将教学内容进行合理编排,构成学习单元序列。其基本流程如下(图2-14)。

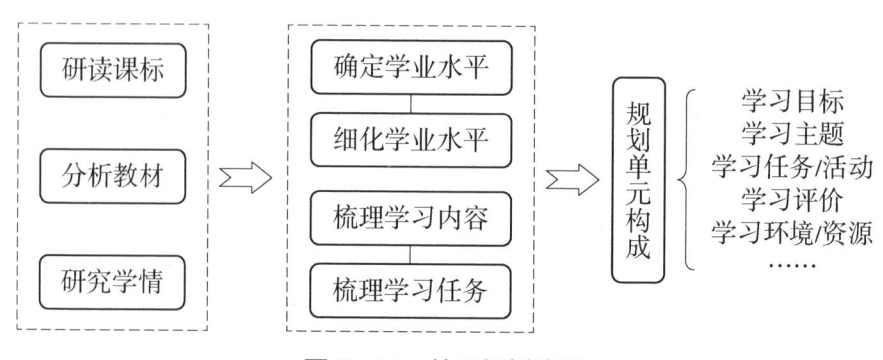

图2-14 单元规划流程

在此过程中，根据目标体系与评价要点，分解课程目标，将学科知识与学科课程的层级相融合，厘清教材内隐的学科知识逻辑关系，以学科大概念、大观念或人文主题统整课程内容，确定单元学习主题，在此基础上整合学习目标、情境、任务、活动及评价，结构化规划学习单元序列，体现出整体性、建构性、累积性的学习逻辑。

依据课程标准的规定，明晰教材内隐的学科知识逻辑关系，遵循学生的认知规律和心理特征，统整课程内容，规划学习单元。就形式而言，学科内在的统整旨在强化学科知识的联系性和整体性，引导和支持学生建立学科知识网络，架构学科知识体系；就方法而言，可遵循学习逻辑，结构化规划学习单元，以学习主题或学科大概念或大观念为统领，把学习目标、学习内容、学习情境、学习任务、学习活动、学习评价等要素结构化，体现出整体性、建构性、累积性的学习逻辑。

下面以高中数学、高中生物学科为例，阐释依据教材编写体系，遵循学习逻辑规划单元学习内容。

高中数学课程标准将高中数学课程分为必修课程、选择性必修课程和选修课程。高中数学课程内容突出函数、几何与代数、概率与统计、数学建模活动与数学探究活动四条主线。必修课程包括五个主题，分别是预备知识、函数、几何与代数、概率与统计、数学建模活动与数学探究活动；选择性必修课程包括四个主题，分别是函数、几何与代数、概率与统计、数学建模活动与数学探究活动；选修课程数学文化融入课程内容。其中函数主题贯穿必修课程和选择性必修课程，主要由幂函数、指数函数、对数函数，函数的概念、性质及应用，三角函数，数列，导数及其应用5个章节组成。

函数主题是贯穿高中数学课程的主线，也是初等数学与高等数学相联系的桥梁与纽带。在本主题中，学生从特殊到一般，从具体的函数模型归纳、抽象得到一般的函数概念，通过数形结合的思想及微积分的一些初步思想学习分析函数性质的一般方法，并将所学知识在现实情境、数学情境和科学情境中加以应用。

由图2-15所示的"函数"核心概念层级图，结合课程标准，对"函数"主题下的课程内容、课程目标、学业质量水平划分、对应的学科核心素养及建议教学课时进行梳理，并对该主题下的单元进行规划，如表2-12和表2-13所示。

```
                        ┌──────┐
                        │ 函数 │
                        └──────┘
                           │
   ┌──────┬──────┬─────────┼─────────┬──────┬──────┐
┌──────┐┌──────┐┌──────┐┌──────┐┌──────┐┌──────┐
│幂函数││指数函数││对数函数││三角函数││ 数列 ││ 导数 │
└──────┘└──────┘└──────┘└──────┘└──────┘└──────┘
```

┌──────┬──────┬──────┬──────┬──────┬──────┬──────┬──────┐
│三要素│奇偶性│单调性│周期性│ 最值 │ 零点 │ 驻点 │ 极值 │
└──────┴──────┴──────┴──────┴──────┴──────┴──────┴──────┘

┌─────────┬─────────┬──────────────┬──────────────┐
│必修第4章│必修第5章│选择性必修第4章│选择性必修第5章│
└─────────┴─────────┴──────────────┴──────────────┘

┌────────┬──────────────┬──────────────────┬────────┐
│函数概念│ 函数值域图像 │函数奇偶性单调性 │函数最值│
├────────┴──┬───────────┴──┬───────┬───────┴────────┤
│ 幂指对函数 │   数列   │ 导数 │   函数周期性   │
└────────────┴─────────────┴───────┴────────────────┘

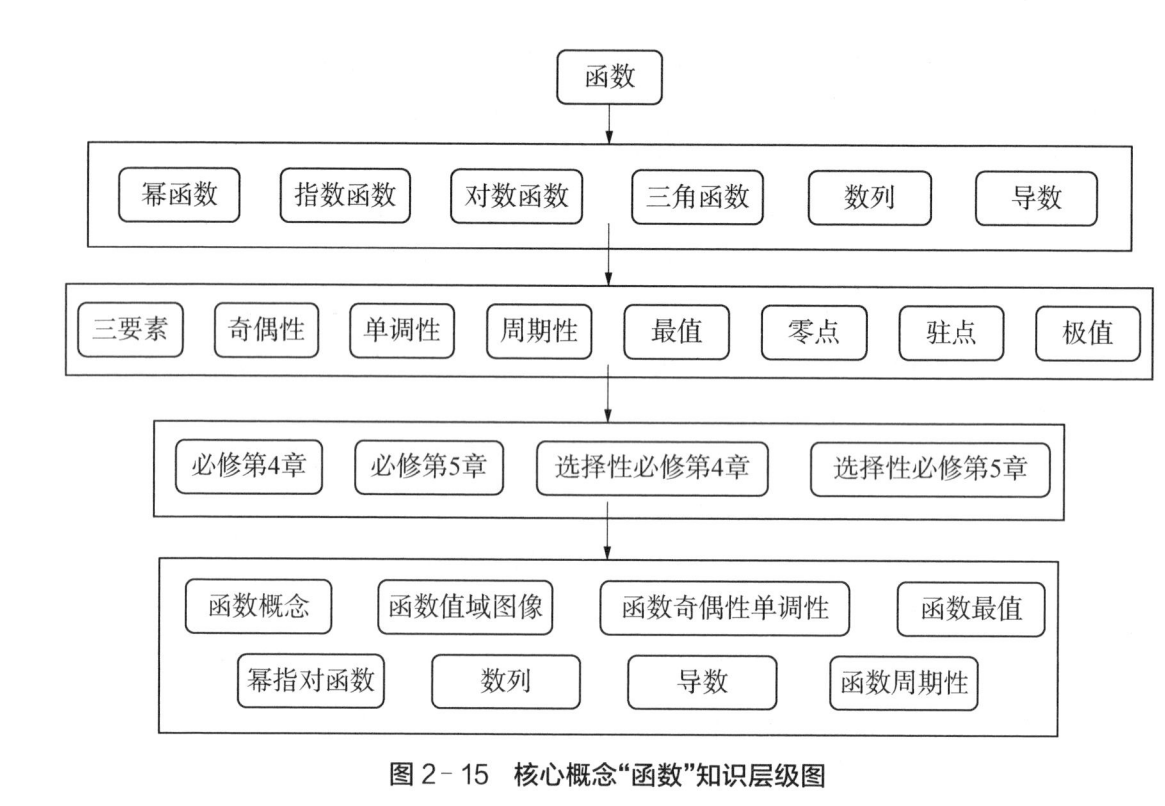

图 2-15 核心概念"函数"知识层级图

表 2-12 函数主题下的课程内容、课程目标、学业质量水平划分等

主题	课程内容	课程目标	学业质量水平	学科核心素养
必修课程主题二函数	必修第一册	理解函数的意义与数学表达；理解函数符号表达与抽象定义之间的关联，知道函数抽象概念的意义。理解函数的单调性、最大（小）值，了解函数的奇偶性、周期性；掌握一些基本函数类的背景、概念和性质。能够对简单的实际问题，选择适当的函数构建数学模型来解决；能够从函数的观点认识方程，并运用函数的性质求方程的近似解；能够从函数观点认识不等式，并运用函数的性质解不等式。	水平一	重点提升数学抽象、数学建模、数学运算、直观想象和逻辑推理素养
	必修第二册		水平二	
	必修第四册		水平二	
			水平二	

续　表

主题	课程内容	课程目标	学业质量水平	学科核心素养
选择性必修课程主题一函数	选择性必修第二册	能够结合具体实例，理解通项公式对于数列的重要性，知道通项公式是这类函数的解析表达式；通过等差数列和等比数列的研究，感悟数列是可以用来刻画现实世界中一类具有递推规律事物的数学模型。掌握通项公式与前 n 项和公式的关系；能够运用数列解决简单的实际问题。	水平二	重点提升数学抽象、数学运算、直观想象、数学建模和逻辑推理素养
	选择性必修第三册	能够通过具体情境，直观理解导数概念，感悟极限思想，知道极限思想是人类深刻认识和表达现实世界必备的思维品质。理解导数是一种借助极限的运算，掌握导数的基本运算规则，能求简单函数和简单复合函数的导数。能够运用导数研究简单函数的性质和变化规律，能够利用导数解决简单的实际问题。知道微积分创立过程，以及微积分对数学发展的作用。	水平二	

表 2-13　函数主题统领下的单元规划

主题	单元名称	建议课时
函数	函数概念	6
	函数值域、图像	8
	函数的奇偶性、单调性	10
	函数最值	13
	函数周期性	6
	幂、指、对函数	9
	数列	20
	导数	10

高中生物学课程分为必修、选择性必修和选修三个部分。必修部分包括"分子与细胞"和"遗传与进化"两个模块;选择性必修部分有"稳态与调节""生物与环境"和"生物技术与工程"三个模块;选修部分涉及现实生活应用、职业规划前瞻及学业发展基础三个方向的多个拓展模块。

高中生物教材以学科核心素养统摄编写体系,以"生命观结构与功能相统一"这一核心素养及其所涉及的主题概念、课程内容、课程目标、学业质量水平划分统整教材内容。生命观结构与功能相统一观念在必修、选择性必修和选修课程里的生物学知识呈现上有一定科学规律,它是以细胞水平为起点,向两个相反知识水平纵深,即微观水平和宏观水平。在细胞水平,通过膜结构与功能相统一、叶绿体与光合作用、线粒体与呼吸作用、分裂与纺锤体等结构与功能相统一,生动有效地培养学生的核心素养的生命观;在微观方面进入到分子水平,通过DNA的结构与功能、蛋白质结构与功能相统一使学生对核心素养的生命观理解养成深入到分子水平。选择性必修课程通过生态系统结构与功能的学习,使学生站在宏观生态系统、群落的水平上认识理解结构与功能相统一的生命观,使学生养成能站在生态宏观水平上理解人与自然的和谐及解决一些生态问题的措施、法令法规的必要性与意义的核心素养生命观。遵循学习逻辑,依据分子水平—细胞水平—生态水平的生物学学科知识为载体实施单元规划,如表 2-14 所示。

表 2-14 高中生物"生命观结构与功能"的单元规划

主题概念	学业水平	单元学习内容	建议课时
细胞结构与功能	一和二	细胞膜与功能	7课时
	一和二	细胞器与功能	
	二和三	细胞核与功能	
	二和三	叶绿体与光合作用	5课时
	一和二	线粒体与细胞呼吸	
	一和二	分裂与纺锤体、染色体	

四、编制《指南》《手册》，形成校本"标准"

学科课程标准的有效落地，须依靠教师的教学行为来改进课堂，这是课程实施的关键问题。根据对学科核心素养与课程目标、内容模块之间关联的研究，为了教师便于在教学实践中按照基本课程标准制定教学目标，实施基于课程标准的教学与评价，我们在原有的区域性《指南》和校本化《手册》基础上进行了修订，从原来的重点解决三维目标的整合与内在关联，到现在的以核心素养为导向、遵照课程结构、以学科大概念或大观念或学习主题为统领建构目标体系，实现从正式课程到运作课程的转化。

（一）《指南》《手册》的定位

1. 实现课程的校本化

教学最大的问题是教师不按照课程标准，站在"教"的立场实施教学，教学内容的多少、深浅、科学性不同，导致正式课程与运作课程的目标、教学、评价契合度不高。《指南》与《手册》的修订，其目的是解决教师自己在课程教学实践中的问题，在正式课程转化为校本化的运作课程实践中，提升课程理解与执行力，明晰学生"学什么""学到什么程度"及"怎么学"，推进从"教为中心"到"学为中心"的课堂改进。

2. 实现教学评一致性

课程实施是指把课程计划付诸实践的过程，它是达到预期课程目标的基本途径。其核心要素与实质是"目标—评价—教学"的一致性。《指南》与《手册》的研制，助力教师在课程和教学的设计、实施、评价等各个环节，都与课程标准保持高度一致，发挥课程标准的纲领性指导作用，准确定位教学目标，合理设计教学活动，科学设置课堂评价，基于课程标准进行教学与评价，保证课程实施的有序、有信、有效、有度。

3. 遵循学习逻辑改进教学

从正式课程到运作课程的转化，会呈现出校本化的差异和个性。《指南》《手册》的研制其实是运作课程落地的过程，其关键是基于各地各校的学生学习情况，结合学科知识的逻辑结构和本区本校学生的学习基础，遵循教学逻辑来转化进而改进教学，实现学习效果的最大化。

(二)《指南》《手册》的功能

1.《指南》的支架功能

《指南》是国家课程转化为区域课程,为学校教研组编制《手册》以及学科教师进行单元教学设计提供的指导工具。

学科《指南》的功能是为区域学校研制《手册》,为建立学科教学目标体系、规划单元、实施单元设计提供指导和参考。《指南》作为区域内各学校的学科教研组依据本学科课程标准,编制校本化《手册》的支架,指导教师立足学科核心素养,落实国家课程,将课程标准的理念、核心素养通过教学目标与教学内容,变成可操作、可评价的系统,为学科教师开展基于课程标准的教学和评价,提供科学的思路、方法和规范性的操作建议及其样例,从而实现国家课程以校为本的最优化实施。此次《指南》的修订试图解决三个问题:其一,落实国家课程,实施区域教学转化,建构指向核心素养的学科教学目标体系;其二,遵循教材编写体系和学习逻辑,指导规划学习单元;其三,给出单元教学设计路径与流程建议,指导单元教学设计与实施。

《指南》为教师研读与转化课程标准提供了支架,区域各校参照《指南》建议研制《手册》,在进行课程内容统整与重构的流程路径设计时,要科学制定并落实学校课程规划、校本课程开发与管理等指导意见与实施办法,了解《指南》的指导和参考价值并将其校本化实施,指向健全核心素养培育、各具特色的学校课程体系,实现区域与学校层面的转化。

2.《手册》的支架功能

《指南》为教师在课程标准与教学目标搭建桥梁,提供支架。《手册》在课程标准指导下,参考《指南》完成校本化细化(具体化),体现基于课程标准教学与评价的个性化与差异性实践。《手册》是课程标准转化的第二级支架。

《手册》是《指南》的校本化和具体化,它是在理解和把握《指南》呈现的单元典型样例基础上,运用其思路和方法,为本校的学科教师依据本学科课程标准,紧密结合本校实际,展开教学和评价,提供科学规范、具体详尽的教学操作意见及样例。它重点落实在单元与课时的教学设计与评价,是对课程标准校本化的第二级转化。

(三)《指南》的结构要素

《指南》的要素主要由导言或概述,学科课程标准的解释,模块或单元目标、内容与要求的细化,评价案例的设计,模块或单元作业样例、模块或单元检测与评价样例,教学建议等板块构成。其特点是呈现一种课程标准细化与转化的规格、样式、案例、路径和工具。《指南》细化与转化课程标准是以模块或单元教学设计为入口,为学校编制校本化的《手册》指明方向,提供路径;也为一线教师提供整体的教学方向指引和教学关键问题解决方案,便于教师在日常教学中根据学情,调整内容布局、课时安排,发挥各自的智慧,促进教学质量提高。

1. 依据课程标准,建构学科教学目标体系

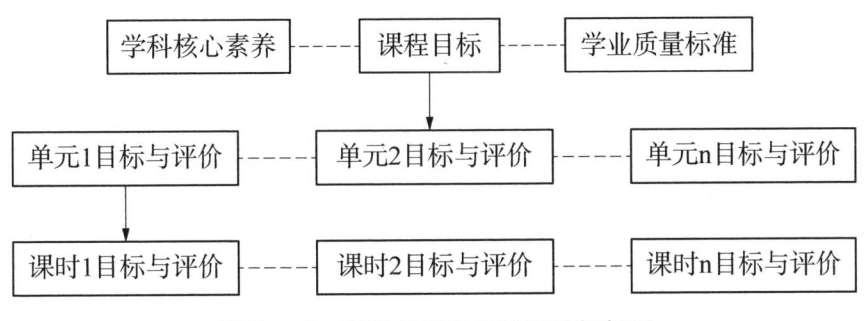

图2-16 学科教学目标体系的框架图

图2-16说明:以核心素养为导向,基于学科课程目标及其对应的学业质量标准,落实学科主题/任务群/模块的内容与学业要求,结合单元教材内容和学生学情,建构学段三类课程统领下的学科单元学习目标和评价体系,进而细化单元各课时学习目标与评价目标。

建构学科教学目标体系以学科核心素养为导向,遵照课程标准、内容标准和学业质量水平标准,确定单元目标与评价要点,如表2-15所示。

表2-15 ××学科高中教学目标体系一览表

学科核心素养	课程目标	内容与学业要求	学业质量水平	单元目标	评价要点

基于核心素养,教师依据课程标准的学业要求和水平,梳理由学科大概念或大观念或学习主题统领建构的课程体系,理解和把握教材的价值取向、编写意图和特点、教材的知识体系,分析教材单元、配套资源、功能及与目标达成的关系,建立彼此关联的学段目标体系、表现水平和描述框架,形成评价要点,为统整课程内容,实施单元规划提供学理依据(表2-16)。

表2-16 学段目标及水平划分框架

学科核心素养 ▷ 学段目标体系 ◁ 单元目标 ◁ 评价目标

学段目标	水平一	水平二	……	承载核心素养
目标1	1/1	1/2	……	
目标2	2/1	2/2	……	
目标3	3/1	3/2	……	
……	……	……	……	
说明	各学科按照学科核心素养、内容标准、学业质量标准分类形成学段、单元教学目标与评价要点。			

2. 遵照学习主题,实施单元规划

单元规划遵循以下原则。一是系统性原则。系统性原则是将单元教学放在学科课程体系中,系统分析单元教材与课程标准、课程内容之间的关系,明确单元教材的编写意图,把握单元教材的知识学习和能力训练与前后单元甚至不同课程、不同学习任务群/模块/主题之间的逻辑关系,建构高中学段学科目标体系,提炼学习主题或学科核心概念,进而围绕学习主题或学科概念统领整个学段教学的规划。二是结构性原则。结构性原则是指围绕学习主题或学科核心概念实施单元规划,将核心概念下位的诸多概念有关联、进阶式地安排或选择,依据单元侧重的学科核心素养和单元教材结构特点,进行单元教学规划,确定教学内容,设计学习活动,使各单元及单元内各课时教学内容形成一定的内在联系。三是主体性原则。单元规划后须站在学生的立场,遵循学生的认知规律和学习体验来实施单元整体设计,须针对学生学习体验与身心发展特性来选择合适的具体教学方式,从而让转化后的教学内容和学习目标更加接近学生的学习兴趣与障碍,特别要关注发挥跨媒介资讯及信息技术对学生学习的支撑作用,在真实的问题情境中设计单元学习活动。单元规划的要素与结构如下(图2-17)。

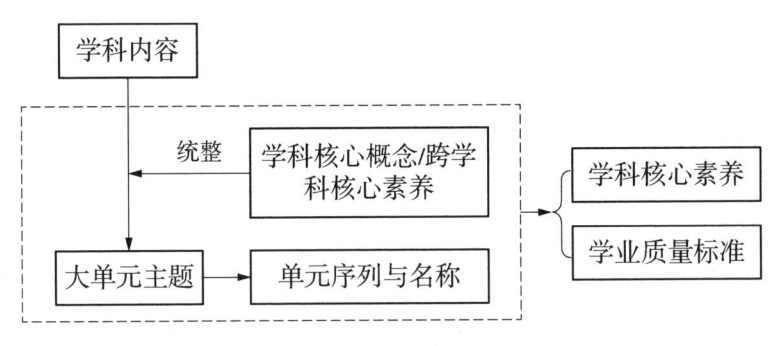

图2-17 单元规划的要素与结构图示

图2-17说明:

(1)单元规划的要素:由体现学科本质的学科核心概念或跨学科核心素养统整下位诸多具体概念,基于学科内容进行整合,落实学科核心素养,对应学业质量标准,建构大单元主题,形成学段具有关联性、进阶性的单元序列。学科核心概念是能够体现学科本质、反映学科思想方法的上位概念,是高度概括性、极强实用性、广泛联系性、最强解释性的学科关键概念。(2)单元规划的结构:以学科核心概念统整学科内容。就形式而言,"统整"可以分为学科内在的统整和跨学科的统整。学科内在的统整旨在强化学科知识的联系性和整体性,引导和支持学生建立学科知识网络;跨学科的统整意在强化学科的贯通,弥合分科教学的不足,让学生有机会在不同学科知识的融合中,学习知识和解决实际问题;就方法而言,学科核心概念反映学科本质的核心概念或命题,是统整的基本工具和主要依靠,能有效地整合、统领学科的知识内容并实现知识的有机融通和广泛迁移。

单元规划的基本路径是:(1)以学习主题/学科概念重构单元。教材自然单元有多重教学价值,包含了多重教学目标。文史政学科应以学科核心素养为本位对同一任务群/主题进行有机整合,提炼单元主题,进而围绕单元主题整合学习资源,建立体现单元多重目标之间的联系;数理化学科可围绕学科大概念的下位概念统整教学内容,打破教材单元甚至课程之间的界限,将核心概念下位的诸多概念有关联、进阶式地安排或选择,依据单元侧重的学科核心素养和单元教材结构特点,规划教学单元。(2)遵照学习主题,实施单元规划。立足于课程内容,围绕学习主题或学科核心概念,分析不同课程内容、不同单元之间的联系,对应学业质量水平的层级,建立教学内容的主题或概念逻辑"链",明确重构单元在课程中承担的教育功能和学习目标,确定该单元"应该学什么"和"学的程度",进而关联学习情境、学习任务、学习工具、学习资源和学习反思等关键要素实施单元学习整体设计。

3. 遵循学习逻辑,实施单元教学设计

实施单元教学设计,确定单元目标。(1)明确课标要求。清晰定位课程标准对应的任务群/模块/学科概念的学业要求和课程学业质量水平层次,理解单元教材与课程标准的逻辑关系,提炼单元主题/学科概念的关键词,明确单元在课程体系中所承担的教育教学功能。(2)分析学习需求。课程内容教学转化应研究学生的学习心理与学习能力,研究信息技术背景下的学生生活。依据学习基础、学习需求对单元教学内容进行选择、定位再整合,单元学习目标的设计要与多数学生的认知实际相匹配,符合学生的学习基础和思维发展水平,同时关注学生差异,不随意拔高或降低课程标准的要求。(3)重构教材单元。此处所指的单元教材,是指在理解教材编写意图、分析单元之间知识体系的逻辑关系后,提炼单元主题或学科核心概念后规划的"单元"。规划后的单元打破了自然单元的内容编排,主题特别是由任务群/模块/学科概念统领下的单元要遵照学科逻辑顺序重组教学内容,以实现单元各教学要素的自然协调。(4)明确学习目标。依据课程目标、单元教材编排、单元教材分析及学习基础分析,围绕单元主题或核心概念规划单元,明确单元学习目标。为提高单元教学的有效性,教师须依据学习基础对单元丰富的教学内容做出取舍,从而使单元教学的内容指向"解决一定的问题""完成一定的任务""达成一定的目的"。(5)设定单元评价。单元学习评价是依据重构单元对应的学业质量水平标准,结合学习基础及具体的单元学习内容,对学生的学习行为和结果进行价值判断,并为教学决策服务的活动。学习目标设计时须考虑教与学的双方对目标达成都有可操作性,尽量将学生完成单元学习后的学习水平外显为可操作、易观察、可测量的行为动词,呈现出学习活动的内容、过程和结果,以学生学习行为所表征的认知水平及能力作为评价的标准。评价时既要突出单元所对应的学习任务群/模块/主题的学习重点,体现学习目标与评价的一致性,同时要兼顾前后单元学习目标之间的联系,保证评价与目标达成的连续性。

聚焦学习目标,设计学习活动。(1)确定学习任务。基于单元规划明确单元学习目标,确定若干项学习任务,整体设计单元教与学活动,包括细化课时目标与课时安排、教学顺序、课时类型等。每课时的教与学活动都基于单元整体视域,进而分解单元各课时学习目标,单元目标与课时目标构成整体与局部的关系,各课时目标之间形成前后承接的、递进的逻辑关系,单元内形成一个整体、有序的内在教学关联。(2)创设学习情境。设计学习活动须关联多维学习情境,有教材给定的学科认知情境,学生所处的生活环境、时代语境,学生学习本单元的学习体验,结合学习任务的完成,教师引入了不同媒介的学习资源和学习工具等,这些复合学习情境的创设,让学生在解决问题的情境中建构知识、提升能力,指向单元学习目标的达成。(3)整合学习资源。规划后的单元是围绕单元主题或学科概念重组的,高度整合多种学习资源,建构了一个多情境、多样化的学科学习生态。学习资源包括三方面,一是重构单元教材呈现的资源,二是教与学过程中的生成资源,三是教师提供的补充资源以及学习工具等。单元教材分析时要明确这些学习资源承担的功能及彼此的关系,将三类学习资源进行整合。整合学习资源的切入角度,要考虑有利于激发学生兴趣,有利于引导和促进学生深度学习、创造性学习,有利于达成预设的单元学习目标。(4)设计单元作业。对应单元学习目标,确定单元作业总目标,设立课时作业的分目标,作业目标的设计要有统整性和阶梯性,针对学情难易适中,题型多样,长短兼顾,指向巩固学习效果,建立起知识的框架和逻辑链,提升举一反三的迁移能力。(5)督促学习反思。为评估学生在学习情境中的综合表现以及学习结果,教师可结合学习内容和课型,采用纸笔测试、现场观察、对话交流、小组分享、自我反思等多种评价方法,督促学生进行评价、梳理和反思,以巩固单元学习成果,建构学习经验和学科知识体系。

(四)《手册》的结构要素

《手册》框架与要素:《手册》研制以课程标准为依据,参考《指南》教学目标与评价体系,遵循学科逻辑和学习规律,结合校情与学情,制定校本化的教学手册。《手册》主要包括导言、学期总目标、教学进度安排、教学内容与目标、教学活动建议、练习与评价设计,教学样例等。

表2-17 《学科教学手册》框架与要素一览表

结构框架	要素
导言	《手册》定位说明
学期目标	确定学段学科总目标下的学期目标
学期教学计划	单元规划、单元课时建议、学科实践活动安排、学期测评安排
单元设计样例	课标分析、教材分析、学情分析、单元目标、单元课时目标、单元评价、单元活动设计等
课时设计样例	课时目标、学习过程、作业设计等

1. 确定学期目标

学期学习目标是对整个学期教学的总体要求,学期目标应依据课程标准与《指南》的学科学习目标与评价要求,结合教材内容、学期周数和校情学情来确定。

以 HS 小学为例,语文二年级第二学期的学期目标的确定,首先依据义务教育阶段小学语文的课程标准,参考区域《指南》建构的目标与评价体系,再结合 HS 小学的学生基础,制定本校学科《手册》,确定如表 2-18 所示的学期目标。

表2-18 HS小学语文教学手册·二年级第二学期学期目标

识字与写字	1. 能在语言环境中认识常用汉字 450 个。 2. 能在田字格中正确书写汉字 250 个,能仔细观察汉字在田字格的位置和关键笔画,注意汉字的间架结构。 3. 写字姿势正确,书写规范、端正、整洁。 4. 能在阅读中主动运用部首查字法查字典认识汉字。

续　表

阅读	1. 能在语言环境中分辨已认的形近字、同音字、音近字。 2. 能运用联系上下文、找近义词等方法，了解课文中词语的意思，识记词语1600左右。 3. 能边读边思考，用联系上下文、展开想象等方法读懂课文中句子的意思。 4. 能借助提示讲述故事，对文中感兴趣的人物和事件有自己的感受和想法，并乐于与人交流。 5. 能正确、流利地朗读课文并尝试着有感情地朗读。 6. 能默读课文，做到不出声、不动唇，边读边思考，根据要求提取简单的信息。 7. 能诵读或背诵指定的儿歌、儿童诗和古诗，借助想象读懂内容，初步体会作者想要表达的情感。 8. 能积累教材中指定的成语和格言警句。 9. 能坚持每天阅读15—20分钟，课外阅读总量不少于2万字。
口语交际	1. 能认真听别人讲话，努力了解讲话的主要内容，针对自己感兴趣的内容提出自己的疑问。 2. 敢于主动发表自己的意见，并能清楚地表达自己的想法。 3. 与别人交谈，态度自然大方，有礼貌，注意说话的语气和语速。
写话	1. 能留心周围事物，主动写下自己想说的话和想象中的事物。 2. 能用几句话把想要表达的内容写清楚，并乐于运用阅读和生活中学到的词语。 3. 能根据表达的需要，正确使用逗号、句号、问号、感叹号。

2. 制定教学计划

在确定了学期学科目标的基础上，结合校历规划学期教学计划、单元规划、单元课时建议、学科实践活动安排、学期测评安排等。

以 QZ 小学美术学科为例，美术第九册学期教学计划参考区域《指南》，依据教材编写逻辑，规划了九个单元的学习内容，但遵循学习认知从易而难递进的逻辑，调整了单元顺序，形成校本化的教学计划，展示如下（表2-19）。

表 2-19　QZ 小学美术学科第九册教学手册·学期教学计划

主题	单元名称	学 习 内 容	课时建议
绘画	第一单元《有冷暖的色彩》	冷暖色的知识；用冷暖色表现有主题的画面的方法	4
绘画	第三单元《平行透视》	平行透视的规律；单个和组合平行透视方体的绘画方法；平行透视视角下小床的绘画方法	3
绘画	第四单元《我们的手》	手的外形结构及手形变化规律；写生手的方法；手形联想与绘画装饰的方法	2
绘画	第五单元《学画中国画》	中国山水画布局；中国戏剧脸谱谱式、色彩等基础知识；水墨画勾勒、皴擦、点染的方法	2
雕塑	第七单元《创意制作》	瓦楞纸的特性；卷、粘、插等纸艺基本技法；不同材料制作骨架的方法	1
雕塑	第六单元《泥工练习》	房屋、塔楼的历史文化及造型结构；泥片包裹、泥条盘筑、泥块造型等制作泥房与塔楼的成型方法；用挖、压、刻等技法表现细节	2
设计测评	第二单元《学习画纹样》	纹样和标识的特点和作用；用简化、变形、添加的方法设计纹样和标识	3
欣赏评述	第九单元《欣赏评述》	博物馆的来源，博物馆和美术馆的区别；用手机 APP 导览参观上海博物馆的方法；用费得门欣赏方法赏析文物	1

3. 单元设计样例

学科《手册》要对标学期教学计划和规划单位，给出单元设计样例供教师参考。样例中包含以下要素：课标分析、教材分析、学情分析、单元目标、分解单元课时目标、设计单元评价等。样例的撰写建议参考区域《指南》中相关要素的解读和研制，结合本校学情进行校本化调整。

以 NY 中学研制写作《手册》为例,学科教研组参考区域《指南》的目标和评价体系,结合本校学情,设计出校本化单元样例,如表 2-20 所示。

表 2-20 NY 中学高中语文必修上册教学手册·第三单元设计样例

课时	学习任务	课时目标	学习评价	学习情境	学习资源	作业设计	学习反思
1	理解诗歌作品意象的选择和意境营造,运用"知人论世"的方法理解诗人表达的情感	1. 了解作品创作的背景与诗人相关信息 2. 学习运用"知人论世"的方法理解诗人表达的情感	依据课时目标,伴随自评与他评,进行等级评价或过程性评价	由文本与学习体验或课堂研讨构成复合情境	预习作业,查阅资料等	创设学习情境,个人预习小组合作教师引导,活动贯穿学习全过程	对照学习评价,反思习得
2		运用"知人论世"的方法,理解作品意象的选用及其作用					
3		理解诗歌作品意象的选择和意境营造,感受诗人独特的情思					
4	分析诗歌的语言运用,体味诗歌的音韵美和诗人的语言风格	分析诗歌的语言运用及其作用,体味诗歌的音韵美			作业及研讨资料		
5		对比分析诗人的语言风格及其作用			作业及研讨资料		

续 表

课时	学习任务	课时目标	学习评价	学习情境	学习资源	作业设计	学习反思
6	朗诵不同体式的诗歌，了解体式特点，品味音韵美	比较相同和不同体式诗词在表现手法和风格上的差异，领悟诗人的审美意趣					
7		组织诗歌朗诵比赛，展现学习诗词的独到体悟					
8	学习文学短评叙议结合的写法	学习诗歌短评的写法			任选诗歌及补充资料		梳理诗歌写法与读法
9		修改并展示诗歌短评			学生习作		

4. 单元评价样例

学科《手册》要依据单元学习目标，参考区域《指南》的评价要点，预设学生学习本单元的情况，从学习能力、学习表现、学习态度等维度，给出单元评价设计样例供教师参考。样例中包含以下要素：单元目标、评价维度、评价目标、评价工具等。融合多元评价和多样方式的评价，如表 2-21 所示样例。

表 2-21 XH中学道德与法治六年级第一学期第二单元·单元评价设计

单元名称	友谊的天空
单元目标	了解自己的交友状况，认识友谊对我们的影响。 能反思自己的人际状况，明确自己对友谊的期待。 能感受到并接纳自己和他人对友谊的渴望，感受到友谊的力量和美好。 能尊重他人，珍视友谊的情感，树立正确的友谊观。

续　表

评价维度	学习能力	能理解概念；能完成习题
	学习表现	课堂回答问题；参与并记录研讨活动
	学习结果	习题和笔记
评价目标	完成相关习题的正确率在80％,笔记记录100％	
观察重点	相关习题中的选择题和填空题	
评价主体	教师和学生	
评价工具	双向细目表	
	笔记呈现	
评价等第	A　B　C　D	

五、优化学习评价,探索以评促学

评价不是教学的目的,它只是为了达到学习目标而寻求最优化教学方式的手段。要把评价作为创造适合每个学生特点的教学环境的手段,充分利用通过评价得到的反馈信息来开展适合每个学生特点的教学。学生是评价的价值主体,评价是为学生服务的,评价的目的是促进学生的发展。通过评价促进学生在原有水平上的提高,达到学习目标的要求,同时还应了解学生发展中的需求,发现学生的潜能,帮助学生认识自我、建立自信、发挥特长,从而使评价成为一种不断发现、判断和提升学习价值的活动,成为完整学习过程不可分割的重要组成部分。

(一)落实课程育人,建构评价体系

学习评价是课程改革的重要抓手,是课程教学转化的关键节点。建立学科课程评价体系,必须深刻理解学科核心素养的内涵,依据课程标准学业要求准确把握学业质量不同水平所描述的表现特征,对学段、模块或主题、单元和课时的评价目标进行整体规划和设计,遵循学科学习逻辑,建构学习评价体系,推进育人方式变革,助力学生五育并举,实现差异化、个性化成长。

一是构建学生关键素养评价指标。汲取上海市绿色指标综合评价理念,根据徐汇区中小学生在上海市绿色指标测评中的表现,选择促进本区学生发展的关键指标,依据评价指标的特征确定观察点,确定评价所需要的数据性质与类型。建立学业质量发展指标体系的模型,编制《徐汇区中小学生关键素养评价指标》,为学校的课堂观察和常规视导调研提供参考。

二是建立学业质量综合评价体系。关键素养评价指标需要不同数据支撑:身心健康指标来源于体质监测中心和问卷系统;学习品质指标来源于智能化学习平台与问卷系统;高阶思维、生涯规划指标来源于学科质量监测系统和问卷系统。

三是规范学业质量评价项目。依据学段和学生发展特点,开展学生的学业质量评估,采用学科学业质量监测与关键素养指标综合问卷两种方式,基于数据形成学科学业质量评价报告。

四是建立学业质量分析模型。从"成绩分析、试卷分析、问卷分析、行为分析"等维度,根据不同阶段学业质量综合评价数据制定不同分析模型。因此,依据学段和学生发展特点,在准确把握学业质量水平的基础上多维度开展学习评价就显得尤为重要。

1. 以发展学生核心素养为纲

学习评价应以课程目标为依据,以学生核心素养的整体发展为着眼点,将评价贯穿于课程学习的整个过程,构建学生关键素养评价的指标体系,根据不同阶段学业质量综合评价数据,制定不同分析模型。评价主要针对学生将所学知识与技能运用于解决具体问题时体现出的核心素养水平。要运用恰当有效的评价方法,借助人工智能等信息技术,系统搜集和科学分析处理学生的有关信息,综合发挥检测、诊断、激励、引导、调解、反馈等多方面的功能,准确判断学生学科核心素养的达成度。在评价过程中,随时发现学习目标、学习内容、学习方法以及创设问题情境、解决问题等方面出现的不足,及时加以改进,保障以发展学生核心素养为纲的课程的有效实施。

2. 符合学业质量要求的评价目标

评价目标的确定,必须以课程内容、学科核心素养水平为依据,符合学业质量要求。深刻理解学科核心素养的内涵,准确把握学业质量不同水平所描述的表现特征。对学段、模块或主题、单元和课的评价目标进行整体规划和设计,注重对学生学科核心素养各个方面的发展状况进行综合评价。根据学生实际,结合具体内容,制订等级化、个性化的评价目标。以初中英语学科为例进行说明(表2-22)。

第二章　系统转化：从正式的课程到运作的课程　93

表 2-22　六年级第一学期学习目标与评价表

六年级第一学期

主题	主题内容	学习目标	评价活动与任务	评价要点
Module 1 Family and friends	1. Family and relatives 2. I have a good friend 3. Spending a day out together	1. 通过认识家谱，了解家人和亲戚的称呼、关系以及与他们开展的休闲活动和频率，并以"My family"为主题准确描述家庭成员以及和他们的日常活动，增进对家庭成员的了解和情感。 2. 谈论朋友的日常活动、性格特点，并以书面的形式描述好朋友的性格爱好、品质及形成原因，学会欣赏他人。 3. 通过运用现在完成时来谈论朋友在某地的行踪。 4. 通过读图，了解环境的现状以及以"Friends of the Earth"为保护环境所做的事，知晓作为学生可以为环保做出哪些相应的努力和承诺，感悟环保意识。 5. 结合地理位置远近来谈论周末休闲活动。	Project(Make a handbook) Directions: Since you have entered a new school, you are going to introduce yourself to the new class. Step 1: Write a brief introduction about yourself. Step 2: Interview the other three students about their own daily activities and activities with the family members. Step 3: Interview some information of the other three students : 1. Character (helpful/kind/honest . . .) 2. Things like doing Step 4: Make a handbook about you and your friends, introduce your handbook to the class.	1. 能正确运用特殊疑问句提问。 2. 能恰当回答，时态准确。 3. 能完整完成自我介绍和朋友采访，有开头与结尾，交流有礼貌且表达流畅。 4. 能体现个人活动与小组分工，活动内容能围绕介绍自己和认识新朋友。 5. 手册内容完整，图文并茂。

续 表

主题	主题内容	学习目标	评价活动与任务	评价要点
		6. 运用多种时态描述照片,理解选择照片的理由,写一篇描述四幅出游照片的短文。 7. 通过询问获取行程有关的关键信息,形成出行计划。		
Module 2 Places and activities	1. What would you like to be? 2. Open Day 3. Going to school 4. Rules around us	1. 介绍职业名称,工作场所,工作内容以及对未来职业的选择原因,并模仿对医生采访的片段,向身边的成人展开关于工作的采访,形成采访报告,增进对社会基本职业及其职责的了解与热爱。 2. 就学校开放日话题,通过对学校不同功能场所及相关活动的了解,结合条理地计划开放日活动,写一份邀请函。 3. 根据学校开放日活动的实施,结合相关图片,按照时间顺序,写一篇活动通讯稿。 4. 通过描述和调查出行交通方式,距离远近,通勤时长,绘制柱状图,形	Writing Directions: Do a survey among the family members, ask them some questions about their daily life and choose one of the people's survey to write a report, the questions should include: 1. the job they do or they'd like to do, the reason why they choose it 2. the daily activities in their work 3. the traveling time or the way to work 4. the meaning of the work	1. 能正确表达职业内容,体现职业特点与意义。 2. 词汇丰富,句型正确且多样。 3. 恰当使用连接词,段落表达清晰,有层次性。

第二章 系统转化：从正式的课程到运作的课程　95

续　表

主题	主题内容	学习目标	评价活动与任务	评价要点
		5. 读懂篇章描述上学路上所见的相关表达，描述上学路上的所见所想，表达对早起努力工作学习的人们的赞赏。 6. 通过文本阅读，理解不同标志的含义，规则的陈述方式以及规则和标志之间的关系，并简要陈述不同场合的规则所制定的目的，知道规则无所不在的道理。 7. 观察图片，结合课堂表现，保护公物，班级卫生和与人相处等方面有条理地撰写班级规则。		
Module 3 Diet and health	1. The food we eat 2. Picnics are fun 3. Healthy eating	1. 借助图片，了解食物名称，在讨论晚餐菜肴的情境中，正确询问和表达对食物的偏好，并就自己介绍的食物偏好设计一份合理的菜单。 2. 掌握菜场摊位和超市部门的表达及价格的表达方式，在购买菜材的情境中，通过菜场和超市的食品比	Group work (oral) Directions: You and your classmates will have a birthday party for Alice. Make a dialogue about the food for the party. You may talk about: 1. the food you choose	1. 能体现小组分工，对话内容能围绕生日派对上的食物。 2. 对话中语言正确，逻辑顺序清晰，符合情境。

续 表

主题	主题内容	学习目标	评价活动与任务	评价要点
		价的过程,谈论食品的购买地点和价格。 3. 互动讨论对于野餐食品的偏爱,并说明理由,根据所选食物列出购物清单。 4. 在野餐情境中分享食物及饮料,表达"请求"和"提议"。 5. 学习膳食金字塔,读懂金字塔中的信息,询问食物摄入量,遵循膳食金字塔的建议,养成均衡膳食的日常饮食习惯。 6. 阅读健康生活习惯的小故事,通过讨论健康饮食来帮助学生树立良好生活和饮食方式。 7. 询问他人三餐的情况,并用恰当的比较结构讨论膳食结构的合理性。 8. 通过完成饮食习惯测验单,合理评价自身饮食习惯,梳理自身不良饮食习惯,写出改进建议并说明理由。	2. the reason why you choose the food 3. the place you buy the food 4. the price of the food 5. suggestions for the food they choose	3. 对话完整有开头与结尾,交流有礼貌且表达流畅。

初中英语学科注重评价目标与学习目标的一致性,在设计评价量表时尽可能使教学和评价围绕学生学习这一中心展开,促进教、学、评的一致,使学习目标与评价目标共同服务于学生学科核心素养的发展。

(二) 借助评价工具,科学评价学习

学习评价应注重过程表现,学业质量水平层级明确了不同学科、不同课程学习的深浅程度。同时,也要注重评价学生在学习活动过程中的学习态度和行为表现,可以结合学习任务,从学习能力、学习方法和学习表现等维度设计课堂学习活动评价量表,通过自评和互评的方式对学生完成学习任务的态度进行评价,在合作学习中提出问题、分享见解、评价同伴,并在探究问题过程中发现学生个性,将过程性评价与终结性评价相结合。

如小学数学四年级第一学期数与量单元的学习活动设计为:活动一"大数的读法";活动二"1亿有多大";活动三"升和毫升"。以活动一"大数的读法"为例,其学习活动设计与评估表以及学习活动评价表如表2-23、2-24所示。

表2-23 数与量单元的学习活动设计与评估表

设定活动目标	活动名称	你会读有"0"的大数吗?
	活动目标	1. 经历把个级的数(万以内数)的读法迁移至万级、亿级。 2. 在读大数过程中,掌握末尾有"0"的读法及数中间有"0"的读法。
设计活动方案	活动任务	一、情境展示 爱插队的淘气"0":4个0遇到4个9,它们一起玩排队游戏,排出了很多大数,其中就有99990000、99909000、99900900、99900090、9990009这5个数,你会读吗? 二、独立思考完成任务 先制作一张数位顺序表,再将这5个数写在表内。 三、同桌协作,全班分享 读一读,说一说,这些有"0"大数的读法。 四、归纳读法

续　表

设计活动方案	活动性质	完成形式		活动类型	
		☑独立完成　☐小组合作	☑同桌协作　☑集体分享	☐感知体验　☑探究发现　☐理解运用	
	活动资源	☐工具学具　☑文本资料　☐媒体资源			
	活动时空	空间		时间	
		☑普通教室　☐功能教室　☐室外场所		☑单课时内（10）分钟　☐跨课时段（　　）课时　☐课外延伸（　　）天/周	
	活动水平	☑有意义识记　☐解释性理解　☐探究性理解			
评估活动品质	适切性 Ⅰ Ⅱ <u>Ⅲ</u> Ⅳ	趣味性 Ⅰ <u>Ⅱ</u> Ⅲ Ⅳ	挑战性 Ⅰ <u>Ⅱ</u> Ⅲ Ⅳ	开放性 Ⅰ <u>Ⅱ</u> Ⅲ Ⅳ	关联性 Ⅰ Ⅱ Ⅲ <u>Ⅳ</u>

表 2-24　数与量单元的学习活动一评价表

	评价内容	评价主体	评价等第
倾听	1. 能认真、耐心倾听同伴读数	自我评价	☆☆☆☆☆
表达	1. 能用正确、简洁的语言归纳总结数中间有0和级末尾有0的读数方法	教师评价	☆☆☆☆☆
思考	1. 能尝试用自己的方法进行归纳读数方法 2. 能分析同伴的读数方法是否正确	小组评价	☆☆☆☆☆
合作	1. 观点不同不争吵 2. 能互相补充观点	小组评价	☆☆☆☆☆

(三) 融合多元评价,提升评价效能

1. 注重课堂学习评价和实践活动评价的有机结合

在评价过程中,既要关注学生在课堂学习活动中的表现,也要关注学生在复杂情境下开展相关实践活动的能力。注重形成性评价和终结性评价的有机结合,注重量化评价和质性评价有机结合。在评价过程中,既要发挥量化评价易操作、客观性强的优势,也要注重质性评价对学生核心素养的发展程度特别是价值观的形成做出的判断。下面以高中语文学科必修课程"跨媒介阅读与交流"任务群为例加以说明。

高中语文"跨媒介阅读与交流"任务群学习目标与评价要点

---

* 学习任务群　　跨媒介阅读与交流

* 学科核心素养　语言　思维　审美　文化

* 学业要求

(1) 了解常见媒介与语言辅助工具的特点。掌握利用不同媒介获取信息、处理信息、应用信息的能力。学习运用多种媒介展开有效的表达和交流。

(2) 知道信息来源的多样性、真实性,辨识媒体立场,多角度分析问题,形成独立判断。

(3) 关注当代网络文学和网络文化,坚持正确的价值导向,辩证分析网络对语言、文学的影响,提高语文、文学的鉴赏能力。

(4) 建设跨媒介学习共同体,并将其作为支持语文学习的手段。

* 人文主题　媒介素养(必修下册第四单元)

* 单元目标

(1) 关注多种传播媒介对人们学习、工作、生活的影响,通过调查,了解不同媒介的传播特点,更好地适应信息时代的生活。

(2) 比较不同媒介的语言特征,能够撰写具有相应语言特征的文稿,提高信息时代背景下的语言文字运用能力。

(3) 掌握多种媒介传播信息的方法和注意点,并进行有效实践,不断提升媒介应用能力。

(4) 了解辨识媒介信息的基本知识和方法,并将其运用于生活之中,提升思维能力;学习判断媒介信息的良莠,树立正确的人生观、价值观,提升媒介素养。

* 学业水平　水平一、水平二

* 评价要点

(1) 知道不同媒介的特点。

(2) 能够辨识媒介信息真伪并形成自己的判断。

(3) 能运用不同媒介进行表达与交流。

2. 注重评价主体的多元化和评价方式的多样化

教师、学生、家长等都应成为评价主体,分层分类推进学校评价、教师评价和学生评价,注重评价指标、方式、方法以及评价功能的综合性。综合运用课堂提问、纸笔测试、实践活动、自我反思、同伴互评、教师评语、家长评价等方式,多方面呈现学生的核心素养发展水平。下面以高中数学学科为例(表2-25)进行说明。

表2-25　高中数学学科单元评价表

评价维度	评价内容	评价要点	评价方式
学习过程	学习准备	学习态度、课前预习	学生自评、学生互评、教师评价
	课堂学习	认真听课、积极参与、善于合作、掌握知识、独立思考	
	课后学习	作业完成、知识梳理、课外阅读	
单元活动	活动表现	活动准备、数据收集、问题处理、活动小结	学生自评、学生互评、教师评价
单元测验	基础知识与基本技能	本单元要求的数学基本概念、基础知识及基本思想和方法	考试、测验

续 表

评价维度	评价内容	评价要点	评价方式
	数学能力	运算求解、推理论证、空间想象、数学表达、数据处理、数学建模	
其他表现	数学竞赛	参加市、区、校级数学竞赛	教师评价
	数学小论文	对某个数学内容有独到的见解	
	创新能力	思维敏捷、思维广阔,分析问题有独特的见解	

高中数学学科在进行学习评价时,不仅关注学生的学业成绩,更注重对学生综合素质的考察;不仅关注结果,更关注学生的学习过程,关注学生成长发展的过程,充分发挥评价的激励导向功能。评价要既体现重视数学知识的定量评价,又要体现重视学生在单元学习中非智力因素的定性评价。在评价过程中,由学生本人、学生所在的学习小组和任课教师共同参与到单元评价活动中,评价工作与单元学习过程同步进行。评价方式包括课堂观察、成长记录及单元测验等形式。其中课堂观察包括:学生的听课、发言、与同学的合作、对学习数学是否自信以及思维的敏捷性和创造性等。成长记录包括教师评价记录与学生评价记录两部分:(1)由教师根据平时观察所得,侧重于对个体学生的数学学习态度、课堂教学的参与、师生合作、生生合作学习情况等对学生做出评价;(2)以学生学习小组为单位,进行自评与互评,主要评价学生平时学习过程中的优秀作业、有创意的解题方法;对来自社会的数学信息的接受与处理;正确面对数学学习中的困难和成功;主动参与对数学问题的探索,敢于发表自己的见解等。单元测验是指在单元学习结束时,以纸笔测试的形式对学生掌握本单元的知识与技能、数学思想方法所进行的评价。在数学单元评价中,教师应重视学生数学核心素养的达成。数学知识和技能是数学核心素养的载体,数学核心素养蕴含着思维品质。在设计评价工具时,要关注知识与技能的范围和难度,关注六个数学核心素养的分布和水平,聚焦数学的核心概念和通性通法,要有利于考查学生的思维过程和思维深度。在数学单元评价中,也应重视评价的整体性和阶段性。

要发挥评价的价值导向作用就必须注重评价反馈,评价反馈是评价的重要组成部分。系统搜集学生日常的、阶段性的学习成果并进行判断分析,结合学科核心素养的表现水平、学业质量水平和学生个人能力等因素,寻找学生表现和目标要求之间的差距。针对学生具体情况调整、修改教学策略,提出有针对性的学习建议,并及时、准确地通过合适渠道向学生反馈某些结果信息,主动告知或引导学生寻求改善学习的方式方法。建立师生对话交流的沟通途径,共同解读和分析评价结果信息,发挥评价反馈的最大效用。

第三节　学习为中心的单元教学设计

一、单元教学设计模型

单元教学设计就是依据学科核心素养、内容标准、学业质量水平,结合学情、教材内容,整合目标、内容、任务/活动、评价、资源等要素对某一单元作整体设计。其设计模型如下(图2-18)。

二、单元学习目标的确立

1. 以课标为依据,明确单元学习目标与内容

单元学习目标的确立须体现学科核心素养,依据课程标准、内容标准和学业质量水平,融合教材、学习基础等诸多要素,落实单元教材所对应的课程(必修、选择性必修或选修)与学习任务群的要求。

现以高中数学学科第一章为例,梳理确立单元学习目标的要素与流程,如下(表2-26)。

图 2-18 单元教学设计模型

```
课程标准 → 教材 → 学情
              ↓
┌─────────────────────────────────────────────────────────┐
│                    单元名称与课时                         │
├──────────┬──────────┬──────────┬──────────┬─────────────┤
│单元学习目标│课时学习目标1│课时学习目标2│课时学习目标3│……           │
├──────────┼──────────┼──────────┼──────────┼─────────────┤
│单元学习主题│课时学习主题1│课时学习主题2│课时学习主题3│……           │
├──────────┼──────────┼──────────┼──────────┼─────────────┤
│单元学习任务│课时学习任务1│课时学习任务2│课时学习任务3│……           │
│/活动      │/活动1     │/活动2     │/活动3     │             │
├──────────┼──────────┼──────────┼──────────┼─────────────┤
│单元持续评价│课时评价1  │课时评价2  │课时评价3  │……           │
├──────────┼──────────┼──────────┼──────────┼─────────────┤
│单元学习环境│课时学习环境│课时学习环境│课时学习环境│             │
│/资源      │/资源1     │/资源2     │/资源3     │             │
├──────────┴──────────┴──────────┴──────────┴─────────────┤
│                    单元学习作业与检测                     │
└─────────────────────────────────────────────────────────┘
```

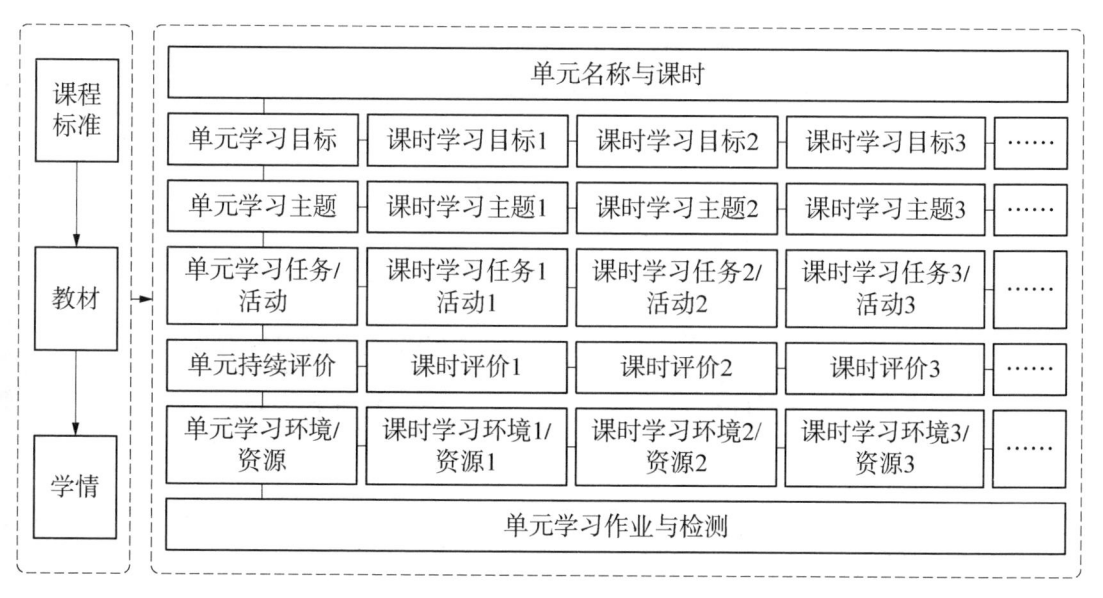

图 2-18　单元教学设计模型

表 2-26　高中数学"集合与逻辑"单元学习目标

要素	流　程
学科核心素养	数学抽象和逻辑推理素养
内容标准	集合的概念与表示、集合的基本关系、集合的基本运算
学业标准	1. 能够在现实情境或数学情境中，概括出数学对象的一般特征，并用集合语言予以表达，初步学会运用三种语言（自然语言、图形语言、符号语言）表达数学研究对象，并能进行转换、掌握集合的基本关系与基本运算。 2. 能够借助常用逻辑用语进行数学表达、论证和交流，体会常用逻辑用语在数学中的作用。
学科知识	必要条件、充分条件、充要条件、全称量词与存在量词、全称量词命题与存在量词命题的否定
单元目标	1. 使用集合的语言简洁、准确地表述数学的研究对象。 2. 学会使用常用逻辑用语表述数学内容和论证数学结论。 3. 使用常用逻辑进行数学推理。 4. 建构数学抽象的经验。

2. 以单元为整体，呈现学习目标的关联性

单元学习目标的设计应以单元为对象。确定单元目标时，既要考虑单元教材所对应的学习任务群的学习要求目标，也要处理好单元目标与单元各课时学习目标之间的关系，还要衔接好各课时目标，形成连续的、渐进的逻辑关系。

现以高中语文必修教材为例，展示单元目标与课时目标的关联，如下（表2-27）。

表2-27 高中语文必修上册第五单元目标与课时目标案例

	单元学习目标	课时学习目标
结合教材、指南学情	目标1：理解书中的关键概念，把握作者的学术观点，了解中国乡土社会的特点。	第1课时 学会批注，厘清概念 理解书中的关键概念，遵循本书对比研究的方法来厘清不同概念的内涵。
	目标2：厘清各篇章之间的内在联系，把握本书的论述逻辑和知识体系。	第2课时 读懂镜头中的"乡土社会" 理解本书或用比喻、或用社会现象、或引用名言等"镜头"阐释观点的方法及作用。
	目标3：积累阅读学术著作的经验，形成适合自己的读书方法。	第3课时 你辩我论 表达观点 学习辩论，了解学术著作从"问题的提出"到"问题的解决"的论述思路。
		第4课时 《乡土中国》论坛：我的"阅读发现" 总结并分享阅读经验以及阅读《乡土中国》的发现。
	目标4：运用本书的理论和阐述方法，分析作者的理论创新的现实意义，培养文化自觉。	第5课时 从乡土中国到城乡中国 开展调查访问，写作并展评调查报告。

3. 以学生为主体，体现学习目标的适切性

单元学习目标的设计是将教材内容依据学生的学习基础、学习需求做选择、定位、提炼的过程。单元学习目标必须站在"学习为中心"的立场来确定，教师的"教"是为达成学生的学习结果服务的。单元学习目标要与多数学生的认知实际相匹配，符合学生的学习基础和思维发展水平，同时关注学生差异，不随意拔高或降低课程标准的要求。

值得指出的是,单元学习目标在单元教学过程中应根据学生的学习过程适时调整,在学习过程中达成与再生成。

4. 以评价为导向,实现学习目标的可测性

学习目标设计时应考虑教与学的双方对目标达成都有可操作性,尽量将学生完成单元学习后的学习水平外显为可操作、易观察、可测量的行为动作,反映言语实践活动的内容、过程和结果。要以学生学习行为所表征的认知水平及能力作为评价的对象,评价时既要突出单元所对应的学习任务群的学习重点,体现学习目标与评价的一致性,又要兼顾前后单元学习目标之间的联系,保证评价与目标达成的连续性。见表2-28。

表2-28 初中语文九年级下册第五单元的单元学习目标与评价要点

主题	单元学习目标	单元学习任务	评价要点
戏剧	1. 了解剧本的基本特点,掌握阅读剧本的基本策略和方法。 2. 结合时代背景,理解剧本中的人物形象、戏剧冲突、剧本主旨。 3. 了解戏剧排演的相关知识,参与到排练、演出实践中,对戏剧的演出和欣赏有自己的心得。 4. 了解中国传统戏曲知识,感受中国传统文化的博大精深。	活动一 1. 宣布班级"戏剧节"开幕。 2. 浏览教材剧本,初步了解剧本的形式特点。 3. 分导演、演员、剧务组,明确任务。 活动二 1. 挑选剧本。 2. 成立小组并分工。 3. 导演说戏,拟定剧本大纲,完成导演手记。 4. 演员批注表演细节,完成演员手记。 5. 剧务研究舞台说明,完成剧务手记。 活动三 1. 拟定演出评价标准。 2. 正式表演。 3. 过程评价。 4. 完成写作提纲。	导演组 1. 能清楚具体地解说情节,把握剧本主题。 2. 能说清剧中人物之间的各种关系。 3. 能具体讲解各种矛盾冲突。 4. 表达流畅。 演员组 1. 语气和语调符合人物形象,感觉自然真实,有感染力。 2. 动作得体,符合人物形象。 3. 对话衔接顺畅,互动自然,走位恰当。 剧务组 1. 能够积极配合完成该戏剧的各项准备工作。 2. 能根据舞台说明,布置舞台,设计符合剧本要求的人物造型。 3. 能设计有创意的宣传海报。

三、单元学习评价的改进

1. 落实单元目标，对标学业水平

学习评价是课程教学转化的关键节点。课程评价体系的建立，必须深刻理解学科核心素养的内涵，依据课程标准学业要求，准确把握学业质量不同水平所描述的表现特征，对学段、模块或主题、单元和课的评价目标进行整体规划和设计，遵循课程学科逻辑，建构学习评价体系，改进学习评价，推进育人方式变革，助力学生五育并举，实现差异化、个性化成长。

例如高中语文依据课程标准学习任务群学业要求和必修课程学业质量水平标准，建构了课程评价体系，三类课程 18 个学习任务群的评价要点呈现进阶性关联，实现教学评一致，实现评价增值性效果。下面例举的是选择性必修课程外国作家作品研习的学习目标与评价要点。

高中语文选择性必修课程外国作家作品研习单元学习目标与评价要点

* 学习任务群　　外国作家作品研习

* 学科核心素养　语言　思维　审美　文化

* 学业要求

（1）阅读外国文学经典作品，认识所读作品的地位和价值。

（2）撰写读书笔记，阅读作品应写出内容提要和阅读感受。选择感兴趣的作家、作品或话题，撰写评论。

（3）尝试探讨不同民族文学之间的共同话题和文化差异，尊重文化多样性，提升文化鉴别力。

* 人文主题

本任务群共有两个单元：多样的文化（选择性必修上册第三单元）；丰富的心

灵(选择性必修中册第四单元)。

＊单元学习目标

〔多样的文化〕(选择性必修上册第三单元)

(1) 理解作品多样的风格,借助学习资源探究其形成因素。

(2) 分析人物和环境描写的作用,评析人物形象的典型意义。

(3) 分析情节安排的意图,联系作品其他章节,完整把握结构特点。

(4) 品析作品语言的独特性及表现力,感受作家鲜明的语言个性。

(5) 评析作品思想意义,选取某一要点写评论。

〔丰富的心灵〕(选择性必修中册第四单元)

(1) 分析戏剧冲突,把握戏剧冲突的性质。

(2) 分析对话在推动情节、塑造形象、揭示主题等方面的作用。

(3) 赏析"社会问题剧"这一独特的艺术创造。

(4) 分析诗歌的意象和隐喻及其蕴含的情感、意蕴,赏析诗歌的象征手法。

(5) 鉴赏诗歌的结构、建筑、音韵等形式,把握诗歌语言和情感的内在节奏。

(6) 赏析作品的风格,评析作品的艺术流派和艺术价值。

(7) 理解作品的内涵,评析作品反映的文化观念和社会意义。

＊学业水平　水平三和水平四

＊评价要点

〔多样的文化〕(选择性必修上册第三单元)

(1) 梳理作品主要人物、事件与作者的经历、时代精神之间的关系,评析作品思想意义。

(2) 把握作品中叙述和描写的细节,赏析人物特征,评析人物形象的典型意义。

(3) 分析作品所选取的典型环境对展开情节、刻画人物的作用。

(4) 探究不同作品中心理描写方法及作用的异同。

(5) 分析情节安排的意图,联系作品其他章节,完整把握作品的结构特点。

(6) 品析作品语言的独特性及表现力,分析作家作品多样的风格,探究其形成因素。

〔丰富的心灵〕(选择性必修中册第四单元)

(1) 分析戏剧对话在推动情节、塑造形象、揭示主题等方面的作用。

(2) 赏析"社会问题剧"这一独特的艺术手法及其效果。

(3) 鉴赏诗歌的结构、建筑、音韵等形式,把握诗歌语言和情感的内在节奏。

(4) 赏析作品的风格,把握作品的艺术流派和艺术价值。

(5) 理解作品的内涵,探究作品反映的文化观念和社会意义。

(6) 能借助学习资源与学习工具,完成申论写作。

2. 借助评价工具,融合多元评价

学习评价注重过程表现,学业质量水平层级明确了不同学科、不同课程学习的深浅程度。同时,要注重评价学生在学习活动过程中的学习态度和行为表现,可以结合学习任务,从学习能力、学习方法和学习表现等维度,设计课堂学习活动评价量表,自评和互评学生完成学习任务的态度,在合作学习中提出问题、分享见解、评价同伴,以及探究问题过程中个性的发现等表现,将过程性评价与终结性评价相结合。见表2-29。

表2-29 高中艺术学科单元学习评价设计样例

单元主题	微电影创作
单元评价目标	1. 能掌握影视微电影创作的基本知识技能,创作微电影剧本。 2. 能运用影视画面的构图原则、色彩运用方法,电影镜头的景别、运动镜头的运用方法,结合蒙太奇手法和后期配音、配乐,发挥想象力,创作简单的叙事作品。 3. 能识别影像作品的雅俗意趣,具有健康的审美价值判断和审美情趣。 4. 能理解多元文化艺术对影视艺术的影响和作用。 5. 在欣赏影视作品的过程中具有良好的视听素养、正确的艺术判断力。
单元评价方式	学习表现:依据讨论参与度,任务承担完成度等级评价
	作业评价:依据评分标准赋分
单元评价权重	学习表现分等级制占70%;作业评价评分制占30%

四、单元学习活动的设计

（一）学习活动结构化：落实单元目标，整体规划学程

单元设计被视为落实素养目标的重要载体，其实质是学科知识和学习活动的整合，这种整合意味着需要整体设计学习活动，即以单元学习任务来统领若干项学习活动。学习活动设计，须聚焦落实单元学习目标，依照单元学科逻辑和学习逻辑实施整体规划，若干个学习活动各自独立又彼此关联。比如语文学科的单元学习活动设计，结合单元学习任务将单元学习活动结构化，可以是一个课时一个活动，也可以是几个课时一个活动，形成有利于达成单元学习目标、可操作、可评价的活动设计。以几篇课文构成的单元整体学习为例，应围绕核心问题，将单元中各单篇的教学内容加以整合，制定整体的学习活动方案，形成连续的、有联系的学习过程；其次是对听说读写能力的培养做通盘的考虑，将语言及思想的输入与输出相结合，将理解与表达相结合，设计综合性的学习活动。如下所示（表 2-30）。

表 2-30　高中语文必修下册第六单元学习活动设计

单元主题	观察与批判
单元学习目标	1. 梳理情节发展的脉络，关注悬念、抑扬、意外（反转）等叙事技巧，分析人物在情节发展中的不同表现，进而把握人物性格，探究造成人物命运的根源。 2. 关注叙事过程中对当时社会环境的交代，把握小说中社会环境的基本特征与实质，分析其对人物命运的巨大影响，探究作品的社会批判性。 3. 分析小说选取的叙事视角、人物语言、细节是如何为小说的创作服务的，并鉴赏其表达效果，感受不同作家不同艺术风格的作品。 4. 探究时代背景与小说主题意义、作家的创作理念、写作意图之间的关系，评析小说的思想意义和价值，加深对社会、人生、人性的认识。领悟到"文学为人生"的旨归，提升审美情趣和品位。

续 表

	5. 关注现实生活中的主要事件并探查人物，了解人的内心世界、事情的来龙去脉、环境的特别之处以及它们彼此的关系，挖掘其中的意义。联系、整合、加工素材，选择恰当的叙事方式与丰富的细节，虚构故事，表达对生活的思考。
学习任务一 概括小说情节，画出人物命运表，完成阅读札记	活动： 1. 阅读《祝福》《林教头风雪山神庙》《装在套子里的人》《促织》《变形记》，概括故事，梳理情节，并画出人物命运图表，对小说内容有大致的了解。 2. 在图示上用最精简的语言概括每一个节点，标出影响人物命运走向的突发事件，并探讨这些事件在小说中的作用。
学习任务二 紧扣"人物与环境的共生关系"，赏析小说思想艺术价值	活动一：1. 讨论主要问题：祥林嫂的人生路是怎么走到死亡这一步的？ 2. 结合小说对社会环境的描写，思考人物与社会环境的共生关系。 3. 探究小说主题：①思考造成祥林嫂悲剧命运的根源是什么？②思考作者创作这篇小说的目的是什么？
	活动二：1. 分析小说中"祝福"出现的次数和作用。 2. 分析叙述者"我"在小说中的丰富内涵和作用。
	活动三：探究主问题：隐忍的林冲是如何最终被逼上梁山的？ 1. 介绍林冲刺配沧州之前的前尘往事，分析其性格主要特征。 2. 聚焦"山神庙雪夜报血仇"，思考林冲是如何最终被逼上梁山的。
	活动四：1. 探究叙述的起点，分析故事的因与果。 2. 赏析语言对塑造人物形象的作用。
评价要点	1.1 学生能自行概括小说主要内容，语言概要清晰。 1.2 能用图表形象化地直观再现人物命运的曲折过程，图表能扣住文本、将人物置于作品整体背景之下加以观照，能关注人物命运与环境的联系。

	1.3	札记中能体现出对小说的初步理解、独特感受与见解。
	2.1	学生能细读文本,在探究小说人物命运的社会根源的追踪分析中,理解"环境与人物的共生关系"。
	2.2	能读懂不同风格、不同时代作家对大千世界、人生百态的深刻洞察、展现,以及对不幸主人公的悲悯情怀。
	2.3	能有较高质量的回应,倾听同伴发言,积极互动,补充、修正自己或伙伴的观点。
	3.1	学生能在分析、理解小说中的人物形象基础上,查阅资料。
	3.2	学生能借助对相关背景的了解,把握人物形象的典型意义。
	3.3	学生能深刻认识到人物与环境的共生关系,理解小说人物形象塑造的艺术价值。

(二) 学习方式多样化:课外阅读梳理,课堂探究分享

学习活动融合了多种实践活动,文科类学科的学习实践活动包括阅读与鉴赏、表达与运用、评价与鉴赏等学习方式,单元学习活动需要花心思设计的是"梳理与探究"学习活动。设计活动时可结合学习任务提供适切的任务单、表格等学习工具,借助信息技术的学习资源和软件工具,让学习前置于课堂前、教室外,学生课外梳理的结果、学习兴趣与障碍成为课堂深入探究问题的学习资源;课堂探究问题的设计,指向学习目标的达成,解决学生学习存疑;探究的过程,是学生沉浸学习情境、结合真实问题,交流、研讨的过程,在合作学习的过程中享受解决问题的获得感,引发新的思考;过程性、表现性评价应该贯穿活动全过程详见表 2-31。

表 2-31 初中语文八年级上册第一单元学习活动设计

单元主题	新闻
学习目标	1. 了解不同体裁新闻的特点。 2. 选取有价值的新闻话题,搜集新闻素材。
学习任务	合作探究,尝试编辑报纸或新闻网页。

续　表

学习活动	课前活动： 1. 如果你要写成一篇《首届诺贝尔奖颁发》这样的消息，你需要了解哪几方面的内容，列出提纲。 2. 收集载有同一题材内容的报刊或浏览新闻网站上相关报道并做好记录。
	课堂活动： 1. 分组学习，研讨课前搜集的资料，整理成发言课件，推荐小组发言人。 2. 用课件展示课前搜集的新闻素材并作点评，可结合小组自评与他组互评。 3. 课堂小结，形成编辑新闻网页的话题、选材和观点等。
	课后活动：小组合成完成新闻网页的编辑。
学习评价	评价工具：课前学习任务单的自评表，课堂学习小组自评和互评表。
	评价要点：能聚焦自选话题搜集新闻素养并制作网页；能参与小组研讨并承担分配的任务。

（三）学习活动情境化：创设多维情境，理论关联现实

创设真实的学习情境，需要借助各种学习资源。单元活动情境的设计，创设情境是前提，提出问题是核心，任务是学习的驱动力，应用知识解决问题是目的，单元学习活动设计中这几个环节是互相联系。图 2-19 呈现的是高中生物"细胞质膜透性的模拟：透析袋实验"单元学习活动设计流程，聚焦真实问题，在学习情境中通过系列问题串连的活动环节，解决问题、提升能力。

情境创设，问题聚焦 → 活动1：透析袋实验 → 活动2：人工脂双层实验 → 活动3：小分子和离子的运输方式 → 活动4：大分子和颗粒的运输方式 → 解决真实情景中的问题 → 本课小结

图 2-19　高中生物"细胞质膜透性的模拟：透析袋实验"单元学习活动设计流程

五、学习资源的开发与融合

课程内容统整是实现课程与教学以及教学内部各要素有机统一的实践路径，课程内容统整离不开学习资源的开发与重构。比如语文任务群的教学设计，需要结合学习任务群的具体要求，设计指向达成学习目标的任务、能够引导学生广泛而深度参与的情境，融合阅读与写作、表达与交流、梳理与探究等学习方式的实践活动。围绕落实学习任务群/模块/主题的学习目标与内容要求，开发和重构学习资源。

（一）融合课内外学习资源，指向学习目标的落实

在"核心素养—学业标准—单元设计—学习过程—学习反思"这一环环相扣的教与学活动的基本链环中，单元设计处于中间环节。这里的单元设计，包含了指向达成单元学习目标的诸多要素，其中离不开学习资源的开发与重构。比如政治学科，评价某一社会现象，须引入各类媒介评论、影像视频、活动场馆作为学生参考、小组研讨的资源和场所，引导学生借助课内外资源进行有效学习，拓展视野，深化认识，提升学科核心素养。

（二）融合跨学科学习资源，创设解决问题的情境

核心素养是学生面对复杂的不确定情境解决问题时，所表现出来的必备品格、关键能力与重要观念，而这些品格、能力、观念只有通过解决真实的问题才能获得。指向核心素养的单元教学设计，不是只将静态的学习资源当作教学的起点，而应创设兼具一定综合性和复杂性的学习情境，其中包含了学生身处的学校、家庭环境、时代语境的各种跨学科学习资源。比如语文、政治、历史等文史类学科，需要选择有助于达成单元学习目标的教材学习资源，在教材的统领下合理、科学地引入课外学习资源，利用自然、社会、人文资源，跨学科融合学习资源创设真实的问题情境，学生在解决问题中实现能力提升、素养培育。

（三）利用虚实学习资源和工具，拓展学习活动的时空

信息时代的到来，人们获取知识的渠道在不断地延伸扩张，拓展了学习的时空，也必然改变教与学方式。在学习活动设计中，可以利用线下线上学习资源，借助信息技术学习平台，融合现实情境，如自然风光、人文风情、图书馆、博物馆、纪念馆等，引导学

生在自然、社会的大课堂中观察、调查以获取信息，同时引入多媒体信息，借力各种软件等学习工具，提升学生处理庞杂信息、解决实际问题的能力。比如初中化学"由工业生产情景展开盐复习课"活动设计，选用氯碱工业背景，创设信息化应用场景，利用希沃白板视频插入和播放功能，将学生实验的基本操作进行实时反馈，教师可以及时纠错和点评，助推学生有效提高物质检验的实验基本操作水平。

（四）引入学习中的生成资源，增值学习体验的效果

教与学的生成资源，包含静态的各类作业，比如文史类学科的作业有富有个性的读书笔记、研究结论、文学创作、研讨记录等，数理化作业有笔头作业、专题研究、实验报告等，还有动态的演讲、访谈、社团活动、辩论赛等展示活动，教师可以充分利用这些融合了学生学习体验、思考发现、存疑困惑的生成学习资源，结合教材提供的学习资源达成单元学习目标。比如有些学校跨学科将若干学科的学科任务整合进文化考察社会实践活动中，如徐汇区WY中学高一年级开展各学科参与、多形式并举、全年级参与的"南京社会考察"，以开拓视野、锻炼生活和研究能力；高二年级由语文教研组牵头多学科教研组参加共同策划，开展"绍兴文化考察"，零距离地感受古越山水的奇秀、文化的多元和民族之魂的顽强；高一高二假期开展"文化远足"，辟出齐鲁、徽州、湖湘三条线路，以行走的形式真切体察先秦儒家孔门师徒结伴游学的历程。这些活动的设计将对文字、文学、文化的理解拓展到课堂、教材以外的现实世界，通过文化考察，创设真实情景，进而开展演讲、辩论比赛，结合教材单元学习任务完成调查报告或访谈录。

六、《指南》样例解读

高中语文《学科教学指南》样例解读

步骤一：遵循学科逻辑，建构学科教学目标体系

1. 把握高中语文教材学科逻辑

课程标准指出："语文课程是一门学习祖国语言文字运用的综合性、实践性课

程。工具性与人文性的统一,是语文课程的基本特点。语文课程应引导学生在真实的语言运用情境中,通过自主的语言实践活动,积累言语经验,把握祖国语言文字的特点和运用规律,加深对祖国语言文字的理解与热爱,培养运用祖国语言文字的能力;同时,发展思辨能力,提升思维品质,培育社会主义核心价值观,培养高尚的审美情趣,积累丰厚的文化底蕴,理解文化多样性。"统编高中语文教材遵照课程标准要求编写,体现为人文主题与学习任务群双线组元。双线组元的设计思路意图为落实立德树人,重视发展学科核心素养,将18个学习任务群分解为必修、选择性必修和选修三类课程,三类课程之间构成关联、递增、进阶式的学科逻辑。

2. 建构高中语文学科教学目标体系

将国家课程转化为经验习得课程,须符合学习任务群课程目标的学习目标与评价要点,实施既遵循教学逻辑又符合学习基础的课程教学转化,建构既符合学科逻辑又遵循学习逻辑的教学目标体系和评价要点,以必修课程"整本书阅读与研讨"任务群为例,展示如下。

高中语文必修课程"整本书阅读与研讨"任务群单元学习目标与评价要点

* 学习任务群　整本书阅读与研讨

* 学科核心素养　语言　思维　审美　文化

* 学业要求　(1)在阅读过程中,探索阅读整本书的门径,形成和积累自己阅读整本书的经验;(2)在指定范围内选择阅读一部长篇小说。通读全书,整体把握其思想内容和艺术特点;(3)在指定范围内选择阅读一部学术著作,通读全书,勾画圈点,争取读懂;梳理全书大纲小目及其关联,做出全书内容提要;把握书中的重要观点和作品的价值取向;(4)利用书中目录、序跋、注释等,学习检索作者信息、作品背景、相关评价等资料,深入研读作家作品;(5)从作品中汲取营养,丰富自己的精神世界,逐步形成正确的世界观、人生观和价值观;用自己的语言撰写全书梗概或提要、读书笔记与作品评价。

* 人文主题　本任务群共有两个单元：乡土的中国(必修上册第五单元);不朽的红楼(必修下册第七单元)。

* 单元目标

〔乡土的中国〕(必修上册第五单元)

(1) 理解书中的关键概念,把握作者的学术观点,了解中国乡土社会的特点。

(2) 厘清各篇章之间的内在联系,把握本书的论述逻辑和知识体系。

(3) 积累阅读学术著作的经验,形成适合自己的读书方法。

(4) 运用本书的理论和阐述方法,分析作者理论创新的现实意义,培养文化自觉。

〔不朽的红楼〕(必修下册第七单元)

(1) 通读《红楼梦》,积累阅读长篇小说的方法和经验。

(2) 厘清主要人物关系,把握主要人物形象的多样性和复杂性。

(3) 梳理小说主要情节,理清情节主线,把握小说精巧的艺术结构。

(4) 体会小说在日常生活描写中寄寓的深刻思想及丰富文化内涵。

(5) 品味小说中展现人物性格和文化内涵的诗词曲赋,欣赏小说语言。

(6) 理解《红楼梦》对现实的批判与理想的追求,获得审美体验和精神成长。

* 学业水平　水平一和水平二

* 评价要点

〔乡土的中国〕(必修上册第五单元)

(1) 能提取和概括主要信息,能区分事实和观点。

(2) 能把握著作中的核心概念和全书知识体系。

(3) 能阐释各部分内容之间的关系,发现观点和材料之间的逻辑联系。

(4) 能运用著作中的理论分析社会和文化现象。

(5) 能建构自己阅读学术论著的经验,形成适合自己的阅读方法。

〔不朽的红楼〕(必修下册第七单元)

(1) 能梳理小说主要人物的关系,理解主要人物形象。

(2) 能概括小说主要情节,梳理小说的双线结构。

(3) 能理解小说在日常生活描写中蕴含的丰富文化内涵。

(4) 能分析小说的语言对塑造人物形象、揭示小说主旨的作用。

(5) 建构自己阅读长篇小说的经验。

步骤二：遵循学科逻辑，实施单元规划

高中语文学科基于必修课程内容与任务群的学业要求，立足教材单元，分析不同课程内容、不同单元之间的联系，整合不同单元甚至不同课程的学习内容，明确重构单元在课程中承担的育人功能和学习目标，围绕相近单元人文主题规划学习内容，助推学生建构知识体系，提升迁移运用能力，涵养学科素养。如表所示（表2-32）。

表2-32 高中语文必修课程跨课程、跨单元整合学习内容

学习任务群	教材单元	学情	人文主题	整合学习内容
整本书阅读与研讨	必修上册第五单元	了解文化、时代与女性命运的关联	乡土的中国	单元学习任务：女性对命运的抗争及意义探讨
文学阅读与写作	必修下册第二单元		良知与悲悯	
外国作家作品研习	选择性必修中册第四单元		丰富的心灵	

步骤三：遵循学习逻辑，实施单元设计

高中语文教材必修上册"第五单元"单元教学设计案例

* 课标分析

必修上册第五单元所在单元归属于必修课程"整本书阅读与研讨"学习任务群。该任务群的学习目标与内容是：建构阅读整本书的经验，形成适合自己的读书方法，提升阅读鉴赏能力，养成良好的阅读习惯，进一步认识我们的国家和人民，培养文化自觉。依据课程标准对应的必修课程"学业质量水平二"层级标准，该单元学习后期望达成的学业水平是：能用多种形式记录并整理阅读所得，具有阅读兴趣和阅读自觉，能在自己的表达中运用富有文化意蕴的语言材料和语言形式，能理解各类书籍中的文化现象和观念，能运用所学的知识对学习中遇到的一些文化现象发表自己的看法，有正确的价值观和追求高雅审美情趣、高尚审美品位的意愿，有认同中华优秀传统的文化自觉。

* 教材分析

必修上册第五单元,围绕"乡土的中国"这一人文主题,阅读费孝通先生的社会学论著《乡土中国》。《乡土中国》是社会学家费孝通著述的一部研究中国农村的社会学著作。全书14篇文章分别从乡村社区、文化传递、家族制度、道德观念、权力结构、社会规范、社会变迁等方面深度解剖了中国乡土社会的结构及其本色,展现了20世纪中叶中国基层社会的面貌。依据这本书的写作目的与研究方法,明确其教学价值。

* 学情分析

对高一学生而言,阅读社科类文章有一定的经验,但对于《乡土中国》这类学术著作的整本书阅读比较陌生,甚至有些抵触。绝大部分学生面临的困难是缺乏阅读兴趣,对学术概念理解不了,对篇章之间以及篇章内在逻辑关系梳理不清,对作者的研究方法及材料运用的用意不太明白,同时缺乏阅读学术论著记录笔记的习惯,没有整理、反思阅读体会的经验,缺少查找阅读资料的路径和时间,等等。因此基于学生的认知规律与现有起点,点燃学生阅读热情,激发研读的兴趣,结合学习任务、创设情境来驱动阅读,是教学设计的难点与重点。

* 单元学习任务

任务1:抓住核心概念,理解作者观点

任务2:分析整体框架,把握论述逻辑

任务3:关注"问题",学以致用

任务4:拓展阅读,知人论世

* 单元学习目标

依据课程标准及其必修课程学业质量水平要求,落实单元对应的学习任务群所规定的学习目标与内容,分析单元教材的教学价值,整合"阅读与鉴赏""表达与交流""梳理与探究"三方面的语文学习活动要求,结合高一学生的知识积累、心理特征和认知水平基础,确定必修上册第五单元的学习目标,如表所示(表2-33)。

表 2-33 学习目标

人文主题	乡土的中国	
学习任务群	整本书阅读与研讨	
教材篇目	《乡土中国》	
单元目标	目标1：理解书中的关键概念，把握作者的学术观点，了解中国乡土社会的特点。	水平1-2：在理解语言时，能提取和概括主要信息，能区分事实和观点。 水平2-2：在理解语言时，能区分主要信息和次要信息，理解并准确概括其内容、观点和情感倾向
	目标2：厘清各篇章之间的内在联系，把握本书的论述逻辑和知识体系。	水平1-2：分析各部分内容之间的关系，发现观点和材料之间的逻辑联系。
	目标3：积累阅读学术著作的经验，形成适合自己的读书方法。	水平2-1：具有反思并整理语文学习经验的意识，能用多种形式整理、记录自己学习、生活中的所得。
	目标4：运用本书的理论和阐述方法，分析作者的理论创新的现实意义，培养文化自觉。	水平2-2：在表达时，能注意自己的语言运用，力求概念准确、判断合理、推理有逻辑。 水平2-4：能运用所学的知识对学习中遇到的一些文化现象发表自己的看法。

* 单元评价要点

依据第五单元的单元教学目标以及整本书阅读的特殊性，本单元的评价建议采用等级制，采用"学习水平""学习方法"的等次与"学习表现"的过程相结合，学生自评、生生互评与教师评价相结合的方式综合评价。评价量表细化图示如下（表 2-34）。

表 2-34 评价量表

评价维度		评价指标(任务)描述	评价等级 A B C D		
评价目标	学习水平	能理解书中的关键概念	自评	互评	师评
		能把握作者的学术观点			
		能厘清各篇章之间的内在联系			
		能把握本书的论述逻辑和知识体系			
		能理解学术著作的语言运用特点			
		能理解本书运用比较研究方法阐释观点的作用			
		能积累阅读学术著作的经验			
		能评价乡土文化的现代意义与历史局限			
		能评价本书理论创新的现实意义(演讲或调查报告)			
	学习方法	能运用浏览、略读的方法自主阅读整本书			
		掌握圈点、批注的方法进行感想式、质疑式、评价式、补充式的批注			
		能通过阅读篇章标题、拟写提纲的方法把握篇章内容			
		能运用概念图或思维导图梳理篇章以及篇章之间的逻辑关系			
		能查找资料帮忙理解整本书,形成索引资料帮忙阅读的自觉			
		能梳理阅读学术著作的方法并与人分享			
	学习表现	作业的完成	课前阅读作业的完成			
			课后阅读作业的完成			
		活动的参与	小组活动承担任务的角色			
			小组活动承担任务的完成			

评价等级说明:等级由高至低,分为 A、B、C、D 四个等次。

＊单元课时设计

第1课时

〔学习范围〕

重刊序言;后记;目录;第1篇"乡土本色"。

〔学习目标〕

1. 了解本书作者,写作背景,研究的问题、方法与目的。
2. 理解"中国社会是乡土性的"这一社会特征及其形成的原因。

〔学习难点〕

理解作者如何阐述中国基层社会乡土本色的成因。

〔学习过程〕

一、导入

阅读重刊序言与后记,了解阅读社科论著需关注的问题,完成信息的梳理,填写下表:

本书的作者及研究领域	费孝通,社会学家
作者提出的学科问题	作为中国基层的乡土社会究竟是个怎样的社会?
研究的目的	
研究的背景	
研究的方法	

两点提示:

其一,读重刊序言,把握作者提出的学科问题,明确学术著作的写作目的。

学术著作的写作起点是"提出问题",写作目的是"解决问题",这一写作目的启发我们阅读的路径是:从"问题的提出"到"问题的解决"。

其二,读后记,了解作者运用"社区研究"中的比较研究方法的意图。

二、提出主问题

何为乡土社会？作者如何阐释乡土社会的特征？

三、解决问题的路径与过程

1. 厘清"乡土本色"这一概念，理解其外延与内涵。

何为"乡土本色"？"本色"指事物的本来面貌或特质。"中国社会的基层是乡土性的"，指出中国社会基层的本色、或其根本特质是乡土性的。

路径：理解概念，先从本义到语境义，关注短语构成的结构。"乡土本色"是个偏正短语，限定了"本色"的语义，结合篇章内容的阐释，完成理解短语的特指语义。

"乡土社会"这一概念，其内涵应该包括其经济、政治、文化、伦理等方面特征；概念的外延就是指这个概念所反映的事物对象的范围，比如"乡土社会"的外延，从空间维度上看，"乡土社会"不仅包括农村，从时间维度上看与"乡土社会"相对应的是"现代社会"。

2. 遵循作者的写作思路，理解作者如何阐释"乡土社会"的特征。

路径1：通过段首句或结尾句的提示，概括每段的段意。

路径2：通过语段中的高频词，理解乡土性的内涵特性。

乡土社会的特征：依赖土地，而受到"土"束缚，互为因果；以乡而居，终老是乡；因"土""乡"居的生存方式而形成"乡土性"的特质：人们依赖土地而缺乏流动性；富于地方性的熟人社会；尊崇礼俗（规矩）而不重"法理"。

3. 基于段意划分篇章的层次，理解论述思路。

《乡土本色》这一篇的论述思路是，文章先总说"中国基层社会是乡土性的"，再分别论述了乡土性的内涵——乡下人依靠土地谋生的生存方式、聚村而居的生活方式，形成了熟悉的社会，具体表现在三个方面：在人与人的关系上，是富于地方性的熟人社会；在人与规则的关系上，人与人之间相处拥有遵从规矩带来的自由；在人与物的关系上，人们熟悉生活环境中的事物，获得对个别经验的认识。

4. 分析乡土社会的特征及成因。

总说——人附着于土而生存——世代聚乡而居——因而产生熟悉的社会，包括人与人之间，人对习俗，人对环境（物）的熟悉——因"土气"的生活方式而产生流弊。

四、结论

1. 《乡土中国》这本书提出的问题是"作为中国基层社会的乡土社会究竟是个什么样的社会",解决问题的方法是比较研究方法。

2. 费孝通以现代社会为对照,对"乡土社会"进行了阐述:中国社会的基层是富于地方性的熟人社会,具有赖土而生、不流动、尊崇礼俗的特征。

五、小结

1. 关注序言和后记,了解作者提出的问题以及解决问题的方法。

2. 结合段意的概括和论述层次的分析,逐步理解概念的丰富内涵。

3. 借助高频词、段落首尾句概括段意,进而分析篇章层次间的逻辑关系。

六、作业

1. 《乡土本色》结尾段说:"从乡土社会进入现代社会的过程中,我们在乡土社会所养成的生活方式处处产生了流弊。"结合你观察到的社会现象,谈谈你的看法。

2. 阅读并概括《文字下乡》和《再论文字下乡》两章内容,分析《乡土本色》与《文字下乡》《再论文字下乡》这两章的逻辑关系。

第 2 课时

〔学习范围〕

第 2—3 篇,"文字下乡""再论文字下乡"。

〔学习目标〕

1. 理解语言与文字在乡土社会面对面社群环境中所发挥的功能。

2. 理解作者提出问题到解决问题的思维过程及阐述方式。

〔学习难点〕

1. 理解"学""习""词""文化"等概念。

2. 分析作者运用的由因推果的阐述方法。

〔学习过程〕

一、导入

上一节课,我们了解了中国基层社会是乡土性,是富于地方性的熟人社会。语言与文字作为交流工具,在不同的交际环境中各有其长处。在面对面社群的乡土社会与现代社会,对语言和文字的需求会有所不同。

二、提出主问题

费孝通为什么提出"乡下人没有文字的需要"这个观点?他如何论述这个观点?

三、解决问题的路径与过程

1. 学术论著是聚集问题的学术对话,明确第2—3篇"对话"的背景。

"对话"背景:晏阳初先生主持的乡村平民教育实验,措施是"文字下乡",期望解决当时农村的愚、穷、弱、私几大问题。

2. "乡下人在城里人眼睛里是'愚'的",界定什么是"愚",明确判断"愚"的标准。

路径:概念的界定(不识字是"愚"?)——是知识问题不是智力问题——举例对比"城里与乡下孩子捉蚱蜢"——乡下孩子没有识字的环境,因为乡土社会没有文字的需要。

3. 为什么说乡土社会没有文字的需要?支撑这一观点的理由有哪些?

"文字下乡"章:从空间上,乡土社会的本质是"面对面的社群",人们可以借助语言,还可借助肢体、表情等"特殊语言"交流,不必依赖文字交流;文字作为表情达意的工具,"是个不太完善的工具",本身存在缺陷。

"再论文字下乡"章:从时间上,"时间阻隔"的两方面内涵——词是个人跨越今昔的桥梁——词可以是"语言"或"文字",乡土社会依靠语言能跨越今昔;乡土社会有着安定、历世不移的特质——乡土社会靠语言足够能传递世代间的经验。

路径:概念的界定(时间阻隔、词、文化)——从个人今昔到社会世代两个维度,由因推果阐述"乡土社会没有文字的需要"这一观点,最后得出结论:文字下乡需要有前提条件——乡土社会基层性发生改变。

四、结论

《文字下乡》《再论文字下乡》两个篇章之间的逻辑关系:作者由"乡下人是不是愚"的讨论,提出"文字下乡是否有必要"这个问题;然后从空间和时间两个维度,分别论述了在生活定型的乡土社会,语言能满足人们交流的需要,所以乡下人不需要文字,最后得出结论——中国社会基层发生了变化,文字才能下乡。

五、小结

1. 聚焦问题,分析作者的论述过程,厘清提出问题与解决问题的因果逻辑。

2. 建立"对话"意识,理解作者"对话"的针对性,思考对话的意义。

3. 把篇章放在整本书的框架中,观照前后篇章的内容与逻辑,逐步理解作者的理论发现和论述结构。

六、作业

1. 作者在《再论文字下乡》中提出"在面对面的乡土社会,没有用文字来帮助生活的需要",你是否同意这一观点?请阐明你的理由。

2. 阅读第4—7篇,辨析"差序格局""团体格局"等概念,尝试给"差序格局"下定义。

第3课时

〔学习范围〕

第4—7篇,"差序格局""系维着私人的道德""家族""男女有别"。

〔学习目标〕

1. 理解"差序格局""团体格局""个人主义""自我主义"等概念。

2. 理解"差序格局"的社会结构特征及乡土社会道德体系和家庭关系的表现。

3. 分析作者运用譬喻、引用及对比等手法阐释概念的作用。

〔学习难点〕

1. 理解引文及其对阐释观点的作用。

2. "差序格局"的社会结构特征与"私"的社会现象之间的关联。

3. "男女有别"的区别及形成的原因。

〔学习过程〕

一、导入

在《差序格局》这一章中,费孝通先生原创性地提出一个社会学概念"差序格局",郑也夫先生曾说:中国社会学教授和学者们认为,《乡土中国》中的这一术语是中国社会学对世界社会学理论的最大贡献。

二、提出主问题

作者如何阐释"差序格局"这个概念?"差序格局"的社会结构特征对乡土社

会的道德体系和家庭关系带来哪些影响?

三、解决问题的路径与过程

1. "差序格局"这一概念如何一步步提出来的?

由现象引入:费孝通由河水脏污这种现象,推论出原因,是乡土社会的"群己、人我界线"不清造成的,导致人们缺乏了公德心。

2. 理解"差序格局"的概念。作者以西洋社会作为参照、以同心圆水波纹的比喻来形象演绎"差序格局"的内涵。

遵循作者运用的比较研究方法辨析概念的思路,借助表格梳理信息,厘清乡土社会与西洋社会的社会结构特征,呈现如下(表2-35)。

表2-35 结构对比

对比点	差序格局	团体格局
结构模式	乡土社会	西洋社会
人际关系	群己关系是相对的,具有伸缩性	团体界限分明
价值体系	主张自我主义	主张个人主义
道德观念	以"己"为中心,以"人伦"为差序	人人平等,一视同仁
行为规范	遵循私人(人伦)关系的道德要素	依据宪法,拥有权利、履行义务
家庭成员	自家人的范围含糊,有伸缩性	夫妻及未成年的孩子
家庭功能	由单系亲属所组成的绵续性的事业社群(家族),赋有除生育以外的政治、经济、宗教等功能	夫妇是家庭主轴,共同经营生育事务

费孝通用"水波纹"的比喻来阐释了差序格局的内涵,依照他的阐释,教科书这样定义:差序格局,指的是由亲属关系和地缘关系所决定的有差等的次序关系。

3. 分析乡土中国"差序格局"的社会结构特征对家庭关系的影响。

解析：中国乡土社会中的基本社群"家"的性质：在结构上，乡土社会以"家族"代替"家庭"，体现出同性关系高于异性关系的特点，形成以单系亲属关系组成、沿父系差序向外扩大的"小家族"；家族功能上，具有长期延续性，包括生育、政治、经济、宗教等；在家庭成员情感上，以父子为主轴，是纵向的差次，排斥夫妻感情，男女有别的鸿沟来自维持稳定秩序的需要。

4. 分析乡土中国"有差等的次序关系"的社会结构对道德体系带来的影响。

解析："差序格局"以自我为中心所构成的人伦等差网络，造成乡土社会所有的价值标准不能超脱于差序的人伦而存在，道德标准因实施对象与"自己"的关系近厚远薄不同而具有一定的伸缩性和灵活性，维系着私人的道德观念的外在表现就是"私"的社会现象。

5. 理解书中引用的《论语》《大学》等儒家经典语段及其用意。

解析：引经据典，费孝通一方面是为了阐释"仁"的内涵，同时为了探究乡土社会解决"私"这个问题的方法，他的答案就是：克己，修身，推己及人。

6. 结合《乡土本色》《差序格局》《家族》几个篇章，分析"男女有别"的成因。

解析：乡土社会追求的是稳定，而男女感情可能破坏稳定；差序格局的人伦关系，是以父系为中心，向外扩大的单系、纵向结构，"家"的主轴在父子之间，夫妻成了配轴；乡土社会小家族是以同性为主、异性为辅的单系组合，人与人的感情偏向同性发展。所以说：男女有别，不必求同。

四、结论

费孝通以西洋社会做对照，原创性地提出了"差序格局"这个概念，绘制了乡土社会以己为中心、由血缘和亲缘关系所决定的有差等的社会结构图谱，论述了"差序格局"的社会结构是乡土社会道德体系、家庭结构和经济关系依存的基础。

五、小结

精读：重点解析相关语段和引用的古代文献，理解核心概念和作者的观点。

略读：聚焦"问题的解决"，浏览相关语句、段落和前后篇章，建立阅读著作的整体意识。

借助表格、图示搭建阅读支架，依据学习任务进行梳理和概括。

六、作业

1. 用文学作品或生活现象,阐释你对"差序格局"的理解。

2. 阅读《礼治秩序》《无讼》《无为政治》《长老统治》篇,思考乡土社会的权力结构有什么特点。

第4课时

〔学习范围〕

阅读第8—11篇:"礼治秩序""无讼""无为政治""长老统治",温故《乡土本色》等篇。

〔学习目标〕

1. 理解"礼""礼治""教化权力"等关键概念,把握作者的观点。

2. 理解乡土社会形成"礼治秩序"的原因以及作者的论述思路。

3. 关联前三篇分析篇章间的逻辑关系,积累"读整本书"的经验。

〔学习重点〕

1. 理解"礼""礼治""教化权力"等关键概念,把握作者的观点。

2. 理解乡土社会形成"礼治秩序"的原因。

〔学习难点〕

1. 辨析"人治""法治""礼治"等概念。

2. 在著作知识体系中分析作者论述"乡土社会形成'礼治秩序'的思路"。

〔学习过程〕

一、导入

"人治""法治"的区别,在于依靠的力量和规范的性质不同,乡土社会是个"无法"但"礼治"的社会,引出"礼"与"礼治"的阐释。

二、提出主问题

"乡土社会"为什么能依凭"礼治"来维护秩序?作者如何论述这个问题?

三、解决问题的路径与过程

1. 辨析"礼治"与"法治"的区别:维持社会秩序所依凭的力量不同,礼治是人们主动服从社会成规而形成的秩序,是依"礼"而治,无需外力推动,是经教化而成为自觉主动的习惯;法治是依"法"而治。

2. 什么是"礼":礼是社会公认合式的行为规范,是经教化而成为主动性的服膺于传统的习惯。

解析:运用"足球比赛"来阐释"礼治就是对传统规则的服膺"这一观点的有效性。两者的相似点在于,球员与生活在乡土社会的人都熟悉、认同并自觉遵循规则(规矩)行事。两者存在相似点,才能构成类比,才能以形象来阐释抽象,方便读者理解。

3. 分析乡土社会形成"礼治秩序"的条件。

其一,传统可以有效地应付生活所需。乡土社会是稳定的社会,人们抄袭前人的生活经验即可满足所需,使人产生对经验的敬畏之感,自觉地信奉与遵守传统规则,传统能有效地应付生活所需,人们从教化中养成了对传统的敬畏。

其二,传统依存的环境:乡土社会是稳定的、世代定居的熟人社会。

4. 辨析不同社会发展阶段的"权力"特点,理解"横暴权力""同意权力""教化权力"。

5. 分析乡土社会实现"礼治"的两个前提条件。

社会和长辈要承担起教化责任;个人能知礼并且能主动服"礼"。

6. 分析论著论述或阐释观点的方法。

解析:引用文献,如引用儒家经典语段;运用比喻,如足球比赛;选用生活现象,如云南乡下人治牙病等。正如费孝通所说:用中国的事实来说明乡土社会的特性,叙述的事例都是中国乡村的生活现象,引用的文献大多是儒家经典,深入浅出地阐释了礼治的几个特征——敬畏传统、教化养成、主动遵循,同时也印证了乡土社会的传统具有深远的影响力。

四、内容结论

作者原创性地提出了"礼治秩序""教化权力"等概念,阐述了乡土社会的社会治理模式;乡土社会是礼治社会,礼治期望人们主动服膺传统,"教化权力"成为乡土社会的权力结构特征;作者注重选用乡土中国的典型事例和古代文献来阐释概念、论证观点。

五、学法小结

1. 温故以知新,在整本书的论述框架中逐步理解全书的知识体系。

2. 分析作者论据选用的特点和意图,理解学术表达的共性和个性。

3. 关注作者论述中提出的新问题,探究作者理论发现的现实意义。

六、作业

1. 阅读《礼治秩序》篇中引用《论语·颜渊篇》中的一段话,阐释"服礼的主动性"与孔子提倡的"四勿"之间的关系。

2. 预习第12—14篇,填写教材第81页的表格。

第5课时

〔学习范围〕

第12—14篇"血缘和地缘""名实的分离""从欲望到需要";温故整本书。

〔学习目标〕

1. 辨析"血缘"与"地缘","欲望"与"需要"等概念。

2. 探究乡土社会如何走向现代社会。

3. 理解学术语言的共性与作者语言的个性。

〔学习难点〕

1. 从欲望到需要的逻辑关系。

2. 从乡土社会走向现代社会的条件及面临的阻力。

3. 梳理全书的逻辑框架与知识体系。

〔学习过程〕

一、导入

从上世纪90年代费孝通问学生赵旭东一个问题导入:今天的中国还是乡土社会吗?

二、提出主问题

乡土社会为什么变迁? 乡土社会如何向现代社会变迁?

三、解决问题的路径与过程

1. 辨析"血缘""地缘"概念的内涵及彼此逻辑联系。

(1) 血缘:由生育所发生的亲子关系,是身份社会的基础。

(2) 血缘性的地缘:由彼此有血缘关系的人结成的社群。

(3) 纯粹的地缘:由没有血缘关系却彼此有联系的人结成的地方社群。

2. 分析乡土社会变迁的原因。

解析：有血缘关系的人为了减轻互欠人情的负担，产生"当场算清"的需要。没有血缘关系的外边人成为商业活动的媒介，商业应运而生，催生出契约关系。

3. 理解社会变迁的规律。

解析：社会变迁，是因为旧的社会结构不能满足当下人们的需要，逐渐形成新的社会结构。所以血缘社会渐进向地缘社会变迁。

4. 辨析"欲望"与"需要"的不同，进一步理解社会变迁的深层原因。

解析："欲望"对应的是乡土社会，人们可以不必计划，凭借经验，依着本能生活就行了；随着社会的变迁，传统社会的经验不能有效地满足"欲望"，原来的经验逐渐被计划、知识和理性所取代，这时文化英雄的作用就突显出来了。

5. 分析学术语言运用的共性与作者语言的个性表达。

学术语言共性：用语科学精准、逻辑严密。

费孝通的语言富有特别的"乡土"风格：用浅易、通俗的语言描写生活的日常，形象地阐释抽象的概念；引用了不少谚语和俗语，描摹乡土社会生活现象，包含作者对传统文化切实、创新的理解，阐释观点的同时也印证了观点。

6. 温故全书的核心概念，梳理全书的逻辑框架与知识体系。

解析：《乡土本色》作为全书的总论，阐述了乡土社会具有稳定、熟悉的特性，是后面篇章论述交流工具、社会结构、社会治理方式的基础，最后揭示乡土社会向现代社会变迁是社会发展的必然趋势。

四、结论

费孝通先生秉持着对继承和发展中国文化的责任，将现代社会学与传统文化结合，对乡土中国的社会特征、形成过程、社会变迁进行了深刻的思考，挖掘出乡土性文化的价值，同时表达了对传统文化切实的理解与反思。围绕"乡土中国"这一概念所构建的理论体系，已经成为中国社会发展研究的重要理论基础，具有超越时代的学术价值。

《乡土中国》这本书，展现了费孝通治学的严谨，丰厚的学养，以及独特的语言魅力。

五、小结

1. 读完了《乡土中国》，我们梳理一下阅读学术著作的方法：

从厘清概念入手，遵循作者的论述思路，理解概念，把握观点。

阅读过程中关注高频词，圈画与概念、观点相关的语句，记录共识与存疑。

借助支架式阅读工具，辨析概念，梳理篇章及篇章间的论述思路。

建立"整本"意识，把篇章放在整本书的论述框架和知识体系中阅读。

查阅相关资料，了解作者及其学术思想，探究作者理论发现的现实意义。

2.《乡土中国》的写作给我们写作议论性文章或调查报告带来的启发：

提出的问题要有现实针对性，得出的观点要富有启发性。

要界定和阐释清楚论题中关键概念的范围和内涵。

论证要聚焦"问题"，结合事物发展的因果进行推论。

论据的选用要真实、典型，可引用文献来佐证观点。

学术语言要准确、严谨，尽量通俗、平易。

六、作业

1. 作者在《名实的分离》篇中提出："孝道，其实是维持社会安定的手段。"你是否同意这一观点，并阐明你的理由。

2. 针对当今中国"春运迁徙"的盛况，用《乡土中国》中的相关理论对此做阐释和评价。

案例提供人：徐汇区教育学院　上官树红

本章小结

本章针对国家课程方案与课程标准如何转化为学校课程规划和校本教学标准两个关键问题，阐释了徐汇区区域和学校两个层面的探索路径、工具支架和策略方法。在此基础上结合区域和学校的研修案例，给出单元教学设计的模型，并对《指南》样例进行解读，为教学改进提供支撑和可操作、可借鉴的范例。

第三章
模型建构：从"教为中心"到"学为中心"

核心素养的提出，使课程与教学实践站在了新的历史起点上。徐汇教育聚焦区域课改的重点和难点问题，梳理并反思区域教学现状与发展需求，围绕课程育人这一中心，以"指向育人方式转变的区域性教学改进研究"为重点，力求从新课程、新教材实施的效能角度回答怎样育人的问题。

本章内容从指向育人方式转变的课堂教学改进出发，揭示以学习为中心的教学的关键问题，以建构主义和人本主义学习理论为基础，结合区域实践经验总结提炼出学习为中心的教学实践基本模型；探索模型实施的方法和策略，以及几种常见的教学样态，为教师实践以学习为中心的教学提供支持。

第一节　从"教为中心"到"学为中心"的关键问题

"双新"课程的实施,意味着基础教育正式进入核心素养时代。学生核心素养的培育需要通过学科育人价值的实现,借助结构化的单元设计与实施来落地,需要从"教为中心"转向"学为中心",为学生的学习而教。

一、学习为中心的教学内涵

所谓学习为中心的教学,是指以学生学习活动作为整个课堂教学过程的中心或本体的教学形态。[①] 学习为中心的教学强调要将学生能动、独立的学习当作课堂教学全过程中的目的性或本体性活动,而将教师的教导当作引起和促进学生能动、独立学习的手段性或条件性活动。

学习为中心的单元教学,以学生的学习为根本出发点和落脚点,教师从研究"怎么教"转变为研究"怎么学",因学而教,让教融入学习行为中,形成有效的教学互动,将每个学生的学习动力和潜能释放出来。学习为中心的教学的实施从三维目标走向核心素养,是学科教育高度、深度和内涵的提升,是学科育人的真正回归,对于学生核心素养的养成、立德树人根本任务的落实、创新型人才的培养具有重要意义。

从学的视角看,学习为中心的单元教学打破了个别知识点之间的壁垒,让相对零散的知识学习变得更加系统,帮助学生建立完整的知识体系;在获得知识的同时,促成学生的学习宽度、深度、广度不断延伸,获得"举一反三"的能力,促进了学生核心素养的发展。

从教的视角看,学习为中心的单元教学遵循学生学习的规律,对教学资源进行解构、重组、整合、开发、利用,引导学生在情境化、整体性、体系性的学习活动中,经历有意义的建构性学习,有利于充分发挥学生的主观能动性和积极性,逐步提升学生的核

---

① 陈佑清,余潇.学习中心教学论[J].课程·教材·教法,2019,39(11):89—96.

心素养。

学习为中心的单元教学具有情境性、整体性、关联性等特点,有利于核心素养培育和学科教育的有机融合。学习为中心的单元教学围绕真实情境问题解决设计和展开,为学科育人提供了载体。通过解决真实情境下的学习任务,学生的多元思维、核心素养、价值取向和学习策略都能得到综合发展,有助于将立德树人的根本任务落到实处。

二、学习为中心的教学关键问题

多年来,徐汇区积极推进"基于课程标准教学的区域转化与指导策略研究",在项目推进的实践研究中,五育并举,就"核心素养进课程,核心素养进课堂,核心素养进评价"形成共识。但在教学实践中,落实学科核心素养的教学还停留在树立意识与形成认识阶段。教师还是习惯于课时教学,缺乏以学习为中心的教学设计的理念和方法,不善于基于单元整体来剖析各课时内容之间的内在关联、单元与单元之间的关联,以及与学科核心素养的联系,常常"只见树木不见森林",导致学科核心素养难以落地。要落实"学习为中心"的教学理念,必须做到从研究"教师怎么教"到研究"学生怎么学"的转变,切实从学习出发,研究学生在课堂上如何个性化学习。

具体涉及三个方面的关键问题。问题一:高度结构化的教学文本如何通过教师的理解、解构、重组与反思形成符合学生实际的教学目标、内容与评价?教师如何对课程标准、教材等高度结构化的文本进行解构?如何从具体知识、方法、经历、思考、感受、表达等方面入手,把复杂的学习任务加以分解,以便于把学生的理解逐步引向深入?问题二:教师的教学如何引导学生进行认知建构与应用迁移,确保按照课程标准的目标、内容和要求来进行教学实践,落实课程标准中的核心素养要求?在教学中,教师的教既是向学生解构知识的过程,同时又是引导学生进行知识再建构的过程;学生的学是对自己的经验进行解构的过程,也是建构新的认知结构的过程;在这个不断地解构与建构的过程中,实践应用始终参与其中,不断促进学生把知识转化为能力与素养。问题三:如何设计与学习目标相匹配的评价,以促进学生更有效地学习?教师围绕评价与学习目标的一致性,既关注学生对本课时、本单元学习任务评价,又对学生在表现的过程中所体现出来的对于已有经验的综合运用进行鼓励表扬,激发学生的成功体验。

三、解决关键问题的实践思路与路径

(一) 实践思路

转变育人方式,落实核心素养,徐汇区探索以学习为中心的教学,初步实现了以"教为中心"到"学为中心"的转变,促进了学生核心素养形成与发展。教学循环改进的思路如图3-1所示。

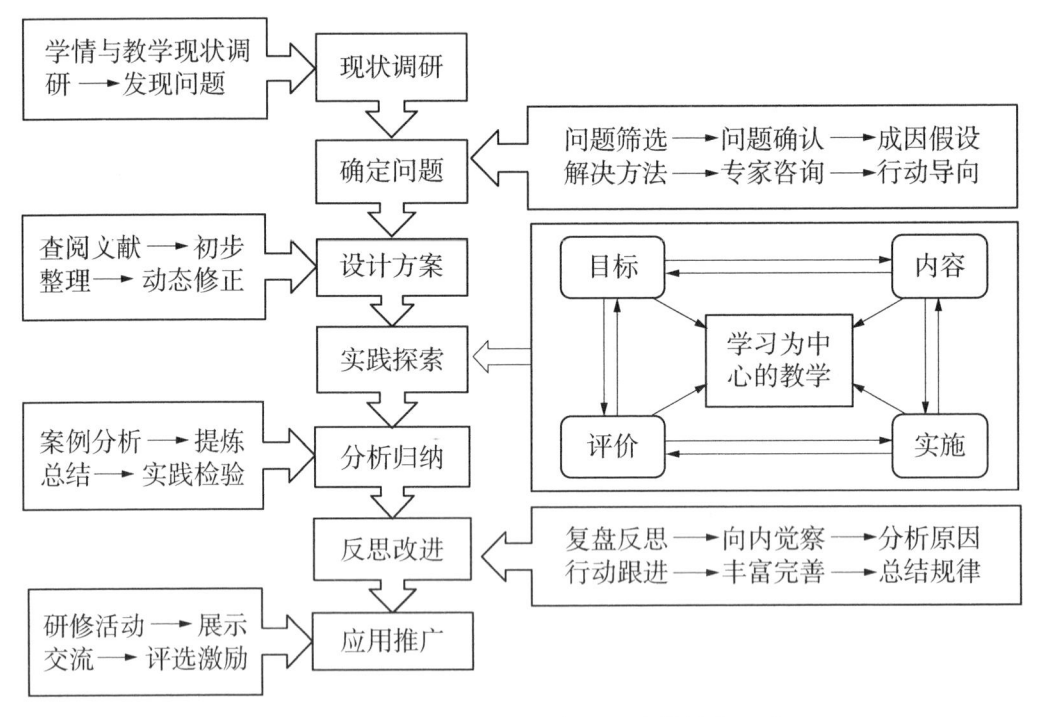

图3-1 学习为中心的教学循环改进基本思路

学习为中心的教学实践研究,首先从学情与教学现状调研开始,梳理与反思区域教学现状与发展需求,从中发现问题;其次,通过问题筛选,确定研究解决的问题;第三,设计项目实践研究的方案,进行实践探索;第四,以"学为中心"的教学为抓手,以目标、内容、实施、评价为重点展开;第五,通过案例分析、提炼总结经验,并在实践中进行反思、检验、修改完善;第六,通过研修活动、展示交流进行推广,再在推广应用中分析新问题,进行循环改进。

(二) 关键问题突破的路径

课堂教学是课程改革的中心,任何教学改革,不深入到课堂就不会实现实质性的突破。面对新课标、新教材,教师要对为什么学、为什么教,学什么、教什么,怎样学,怎样指导学,怎样评价,这样评价会产生什么效果等方面的问题进行再思考、再设计,要实现教学目标、评价内容、教学方式、活动方式、师生互动方式等方面的转变,从而引导学生实现学习方式的转变。

依据课程标准进行教学是新课程实施的核心环节,课程标准对教学全过程,即"教学设计—课堂教学—教学评价"做了原则性规定;教材对课程标准规定的教学内容做了具体化、结构化、体系化的展开,为教学提供基本素材。但在新课程实施的过程中,教师如何把课程标准规定的学科核心素养、课程目标,通过"新的教学过程",使学生达成学业质量标准要求,把文本规定的核心素养真正转化为学生具有的学科素养?这个"新的教学过程"不同于原有的落实知识的过程,而是培育核心素养的过程,教学实践如何进行,没有现成经验,成了新课程实施的"黑障区域",如图3-2所示。

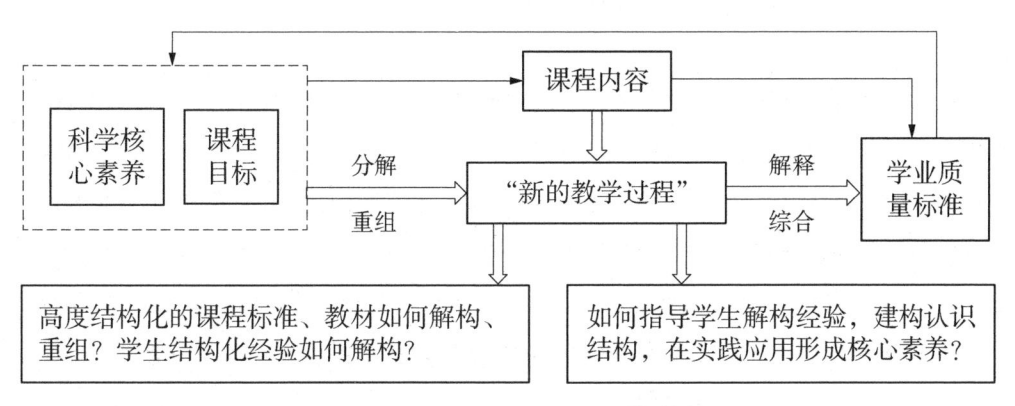

图3-2 新课程实施的"黑障区域"

如何突破新课程实施"黑障区域"?教师必须准确理解课程标准,领会教材编写的意图与结构体系,根据学生的认知规律,对课程标准、教材等高度结构化的文本以及学生结构化的经验进行解构。在此基础上，将课标中对学习内容与要求的梳理转变为学习任务与评价的设计；将以知识点为线索推进教学转变为任务驱动推进教学，通过"解构与建构，建构与应用"开展指向核心素养的学习为中心的教学，落实国家课程的目标要求。

转变育人方式，教师是主要实践者，教学方式改革的智慧在广大教师的教学实践中，徐汇区从教师的实践经验中提炼了突破课程实施"黑障区域"的基本模型，如图3-3所示。

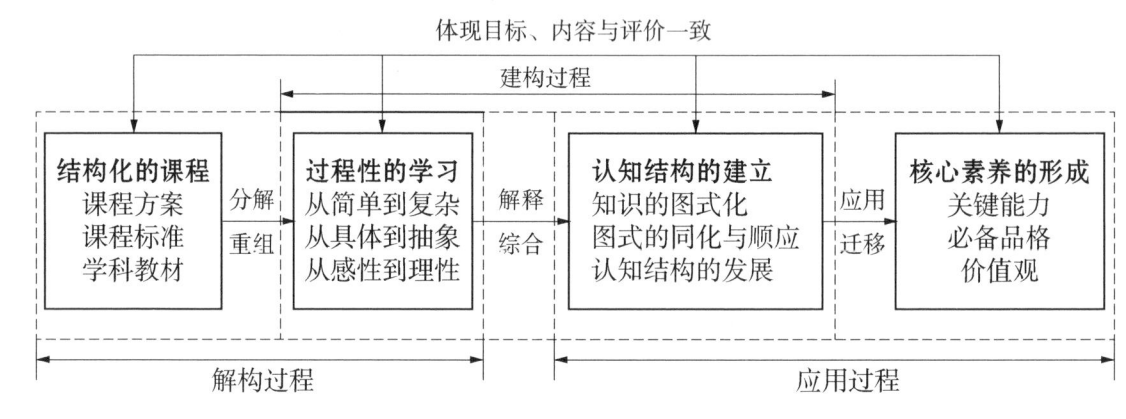

图3-3 "解构—建构—应用"基本结构

解构过程就是教师通过"分解""打散""消解""融合""重组"等解构方法，对课程标准与教材等结构化的文本以及学生结构化的经验进行解构。从具体知识、方法、经历、思考、感受、表达等方面入手，进行分解与重组，使之适合于学生过程性的学习；把复杂的学习任务加以分解，以便于把学生的理解逐步引向深入。

建构过程就是教师从学生潜在的发展水平开始，不断创造新的最近发展区，引导学生解释与综合，改组自己原有的认知结构，不停地将学习从一个水平引导到另一个更高的水平，建构新的认知结构。

应用过程就是教师引导学生通过知识的"应用""迁移"和"实践"等，建立起认知与外部世界的内在联系，真正形成认识事物本质及其规律的核心素养。

案例 3-1　高中化学　《金属及其化合物》学习为中心的教学片断

1. 解构过程——教学文本的解构与教学目标的重构（图 3-4）

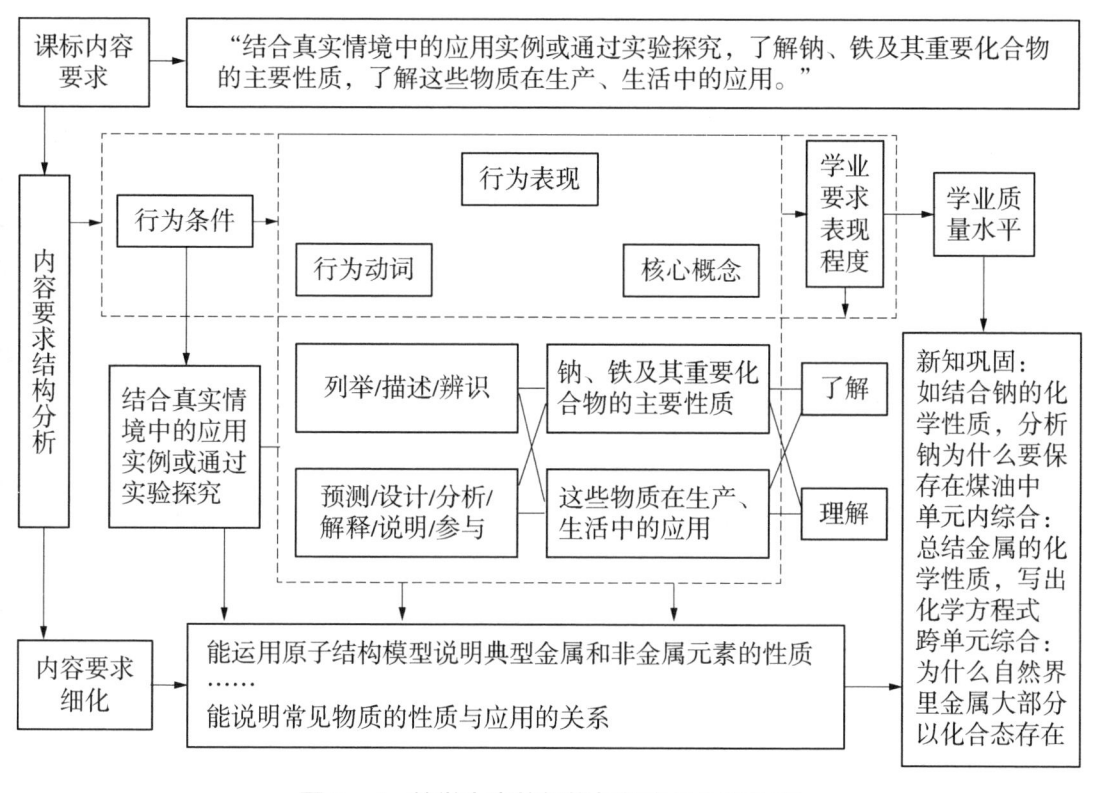

```
课标内容     "结合真实情境中的应用实例或通过实验探究，了解钠、铁及其重要化合物
要求          的主要性质，了解这些物质在生产、生活中的应用。"
```

		行为表现		学业要求 表现程度	学业质量水平

内容要求结构分析	行为条件	行为动词	核心概念		
	结合真实情境中的应用实例或通过实验探究	列举/描述/辨识	钠、铁及其重要化合物的主要性质	了解	新知巩固：如结合钠的化学性质，分析钠为什么要保存在煤油中 单元内综合：总结金属的化学性质，写出化学方程式 跨单元综合：为什么自然界里金属大部分以化合态存在
		预测/设计/分析/解释/说明/参与	这些物质在生产、生活中的应用	理解	
内容要求细化	能运用原子结构模型说明典型金属和非金属元素的性质…… 能说明常见物质的性质与应用的关系				

图 3-4　教学文本的解构与教学目标的重构

2. 建构过程——教学过程中学生经验的解构与认知结构的建构

教学中创设用小刀切割金属钠并观察金属钠空气中变化，点燃金属钠，将金属钠放置装有水的烧杯中等实验情境，学生通过观察会发现金属钠能被小刀切割，点燃后会在空气中燃烧，浮在水面上（密度比水小），熔点低，能与水激烈反应等性质，这与学习前，通过生活中常见金属铁、铜不容易用小刀切割，放酒精灯上加热不易融化，放水中不能"溶解"，会沉到水下等而形成的对金属的性质认识经验与基础认知图式产生了冲突,这种认识冲突帮助学生解构已有的经验与认知结构。

学生在解构已有经验过程中,通过实验观察、讨论、分析、推理、归纳,把新的知识经验融入原有经验中,建构基于金属类别、元素价态、原子结构和金属性质、检验与保存的认识模型及新的认知结构。

3. 应用过程——教学过程中的应用与迁移

教学中,指导学生建构金属物理性质、化学性质与用途以及性质与结构的关系等新的知识结构的同时,引导学生运用所学的这些知识,通过回答问题,完成课堂练习或家庭作业,完成新情境任务,以及在实际生活中解决疑难问题,加深理解和巩固金属的化学性质,会从宏观与微观结合的角度描述和表示物质的构成,建立起宏观物质、微观粒子和化学符号间内在联系的思维方式。

学生学习成长的过程是一个不断辩证否定的过程,学生认识的过程遵循由现象到本质、由浅入深、由近及远等规律,在不断"解构—建构—应用"的过程中认识世界、认识人与世界的关系。符合学生认知规律的教学,由学生身边熟悉的现象或事物开始,让学生更容易在具体情境中结合自己的生活阅历进行思考,由现象到本质认识事物,建构学科知识体系,在生活实践中运用所学知识指导自己分析和解决现实问题,不断认识陌生的现象或事物,使陌生变得熟悉,认识变得更深刻。只有符合学生认知规律的教学,才能让学生心智得到真正的发展,核心素养不断提升,并在学习中真正成长起来。

第二节 学习为中心的教学模型与学理分析

一、学习中的"解构—建构—应用"

"解构—建构"教学观认为,人的认识过程包括解构与建构这两个动态的互相作用的过程,解构与建构是对立的统一体。学习为中心的教学过程是在不断"解构—建构"的循环中最终实现学生认知建构与运用的过程。解构是建构的前提,又以建构为目的,没有建构也就无所谓解构。

其教学观还认为,教学的过程是在教师的指导和帮助下,师生双向互动共同进行解构和建构的过程。在教学中,教师的教既是向学生解构知识的过程,同时又是对自己知识进行再建构的过程。学生的学首先要经历解构的过程,然后才能建构自己的知识结构。另外,学生建构的过程还是一个促进自身解构能力不断发展的过程,学生在建构知识的同时也在不断进行解构,并发展着自身的解构能力。在这个不断解构与建构的过程中,实践应用始终参与其中,不断起着促进学生把知识转化为能力与素养的作用。

(一)教学过程中的解构

1. 解构课程目标与学业水平

课程标准对学科核心素养、课程目标与学业质量水平都有规定性描述,这些描述都是针对整个学段所提出的终极性的学习要求。

如何将这些学段终极性学习要求转化为过程性的学习目标? 解构课程目标与学业水平标准就成为教学设计与实施的首要任务。核心素养养成、课程目标与学业质量水平达成是一个逐渐递进的过程,解构先从确定核心素养培育的学年目标开始,再逐级细化为学期、单元、课时的,可操作、可检测的学习与评价目标。解构的路径如图3-5所示。

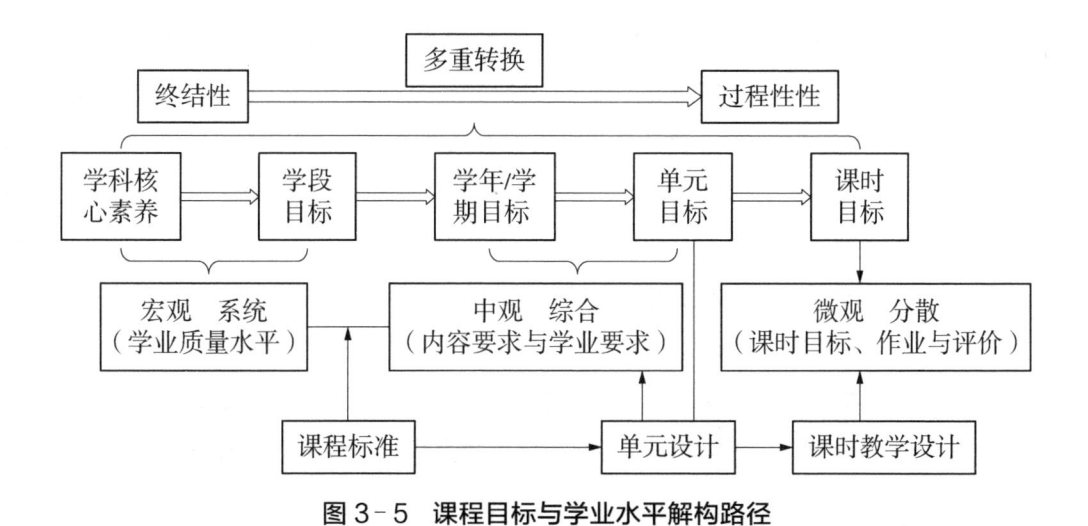

图3-5 课程目标与学业水平解构路径

2. 解构教材内容与认知序列

教材是为达到特定教学目标而使用的材料,是教师组织实施教学的载体,还是学生系统、高效获取知识、提高能力的主要渠道,是师生集中对话的场域。解构教材不能只停留在文本表层或盲信教学参考书,而要有庖丁解牛的智慧与精神,深入钻研教材及其与课程标准的联系,准确把握教材与课程标准要求的内在联系,做到得心应手,运用自如。

教材内容的解析,既要分析教学内容的内涵本质以及知识发展的序列,又要分析知识背后蕴藏的学科思想方法以及学科思维的序列。解构教材内容,要从学科知识的内涵本质、知识构成、知识原型、知识发展、思维方法、能力要求等方面,全面剖析学习内容,多角度精准解析知识序列,为教学设计找到逻辑依据与突破口。

学科知识本身具有结构性和逻辑性,因而需要教师有整体视野,俯视学科知识,认清知识所在的位置和层级,更好地把握学科知识的本质和知识发展的主线与核心。教学设计时,需要教师纵向连接、横向整合,将学科知识进行单元统整,让学生体验学习内容的结构性和整体性,助力学生自主建构知识结构,融会贯通。

案例 3-2　高中历史　《古代文明的产生与发展》单元内容解构

本单元内容的解构,从早期人类文明产生、发展与交流的线索来反映知识的内涵本质、知识构成、知识发展;以特定的时间联系和空间联系,来反映观察和分析,透过历史的纷杂表象,认识历史的本质学科思维方法、能力要求等。具体如图 3-6 所示。

※ **案例分析**

基于上述解构:本单元教学内容聚焦于理清文明诞生及早期发展的大致历程,进而了解文明在发展过程中的交流状况;认识古老的区域性文明异彩纷呈,各具魅力,世界文明起源的多元性和历史发展的多样性;认识各民族和国家经历了从相互孤立隔绝到彼此交流融合的过程,人类历史从分散到整体发展的进程。

古代文明

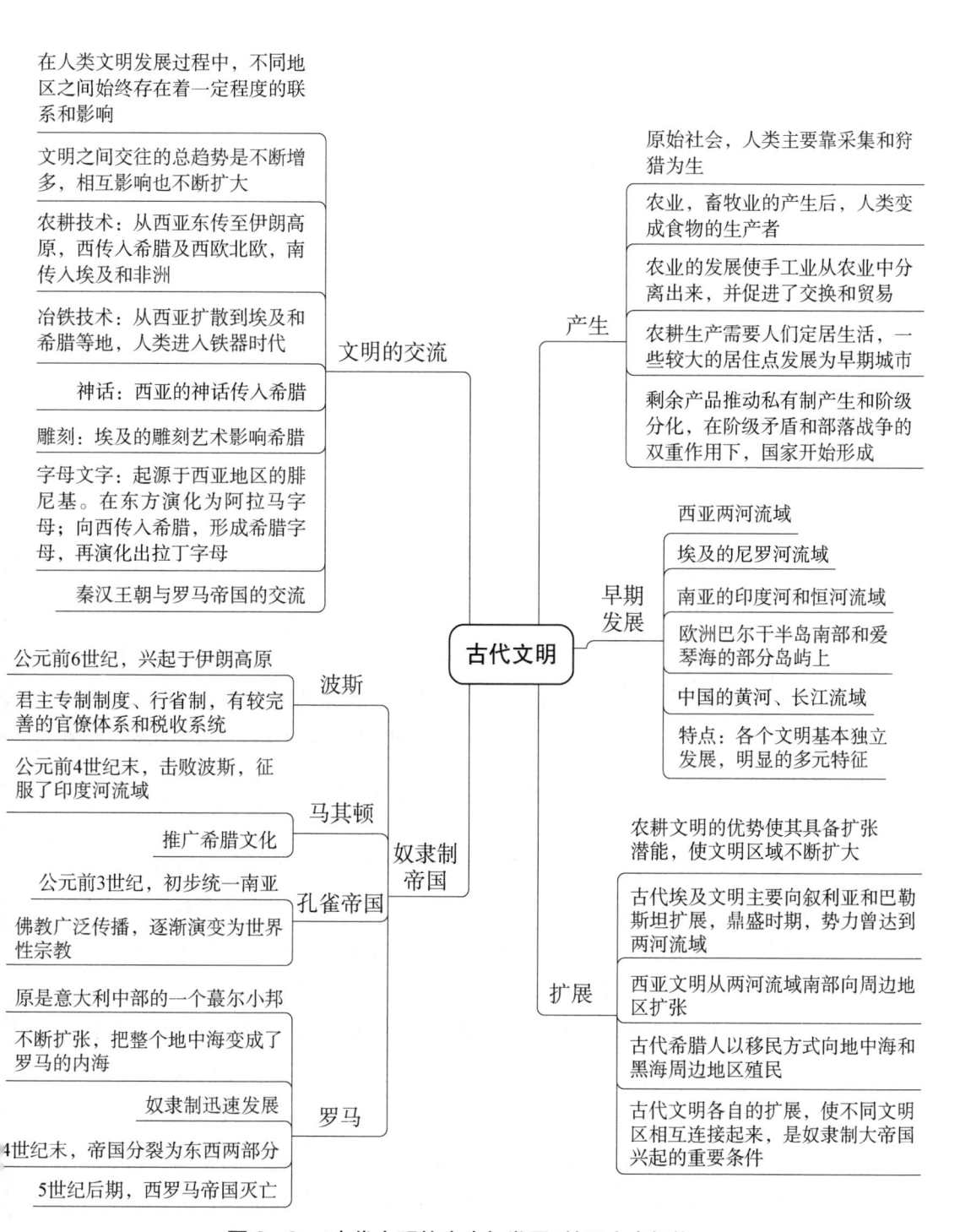

- **产生**
  - 原始社会，人类主要靠采集和狩猎为生
  - 农业、畜牧业的产生后，人类变成食物的生产者
  - 农业的发展使手工业从农业中分离出来，并促进了交换和贸易
  - 农耕生产需要人们定居生活，一些较大的居住点发展为早期城市
  - 剩余产品推动私有制产生和阶级分化，在阶级矛盾和部落战争的双重作用下，国家开始形成

- **早期发展**
  - 西亚两河流域
  - 埃及的尼罗河流域
  - 南亚的印度河和恒河流域
  - 欧洲巴尔干半岛南部和爱琴海的部分岛屿上
  - 中国的黄河、长江流域
  - 特点：各个文明基本独立发展，明显的多元特征

- **扩展**
  - 农耕文明的优势使其具备扩张潜能，使文明区域不断扩大
  - 古代埃及文明主要向叙利亚和巴勒斯坦扩展，鼎盛时期，势力曾达到两河流域
  - 西亚文明从两河流域南部向周边地区扩张
  - 古代希腊人以移民方式向地中海和黑海周边地区殖民
  - 古代文明各自的扩展，使不同文明区相互连接起来，是奴隶制大帝国兴起的重要条件

- **文明的交流**
  - 在人类文明发展过程中，不同地区之间始终存在着一定程度的联系和影响
  - 文明之间交往的总趋势是不断增多，相互影响也不断扩大
  - 农耕技术：从西亚东传至伊朗高原，西传入希腊及西欧北欧，南传入埃及和非洲
  - 冶铁技术：从西亚扩散到埃及和希腊等地，人类进入铁器时代
  - 神话：西亚的神话传入希腊
  - 雕刻：埃及的雕刻艺术影响希腊
  - 字母文字：起源于西亚地区的腓尼基。在东方演化为阿拉马字母；向西传入希腊，形成希腊字母，再演化出拉丁字母
  - 秦汉王朝与罗马帝国的交流

- **奴隶制帝国**
  - 波斯
    - 公元前6世纪，兴起于伊朗高原
    - 君主专制制度、行省制，有较完善的官僚体系和税收系统
  - 马其顿
    - 公元前4世纪末，击败波斯，征服了印度河流域
    - 推广希腊文化
  - 孔雀帝国
    - 公元前3世纪，初步统一南亚
    - 佛教广泛传播，逐渐演变为世界性宗教
  - 罗马
    - 原是意大利中部的一个蕞尔小邦
    - 不断扩张，把整个地中海变成了罗马的内海
    - 奴隶制迅速发展
    - 4世纪末，帝国分裂为东西两部分
    - 5世纪后期，西罗马帝国灭亡

图 3-6 《古代文明的产生与发展》单元内容解构

认知心理学家奥苏伯尔说:"每当我们致力于影响学生的认知结构,以便最大限度提高意义学习和保持时,我们就深入到了教育过程的核心。"认知结构实质就是学生头脑里的、经过学生主观改造后的学科知识结构,是学科知识结构与学生心理结构相互作用的产物,已有的学科认知结构是学习新知识的基础。

认知结构的解构,可以从认知形式、认知策略与方法、认知经验及其结构等方面的展开,通过激活、类比、分析、归纳、演绎,让学生对陈述性知识、程序性知识、问题解决等不断地解构,不断地修正,不断地形成新的认知图式。

学生原有认知结构中的有关内容是按照一定的结构严密地组织起来的,面对新的学习任务时,通过解构原有认知结构,接受外部世界的影响,使原有的认知与外部事物、事件融合在一起,清楚地辨别出新旧知识之间的联系和区别,改造和丰富经验、恰当处理差异和融合,实现教材知识结构向学生学科认知结构的转化,不断顺应形成新的学科认知结构。

3. 解构学生经验

学生解构自己已有结构化经验的目的就是要更好地建构。学习过程不是简单信息的输入、存储、提取,而是新旧经验之间双向作用的过程。新旧经验的双向作用是以解构为前提的,通过解构经验,学生将外在信息纳入已有的认知结构,原有的认知结构与新的外在信息产生相互作用,从而引发原有认知结构的调整和变化,进而建立新的认知结构,使自己的认知结构得到发展。而教师可以通过以下方法指导学生解构自己的经验:

(1)创设认识冲突的情境。认知冲突是学生已建立的认知结构与当前面临的学习知识之间暂时的矛盾与冲突,是已有的知识经验与新知识之间存在某种差距而导致的心理失衡。这种心理失衡就是学生解构已有知识经验的驱动力,当学生学习新知识或与周围环境进行交互,原有的认知结构无法包容与解释新知识时,就会产生"认知冲突",学生的心理就会失去原来的平衡,原有的认知结构就要解构,吸收新的知识,对已有知识经验进行补充、拓展、延伸、叠加、重组、融合,建立新的认知结构,达到新的心理平衡。教学中创设问题情境,把学生置于认知与事实不相符合的矛盾氛围之中,激起学生的认知冲突,激发他们解构自己原有认知结构的主动性,通过梳理原有知识经验、思考方法、解决问题的思路,并跟新问题、事实进行对比,从而发现自己原有认知结构的不足与局限性,主动学习新知,主动与环境进行交互作用,把新知识摄入原有认知结构中,重构认知结构,解决情境问题,实现内心新的平衡。

案例 3-3 高中英语 Friend Or Enemy

* 语篇内容

该语篇是以短剧形式呈现的科普性文章,以对话的方式对蜘蛛特点进行介绍,从而引发剧中人物 Betty 对蜘蛛态度的转变。

* 情境创设

教师先用多媒体呈现了多幅蜘蛛的图片,让学生自己用一个形容词来描述蜘蛛。学生的回答多种多样,但大都是比较负面的评价,如 horrible, nasty, ugly, poisonous, harmful 等。教师将学生的各种回答逐一写在黑板左侧,然后要求学生阅读课文,并用语篇中获得的信息来判断这些评价是否准确。

* 案例分析

该读前活动简单易操作,不仅很快引出主题,激活了学生的思维,而且也有效地激发了学生对蜘蛛的兴趣,提升了学生的阅读积极性。教师将学生给出的关键词写在黑板上,为了激发学生阅读的欲望而制造悬念。学生通过阅读获取信息来判断自己的预设是否正确。这样的活动可以激活学生与文本之间知识与经验的信息差,激发学生的好奇心和求知欲,让他们更主动地阅读。

教学中创设问题情境的方法有许多,除此之外,还可创设操作情境,通过操作过程中物质世界的神奇变化和奇妙现象、操作过程中产生的问题等制造认知冲突,引导学生主动参与科学活动;创设生活情境,通过学生已有的生活经验与未知的生活经验之间的矛盾制造认知冲突,引导学生解构自己的原有认知结构;创设学科概念冲突情境,使学生明确学习任务,确立学习方向,凝聚思维焦点。

利用认知冲突作为教学指导学生解构自己知识经验的方式,可以激发学生为了消除认知冲突而自觉解构原有知识经验和认知结构的积极性,使他们变被动学习为主动学习,主动接受相关的信息,有目的地加工信息,可有效提高学生的认知能力和水平。

(2)解决学习中遇到的困难。只要是学习,学生就一定会遇到困难与问题。教学中,教师利用学生学习中的困难与问题,引导学生及时梳理自己的知识经验,用思维导图来解构问题,将复杂的知识变得简单、让困难的知识变容易;解构原有的认知结构,找到自己的不足,发现解决困难与问题需要的知识、技能、方法;学习新知识,改变旧知,把外界刺激所提供的信息整合到自己原有的认识结构内,形成解决困难与问题的能力,然后对症下药,解决问题,激发学生的学习热情。

案例3-4 初中物理 《声》

* 真实问题

我们生活在声音的世界里,各种各样的声音是怎样产生的,又是如何传到我们的耳朵里的呢?

* 要求

利用身边的物品制作一个简易的发声装置,并利用这个装置开展系列探究活动,归纳总结声学知识,解释物理概念;在探究过程中加深对控制变量的应用,用学过的物理术语交流科学探究的过程和结果。

* 学习过程

1. 用身边的材料,自己制作一个能发声的吸管汽笛,并测量记录所制作装置的参数,通过实验验证声音的产生条件之一是振动。

实验数据及现象:

(1)吸管汽笛制作参数记录表

表3-1 吸管汽笛制作参数记录表

项目	吸管汽笛制作
实验材料	

续　表

装置参数	吸管长(厘米)	
	吸管直径(厘米)	
	斜口倾角(角度)	

(2) 观察的现象：_____

(3) 实验结论：_____

2. 尝试让吸管汽笛发出不同响度的声音,在下表中记录下你的方法和物理原理。

表 3-2　吸管汽笛响度记录表

项目	吸管汽笛响度(利用手机应用程序 phyhox 初步测量)
距离(测量手机与汽笛)(米)	
最大响度(分贝)	

你的方法是：_____，

物理原理是：_____。

3. 尝试对汽笛的结构进行一些改动(如材质、粗细、长短、在吸管上开气孔等),让它发出不同音调的声音,在下表中记录下你的方法和物理原理。

表 3-3　吸管汽笛的音调记录表

项目	吸管汽笛的音调(利用手机应用程序 phyhox 初步测量)
吸管长度(米)	
吸管粗细	

续　表

吸管材质	
气孔到压扁端距离	
发声频率	

你的方法是：＿＿＿＿＿＿＿＿＿＿＿＿＿＿，

物理原理是：＿＿＿＿＿＿＿＿＿＿＿＿＿＿。

4. 以小组为单位,用所学的知识选择适当角度(如声波的产生、传播、特征等)来介绍和展示作品,并以小组为单位完成一组吸管汽笛制作,发出"do re mi……"的声音,说说小组作品的使用指南。(1)作品制作方法介绍(可用"图＋文字"说明)。(2)作品使用说明书(可用"图＋文字"说明)。

学生在学习生活中遇到问题时,开始看到的往往都是表象,而很少会发现隐藏在表象下的实质,这是造成学生学习困难或产生迷惑不解的重要原因。但是任何一件事,都有其重要的组成元素,解构就是将这些组成元素分解出来,寻找其中的关键因素和变量,从而找到解决问题的突破口。如何引导学生解决学习遇到真实问题？教师可以通过单元大任务的设计,创造有挑战性的学习活动,通过具有真实情境且有一定意义和价值的表现性任务,基于单元核心内容和关键问题,依据学习为中心的教学目标开展设计一件作品、解决一个实际问题、撰写一篇研究小论文、完成一个调查研究等活动。学生在挑战性问题与任务驱动中产生内动力,去学习,去解决问题,去创造一个个真实的作品,在亲身经历、思考、讨论、交流中不断形成知识概念,建构认知结构。

（3）激发学生的好奇心。学生之所以满怀兴趣地认识世界,是因为新奇事物的存在,认识世界的过程就是探求新奇事物的过程。教学实践中,教学思想的开放、教学设计的精巧性、教学内容的新颖性、教学语言的生动性、教学方法的灵活性、教学手段的多样性、教学板书的别致性,都有助于调动学生思维的主动性和积极性,激发学生的学习兴趣。教学中提供新奇有趣的事物引导学生解构自己的知识经验,要符合学生的最近发展区,即新奇事物在量上要有范围方面的规定,在质上要有难度方面的规定。对于难度很低，几乎不用动脑力的知识，学生不会有兴趣；而难度太高，用过一番苦力后依然不能解决的问题，学生也会对此失去兴趣。教学实践表明，在学生学习过程中，适时适当的新奇有趣事物的刺激对其解构与建构有积极作用。

（4）师生与生生之间的讨论交流。课堂教学中，师生与生生讨论交流是促进学生解构已有认知结构，有效吸收新的信息、深入思考，建构新的认知结构的有效途径，也是教师与学生、学生与学生之间的情感沟通和信息交换的互动过程。课堂讨论交流活动是教师与学生、学生与学生之间的一种特定沟通。教学中，当学生的认知建构遇到障碍时，教师不是直接针对学生的障碍进行相关解释，而要抓住机会，提出问题，引导学生进行思考、讨论与交流。学生根据学习目标与内容，发现并提出问题，思考分析问题、解决问题的路径与方法，交流自己的看法和观点，或展示自己的设想与作品；同时在倾听同伴交流中进行思辨，获得解构自己知识经验的启迪，解构已有经验，激活与陌生新知的联系，融合新旧知识，实现自己的新知构建。

课堂讨论交流活动是教师与学生、学生与学生之间的一种思维互动过程。教学中，教师营造宽松的讨论交流氛围，精心设计讨论点，及时把握讨论时机，灵活运用讨论方式，合理调控讨论过程，适时参与讨论交流，突出学生之间的相互作用，使学生个人目标与群体目标之间相互联系；师生与生生之间相互倾听、互相质疑、相互辩论，吸取教师与同伴对问题的理解与见解，从而获得思维的灵感，获得发现问题、解决问题的启发，获得解构与建构自己知识经验的方法。

课堂教学期间让学生在交流、质疑、辩论中产生思维的激烈碰撞，激发了学生学习的兴趣；在自主、合作中集思广益，经过自主亲身实践获得知识和解决问题能力，从而实现解构与建构能力的提升以及思维的发展。

讨论交流可以激活学生的高级认知能力以参与学习活动，使学生从被动接受知识、机械记忆知识，转变为自觉解构已有经验、主动获取知识、重构认知结构；讨论交流使教学活动成为教师、学生、教材和环境之间的多边多向的信息传递与交互活动，有利于师生之间、生生之间的情感沟通和信息交换，使学生养成向他人学习的习惯和合作、竞争、交往等现代意识，这种现代意识又能动地作用于学生解构已有经验。

（二）教学过程中的建构

学生学习的过程是"从平衡到不平衡再到平衡"的循环往复的过程，从平衡到不平衡是一种解构的过程，从不平衡到平衡是一种建构的过程。学习中学生知识经验的解构过程就是突破自我的认知局限、认知视野，打开自我认知视界的过程；是穿透自我固化经验，对自我经验进行内省、反思与批判，为接纳新信息、新知识开放认知结构的过程，使原有的认知结构中的先知，"时刻准备着"去接受和同化新知。教学时，教师要充分利用学生对已有认知结构的解构，启发、诱导学生主动探索新的知识，运用已形成的学习策略更顺利地学习新的知识；从已有的知识、经验联想到与之有关的新的知识，沟通新旧知识的内在联系，实现意义建构。

建构主义认为，学生的学习过程不是简单的知识累积过程，而是一个主动的认知建构过程。认知结构是学生在与周围环境相互作用的过程中，逐步建构起来的对于外部世界的认知；学生主体与环境客体之间的这种"相互作用"是以同化、顺应与平衡等形式表现的，对外部世界的认知是通过认知结构（即"图式"）来反映的，其发展过程如图 3-7 所示。

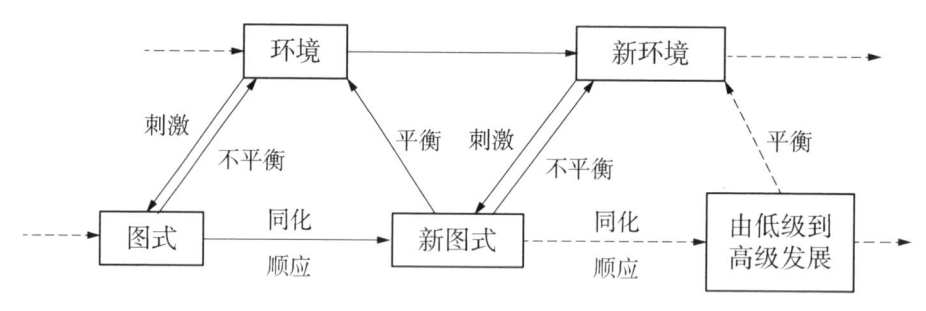

图 3-7 学生认知发展过程

学生的认知图式在同化与顺应的双重构建中不断发展。每当遇到新的刺激时，学生总是试图用原有图式去同化，将新的信息与知识纳入自己原有的图式中，使其成为自身的一部分，从而使图式的力量发生变化，以适应新的外界变化，得到暂时的平衡。当学生用原有图式不能同化环境刺激时，便会做出顺应，调整或改变原有的图式甚至构建新的图式，使原有图式发生改变与发展，直至达到认识上的新的平衡。学生与环境的相互作用，就是这样通过同化与顺应使认知发展从一个平衡状态向另一种较高平衡状态发展的过程。

教学过程中，不管是教师解构，还是学生解构，其共同目标都是学生的认知建构。

学生的认知建构过程是在对原有认知结构解构的基础上,吸收接纳新的知识信息,对知识重新组合,联结转换,并与新知识融合,形成新的结构性知识的过程,这个过程需要教师的支持与引导。教学实践中,教师支持与引导学生认知建构主要有以下几种方法。

1. 建立问题域与教学思维场

教学是一种师生、生生之间交互的认知活动,与感官功能不同,认知活动是基于师生思维双向交互的产物。教学中,师生各自的思维并非完全是个体性的独立存在,而是相互作用的,形成了一个特定的场域,即"教学思维场"。教学思维场是师生相互作用、相互影响、同频共振的思维环境,是在教学过程的特定时空中,围绕一个主题、按照一定的逻辑进行思维活动所形成的特定意境。

思维源于问题域的触发,问题域是指提出问题的范围、问题之间的内在的关系和逻辑可能性空间。教学中的问题域由教学内容转化而来,教学内容决定问题域的选择,问题域是教学内容的具体呈现形式,问题域的消解标志着学生认知发展到另一种较高平衡状态。

从教学过程来看,学生认知是由教师通过思维解构教学知识,并通过语言表达和形象呈现传递给学生的,学生再通过思维在理解、消化的基础上,将"零散"知识进行重新整合,并与自己已有的知识结构进行相互作用,融合、重构,从而实现知识增长,并建构自己的新的认知结构体系。

案例 3-5 高中物理 《光的干涉和衍射》

教学中用七个相互关联的活动建立问题与教学思维场,构成学生学习"光的干涉和衍射"情境、问题、活动的逻辑(表 3-4)。七个相互关联活动的探索是学生知识建构的过程,是思维深化的过程。学生通过观察、类比、分析、解释等一系列科学思维活动开展学习,由现象分析推得规律,同时理解现象与规律之间的关系,既提高了思维能力,又促进了核心素养的发展。

七个相互关联活动的探索,是通过观察生活中"光的衍射现象""光的单缝衍射""圆孔衍射和圆板衍射"三个真实情境展开的。

表3-4 "光的干涉和衍射"情境、问题和活动

情境问题	探索活动	思维过程
光通过双缝会有光的干涉现象,光也会有衍射现象,你认为光产生的衍射现象会是如何	尝试在纸上描绘光的干涉图样	寻找证据,说明光是一种波 将水波衍射的模型迁移到光的衍射,进行分析,猜想光的衍射现象,表达自己的想法及观点
选择仪器,设计"单缝衍射实验" (1) 不同单色光进行单缝衍射 (2) 同一色光,不同单缝宽度	选择器材:激光笔,牙签,硬币,孔(小孔成像),不透光的硬纸(产生光的明显衍射现象)	通过光波和机械波相类比,找出恰当的证据,建立物理模型对光的单缝衍射进行分析和推理,利用简单、直接的证据表达自己的观点
观察实验现象,总结得出衍射条纹与缝宽间的关系,与自己的预设相对照,分析预设图样正确或错误的原因	完成"单缝衍射实验"	总结得出衍射条纹与缝宽间的关系
如何区分单色光分别通过单缝和双缝图案特点	学生再次用激光笔分别照单缝和双缝,描绘其图案	区分单色光分别通过单缝和双缝图案特点 观察并做出解释
如何总结白光单缝衍射特点,并解释白光为什么中间是白色	总结白光单缝衍射特点	用证据分析与解释单色光衍射图案特点,及白光为什么中间是白色
阳光透过树叶间的缝隙,在地面上形成许多圆形的光斑;透过树叶的缝隙,观看太阳呈现的彩色光环;这些是不是光的衍射现象	观察圆孔衍射的图案特点;对圆孔衍射现象及其条件进行初步的整理	解释圆孔衍射现象 选取恰当的模型解决简单的物理问题
泊松亮斑是怎样发现的;通过泊松亮斑实验,你观察到什么现象;如何解释这些现象	收集泊松亮斑的发现过程的材料;观察圆板衍射;金属丝代替菲涅尔圆盘完成衍射	进行圆板衍射与圆孔衍射的比较 对物理现象进行简单的分析与解释

教师通过七个相互关联的活动,抓住日常教学中实验情境,运用问题激活学生的思维。教学中让学生先根据机械波的干涉图样来猜想光的干涉现象可能是怎样的,并尝试画下来,然后通过与实验现象的比较,分析自己的猜想有哪里需要改进,并进行解释论证表达。这些活动都是以问题来构建教学思维场,让学生能开展推理、逻辑分析、逻辑表达等活动,目的都明确指向了学生科学思维的培养。

问题与教学思维场的建立运用单元整体的视角来进行,思维活动从光的衍射、光的干涉、圆孔衍射三个关联内容展开,层层递进,引导学生在解决问题的过程中进行推理、观察、分析、解释,使学科素养的达成目标具有可操作性。

学生认知有三种方式:一是感知,即通过直觉经验对事物与知识的感知,解决"是什么"的问题;二是联系,即以逻辑关系的形式对事物与知识之间的内在联系进行探究,解决"怎么样"的问题;三是反省,即通过理性对事物与知识进行认知建构,解决"为什么"的问题。感知能使学生获得知识,联系能使学生理解知识,反省可以帮助学生建构其知识体系。

教学过程就是通过建立问题域与教学思维场,引导学生认知思维,引导学生通过感知、联系、反省进行认知建构的过程;是由感性到理性、现象到本质、实践到观念、简单到复杂的提升过程。其任务不仅是接受知识,更是学会思维。思维在接受新的知识并建构自我知识体系的同时,又通过认知理性与信念,确立其逻辑价值。

2. 引领学生归纳总结

学习的过程就是一个不断总结和提高的过程。归纳总结就是对所学过的知识进行思考,挖掘出知识与现象背后的本质,找出不同事物与知识之间的联系和区别,概括事物与知识的本质特征、内在的联系和一般规律,最终形成对客观事物与知识的认知图式或心理模型的建构。

教学实践中,教师通常是用图示、表格、概念图等形式,引领学生归纳总结所学的知识,将所学新知的各个部分与原有知识进行比较分析,明确它们的内在联系或找出它们各自的相同或不同的特点,有序地反映知识要点间的联系与分类,揭示新旧知识之间的区别和联系,应用尽量简明、形象、可视的方式,搭建相应的知识结构与体系,即将有关知识提纲挈领、重新加工组合、形成体系,使之由"繁而杂"变为"少而精",由"散而乱"结成"知识网",使知识之间脉络清晰,一目了然。

归纳总结的过程,实质是学生利用原认知结构,对新的学习内容进行同化或顺应,通过认知加工,把原认知结构改造成新认知结构的过程。引导学生归纳总结可从以下三个方面着手。①内容方面的归纳总结。教师可以引导学生,通过回忆、梳理、整理、分类,以夯实基础;再通过讨论、交流、分析、比较、归纳,鼓励学生自己整理知识结构图表,把相同知识按不同方式组合,形成不同的知识结构,让学生经历将分散知识系统化、条理化、结构化的过程。②方法方面的归纳总结。教师可以为学生归纳总结铺设"阶梯",安排多元的学习素材,支撑学生进行多元表征。学生通过独立思考、自主探究、分类整合、合作交流,沟通知识间的纵横联系,突显各类知识内涵的比较,表现事物与知识的内涵和内在联系;通过个别到一般、单元到综合,绘制思维导图、列表比较等方式,多角度地建构知识网络系统,让学生经历自主完成知识完善、内化、提高的过程,形成有层次的归纳总结策略系统。③思维方面的归纳总结。教师可以通过直观、半直观、半抽象、抽象的有序安排,运用问题设疑、对话交流、场域共振、拓展训练、自我反思和及时评价的方法,让学生经历由浅入深、由现象到本质、由局部到整体、融会贯通的思维全过程,从而使学生的思维能力得到锻炼和提高。

3. 在师生互动中引导学生认知建构

师生互动是指在课堂教学这一时空内,师生之间发生的一切交互作用和影响,它既指师生间交互作用和相互影响的方式和过程,也指师生间通过信息交换和行为交换所导致的相互间心理上、行为上的改变。师生之间的双向、交互的影响又是一个链状循环的连续过程。师生正是在这样一个连续的动态过程中不断交互作用和相互影响,实现学生有意义学习与认知结构的建构。

学生认知结构的建构可以通过师生互动在以下教学环节中落实。①唤醒原有认知结构。学生原有的认知结构为学习新知奠定基础,学生在学习时都是从他们原有的认知结构出发来理解和建构新认知结构。教学中唤醒学生原有的认知结构,使其与教师教学互动、与学习内容发生交互,从而对原有经验进行改造与重组,对新信息、新知识进行意义的建构。②设置认知障碍。教师提供新的学习任务,当学生接收到的知识信息与原有认知结构不匹配时,就会形成认知障碍,产生认知失衡。学生就要通过同化、顺应等操作才能使认知结构达到平衡,这时教师通过师生互动引导学生"同化"和"顺应"。③选择学习支架。当学生原认知结构与新认知结构之间存在障碍时,教师就要提供可选择的学习支架,如样例(正例和反例)、程序、示范等;学生就要选择合适的学习支架克服学习障碍,实现对新知识信息的吸收、接纳、整合、变式的联系,使原有的知识结构的联系逐渐丰富与丰满,产生若干变式的图式。④进行多重表征。表征是学习者信息记载与思维活动表达的过程和呈现的形式。不同的表征,反映了学生对认知对象的不同加工水平。表征的形式是多样的,有实物情境表征、模型表征、图形或图表表征、口语表征、符号表征等。教学中,教师可依据不同的表征方式,为学生提供丰富的表征材料,支撑学生多元表征行为,如与实物情境表征相关的材料,即解释学习内容或问题情境的真实世界中的事物;与模型表征相关的材料,即能表示学习对象的内在关系的具体事物;与图形或图表表征相关的材料,即将学习内容的关系以具体、形象化表示或推理的图形或图表;与符号表征相关的材料,即一般使用的符号及学科中所使用的特殊符号;与其他表征相关的材料,如身体动作、声音、手势等。教师提供指向同一学习对象的与不同表征形式相关的材料,既能帮助学生感受表征形式的多样性,积累有关表征的认知经验,也能加深学生对学习对象的理解。⑤转化与互译。通过多重表征之间的转化与互译可以实现表征内在的多元联系,建立新的认知结构。以语言、文字、符号、图表、模型、活动或实际情境等形式的表征内部的灵活转换和表征之间的灵活转译,是学生形成知识的整体结构和意义建构,促进知识信息灵活提取和实践应用,落实学科核心素养的重要途径。⑥形成新认知结构。教师通过对学习材料、活动组织、问题引导等的选择和设计,引导学生从初始认识结构向目标认知结构层层递进、有序推动。学生通过主动思考和参与,对学习内容进行多元重组,经同化或顺应形成新认知结构,认知图式也由初级结构转化为较为复杂的结构。⑦新认知结构的解释与应用。认知结构是学生在认知过程中通过信息加工获得的,具有相对性,它是随认知深度的变化而逐步完善的。当学生形成了新认知结构后,仍然需要通过解释与应用逐步完善与深化。教师需要指导学生通过新的认知结构进行练习、整合、变式、反馈、纠错、反思,促进学生知识的内化及迁移,拓展新的认知结构;引导学生的思维从直观形象层面向抽象概括水平发展,提升学生的思维力。

  教学各要素间的不同排列顺序、组合方式,形成不同的教学结构与过程,其引导学生认知建构的作用也不同。师生互动强调把学习设置到复杂的、有意义的问题情境中,通过师生互动,激发和支持学生的高级思维,让学生在独立思考及合作中解决真实性问题,学习隐含于问题背后的科学知识,逐渐扩大、更新、建构新的认知结构。

学生的学习与认知建构，往往是从特殊到一般、再从一般到特殊的反复认知与建构的过程。学生通过某些新的具体的事物的学习与研究，积累对这类新事物的认识，并与原有认知重组，形成新认识、新方法和新经验，这是由特殊到一般的建构过程；运用这些新认识、新方法和新经验解决新问题，同时在解决新问题过程中深化和完善新的认知建构，这是由一般到特殊的实践过程。从特殊到一般、从一般到特殊发生在认知结构变化的过程中，是在循环往复中持续不断地发生作用，推动着学生认知结构持续发展。

教学过程中建构的特征是学习问题化、问题情境化、认知结构化、支架信息化和评价一体化，其目标指向都是落实核心素养培育目标。①学习问题化。学习的需求一般总是围绕问题开始的。问题是学生自主探索的工具，也是导引知识的线索、产生新知的来源。若要使学生全身心投入到学习活动中去，那就必须让学生面临对他们个人有意义的有关问题。让学习问题化是教师促进学生素养形成的最重要手段。它必然打破传统的以课时为教学基本单位的设计方式，以单元主题统整，将学习活动进行问题化的模块设计，激发学生学习的原动力，激活元认知，促进学生的持续性学习和问题探究的意识。②问题情境化。学生的学习内容如果是围绕一定的主题，有将学习内容运用于实际生活的情境，具有以任务为驱动、以活动为载体的特征，学生就能更积极参与到情境化的学习实践之中，就有可能提升能力、发展素养。学习离不开学生积极主动的参与和意义建构，学习主要是一种社会交往活动，学生应参与到他们认为在现实生活中是有用的学习活动中和在文化上是与自己密切相关的学习活动中去才有价值。因此，以学习为中心的教学中所创设的问题化学习情境，首先需要考虑接近学生的最近发展区问题，其次是尽可能地基于生活的真实情境，激发和帮助学生形成自主探究、合作学习的积极性。③认知结构化。学习为中心的教学的重要目的之一，是推动学生不断积累，形成知识、经验与认知图式。作为一种认知结构，图式因为可以提供背景知识，能有助于人对所呈现信息的理解；图式也可以使人超越给定的信息，基于既有经验做出预测和推理；同时，它还具有迁移功能，使人习得新知、解决新问题。正如贝斯特所指出的，"图式知识一旦被激活，就能引导问题解决者以特定的方式搜寻问题空间、寻找问题的有关特征"[①]，这将直接作用于问题的解决。在学习为中心的教学中致力于帮助学生形成认知图式的方式之一，是关注单元之间与单元内的内容关联性、实践

---

① John B. Best. 认知心理学[M]. 黄希庭，主译. 北京：中国轻工业出版社，2000.

的关联性、学习方法的关联性,以便于学生将知识结构化。另一个方式就是在单元学习结束之后,以"梳理""拓展"的学习环节,促进学生在单元整体学习过程中,对自己的学习过程做一次全面的回顾,总结自己在这一阶段所获得的内容、方法和学习体验。④支架信息化。信息技术为学生的学习提供了两个方面的支持,一是丰富的信息资源和跨时空的交流学习空间,二是提供认知和知识管理工具。信息技术的发展扩展了课堂学习有限的学习时空,让学习随时随地发生成为可能,为学生核心素养的养成提供了技术保障。⑤教学评一体化。传统课堂教学评价方法的单一化,阻碍了教学纵深化的推进。从教师的视角上看,科学的课程思维需要我们不断反问自己"为什么教""教什么""怎么教""教到什么程度"几个问题,其实教师更需要思考学生"为什么学""学什么""怎样学""学到什么程度"这些问题。因此,在学习为中心的教学中,需要用课程的思维来思考目标统领下的"教学""学习""评价"的一致性,强调在真实的学习情境中,不仅关注对认知的评价,也关注对元认知、情感和社会维度以及心理动力技能的评价。注重将评价整合到学习过程之中,倡导学习过程就是评价过程,学生既是受评者,也是评价者,引导学生参与情境化的、解释性的、基于表现的、参与式的智慧评价,进而实现由"关于学习的评价"走向"促进学习的评价"。这五个方面相辅相成、互为促进,构成一个促进学生核心素养提升的系统。通过问题化导向、情境化设计、结构化整合、信息化支撑和一体化的教学评价,帮助学生得到最好的发展。

(三) 教学过程中的应用

学生获得知识和建构认知结构并不是学习的终极目的,真正的目的是应用所学的知识去观察、分析和理解客观现象,解决现实问题,在应用知识解决问题的过程中获得核心素养的发展。

建构与应用是相互联系、相互作用的,建构为应用服务,应用完善建构。教学实践中,建构与应用是高度个性化的动态发展的过程,不同的学生建构与应用的方式各不相同,多姿多彩;教师有效指导学生建构与应用的方法是多种多样、个性化的;学生学习中的建构与应用也是丰富多彩、个性化的。虽然教学中建构与应用没有统一的模式,但我们考查学生学习过程中的建构与应用,教师指导学生建构与应用的教学实践时还是会发现,在学习为中心的教学中建构与应用,不管是学生的学习,还是教师的指导都有一些共性的表现。通过长期对教学中教师指导与学生学习中建构与应用特点的观察与分析,我们从"解构—建构—应用"三个方面着手,归纳、提炼与总结了区域指向核心素养的学习为中心的教学的共性特征与结构如图3-8所示。

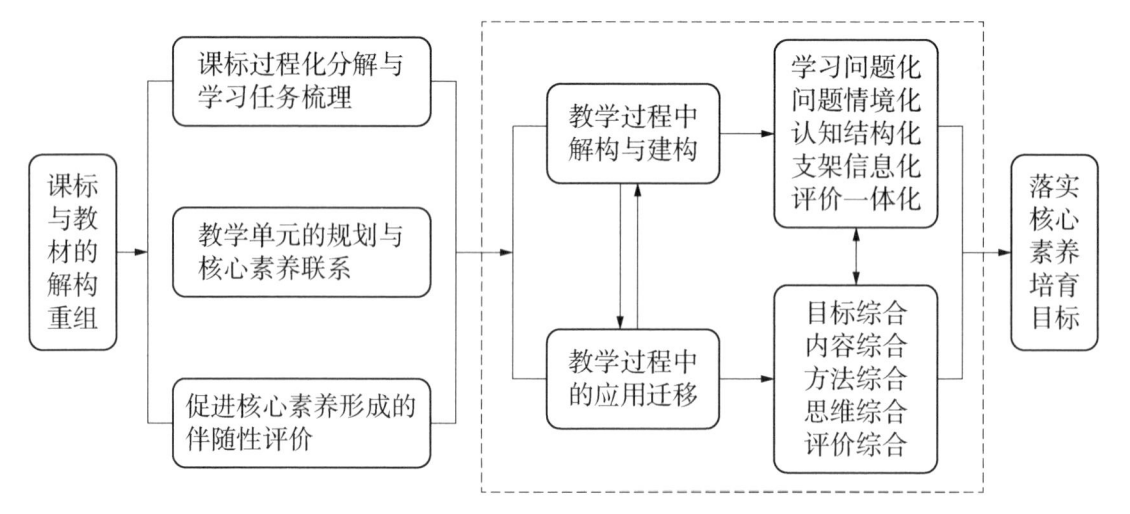

图3-8 学习为中心的教学的共性特征与结构

教学是一个动态发展的过程,是学生认知结构持续生成的过程,是学生在应用已有的认识结构解决问题的实践中不断形成与发展核心素养的过程。教学中学生应用知识解决问题的特征,反映出学习目标、内容、方法、思维、评价是一个不断综合化的过程,并指向核心素养形成。

1. **目标综合。** 核心素养的育人目标决定了学生学习目标的综合性,目标的综合性决定了教学活动的多样性和教学环境的复杂性。目标的设置应着眼学生核心素质的培养和发展,开发学生的潜能,发展学生的思维能力,符合学习是学生智慧的综合生成、核心素养不断发展与提高的过程的特点。综合化的学习目标主要是从单元出发,一方面使学生掌握社会生活必备的知识和技能,另一方使学生具备良好的核心素养。在具体的设计与实施中必须使新授课的学习目标不断地与本单元前面的目标及前几个单元相关的学习目标综合起来,让学生在不断综合的过程中,形成并发展核心素养。

2. **内容综合。** 核心素养的育人要求决定了教学内容需要逐渐综合。教学内容的综合化要求,首先需要教师认真研读教材,发掘教材,活化教材;其次要根据学生学习和发展的需求,合理呈现教学内容,让学习内容相互贯通融合,推动学生整体思维的发展。内容的综合化主要是同一学科各单元之间与单元内的综合,还要适当考虑两个或两个以上有关系学科之间的综合,如政治、历史之间的综合,物理、化学、生物之间的综合等;自然科学与社会科学中某些内容之间的综合,如物理、化学、生物与政治之间某些内容的综合;基础科学、应用科学中的某些内容之间的综合,如数学、物理与通用技术之间某些内容的综合。通过多种知识和技能的综合学习与运用的形式,融进最先进的人类新知识、新技术等来实现学习内容有度开放。教学实践中,内容的综合可由课时到单元或由单元到学期到学年到整个课程逐步推进,可通过逐步地综合情境、综合问题、综合任务、综合活动来实现。

3. 方法综合。 核心素养是在解决复杂的不确定问题的过程中逐渐形成的,这就需要运用综合化的教学方法。教学方法的综合是根据教学目标、具体的教学内容、学生的认知发展水平、教师的自身素质及现实的教学环境,灵活整合运用多种教学方法,以构成可落实核心素养育人目标的整体教学方法。教学实践中,教师选择合适的教学方法并进行综合,将其有机地组合在一起,力图使每个教学环节之间的过渡流畅、合理,从而实现每一个单元的教学目标。教学方法的综合化策略就要从问题解决过程中的识别问题、表征问题、选择策略、执行策略、评价解决等环节入手,把教学目标和教学内容转化为具体的教学行为,使学生在解决问题的过程中,训练自己的思维,形成和提高解决问题的能力。

4. 思维综合。 思维是人的智慧核心,它是通过分析、综合、概括、抽象、比较、归纳、演绎、具体化和系统化等一系列加工、整理,使感性材料转化为理性认识来解决问题的过程;是人脑对客观世界的本质属性、内部规律的自觉的、间接的和概括的反映,是认识的理性阶段。思维的综合,是多种思维方法在思维活动中的全息式整合,是人脑综合运用多种思维方法的思维过程和思维方式,通过思维综合把认知上的部分综合成整体。教学实践中,思维综合总是以分析为前提,只有当学生在整理感性认识材料的过程中分析出了某些部分的东西,才能对这些部分的东西进行思维的综合。因此,思维综合是从部分到整体的综合过程,丰富的感性材料与扎实的分析是思维综合的基础。

5. 评价综合。 如何来评价学生的核心素养发展水平?学习的评价过程不是一个知识点接一个知识点的顺次完成,而是通过逐步综合的方法,让学生在应用所学知识和已有的认识结构解决问题的过程中多角度地、动态地评价学生核心素养发展水平。评价综合在教学实践中,首先取决于被综合的评价指标是否准确、全面。这就要求教师要深刻领会课程标准,准确解构课程标准,把终结性的核心素养与学业水平标准转化为过程性的评价标准。其次是评价任务的设计,既要体现当下的学习内容,又要进行单元内综合以及与以前学过的相关单元的综合,还要体现与当下的学习内容相关的学科的综合。

二、学习为中心的教学模型

学习为中心的教学,以"学生发展"为核心理念,以核心素养形成为宗旨,要求从教学理念、目标、评价和方法等方面,实现"落实知识、培养能力"到"必备品格和关键能力"培育的转化。为了实现这种转化,我们基于区域以学习为中心的单元教学实践,提炼了学习为中心的教学基本模型。

徐汇区指导学校在课堂教学这一人才培养主渠道中,突出由"教"向"学"的转变,指导教师设计和开展"学习为中心"的课堂教学,帮助学生构建自身知识体系,提高学习能力以应对未来发展和变化的需要。在学习目标上,以终为始,依据课程标准、学生实际,建构目标、学习内容与评价一致的目标体系;在学习过程中,通过任务驱动、学习支架支持、多元互动、评价激励,帮助学生形成核心素养;在学习反思中,从提供形成性与终结性评价与反馈转向过程与发展性评价与反馈,激发学生学习的内驱力。构建了单元教学背景下,以学习为中心,"三主动"的课堂教学模型。其教学基本模型如图3-9所示。

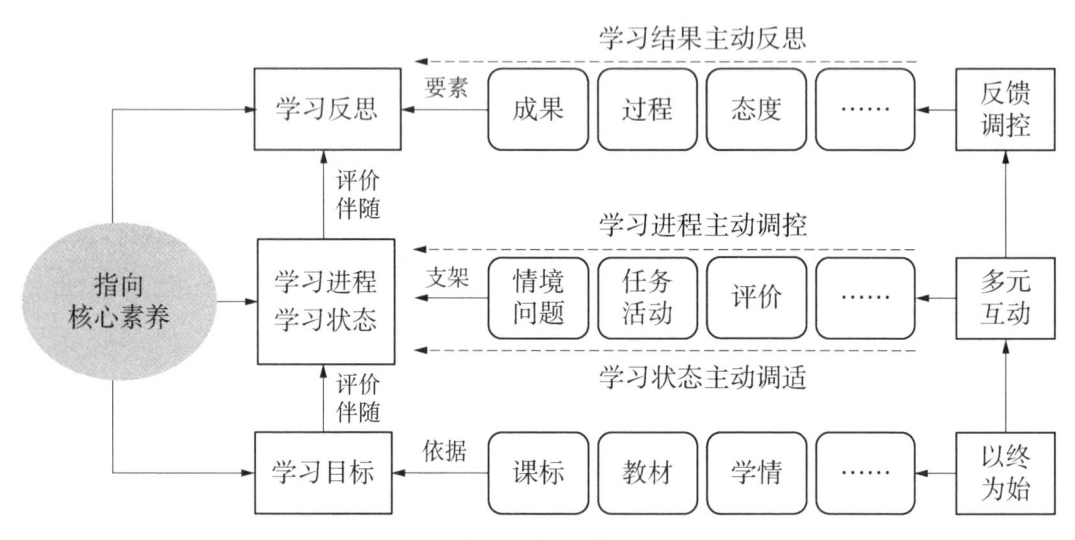

图3-9 "三主动"课堂教学模型

该模型基于学习逻辑,以终为始,评价伴随,在教师的引导下,学生对学习进程主动调控,对学习状态主动调适,对学习结果主动反思。

学习目标的设计需要以终为始,应基于课程标准、教材和学生学情。重点是在解构学年、学期、单元学习目标的基础上,围绕单元目标确定课时目标,每个课时又有逻辑地体现单元目标。

由于单元学习的综合性比较强,对学生具有一定的挑战性。因此,在学生的学习过程中,需要教师为其提供学习支架,以"问题链"与学习任务为驱动,增强其意义建构的意蕴和诱导思维的功能,帮助学生实现"感知—表象—抽象"的心理转化。

学习反思,以学习过程中的评价改进为突破,将评价嵌入学习过程,不断增强学生对学习的反思意识和能力。

案例 3-6 八年级语文统编教材"活动·探究——新闻"单元教学

本单元是"活动·探究"单元,活动探究的主题是"新闻"。秉承统编教材双线组元的编写特色,采用"主题"加"文体"的编写思路,单元主题为"变化着的社会",所选文体为"新闻"。

1. 以终为始的单元学习目标与评价

(1) 单元学习目标

表 3-5 "活动·探究——新闻"单元学习目标设计

单元目标	课时	课时目标
1. 了解新闻内容,把握不同体裁新闻的特点等相关知识;初步形成新闻阅读能力,能阅读各类新闻作品。	第1课时	1. 了解"活动·探究"单元的学习目的和方法。 2. 利用教材中的学习资料,初步了解新闻特点。 3. 激发学生阅读新闻的兴趣,培养探究问题的能力。

续 表

单元目标	课时	课时目标
2. 学习新闻采访的一般方法和步骤,能完成新闻采访,撰写消息等新闻作品。 3. 形成捕捉新闻线索、搜集并组织新闻事实的能力;锻炼策划组织、分工合作、交流沟通的能力。养成求真求实、冷静客观的思维方式;培养准确、负责、言必有据地表达意识。 4. 养成关注身边现实、关心国内外大事的习惯,自主思考探究问题。	第2、3课时	1. 学习教材中六篇新闻作品,了解不同类型新闻的结构和特点。 2. 体会新闻语言的特点,从作品中提炼作者的观点和立场。 3. 养成关注新闻、阅读新闻的习惯。
	第4、5课时	1. 引导学生发现身边的新闻线索。 2. 探讨新闻采访技巧,学习编写采访提纲。 3. 探索小组分工合作的学习策略。
	第6课时	1. 理解采访实践活动应具有可行性、具有采访意义。 2. 各小组改进本组采访准备工作,完善采访提纲。
	第7、8课时	1. 交流各组的采访结果,总结反思新闻采访的重点。 2. 了解"讲述"要点,练习"讲述"。 3. 小组讨论总结小组合作学习的经验和不足。
	第9课时	1. 学习新闻写作的相关知识。 2. 运用新闻写作的技巧,练习"消息"的创作。 3. 学会准确、负责、言必有据地表达。
	第10课时	1. 交流学生的"消息"习作,初步感受新闻的创作。 2. 通过对习作的介绍,进一步锻炼口语交际——"讲述"。 3. 养成关心生活、思考生活的意识和习惯。

(2) 单元评价要点

综合性学习的评价,应着重考查学生的语文综合运用能力、探究精神与合作态度。评价的根本目的是促进学生学习,改善教师教学。本单元主要着眼于学生在综合性学习过程中的表现,要特别注重学习发生、发展中的过程性评价,教师要注重激发学生的好奇心、求知欲,发展学生的思维,提高学生发现问题、分析问题和解决问题的能力,从而提升学生语文综合应用能力,彰显单元教学价值。

(3) 过程性评价

本单元学习的目的并非为了培养记者,新闻写作的结果只是评价内容之一,教师更应该重视过程性的评价,突出评价的诊断和发展功能。教师可设计各种过程性的记录表、流程图、评价表等用于跟踪学生在整个学习过程中的各方面表现。如,在采访实践阶段,由于学生个体间、小组间存在差异,可能部分学生参与班级活动的积极性不高,部分学生性格内向口头表达能力不强,部分小组缺少善于组织和协调的组长等,教师可设计"新闻采访、撰写活动过程性评价表"等,通过细化评价项目指导和鼓励学生积极参与活动。对学生在活动过程中的表现,以表扬、鼓励等积极的评价为主,采用激励性的评语,从正面加以引导。

表3-6 新闻采访、撰写活动学生过程性评价表

班级_____ 姓名_____ 学号_____

评价项目	具体内容	评价等级(自评)				互评	总评
		优秀	良好	一般	不理想		
情感态度	① 积极参与活动 ② 主动提出设想、建议 ③ 遇到困难想办法解决						
合作交流	① 主动和同学配合 ② 乐于帮助同学 ③ 认真倾听同学的观点和意见 ④ 对班级和小组的学习做出贡献						
实践活动	① 积极动脑、动口、动手参与 ② 会与别人主动沟通 ③ 提出建设性的意见						

续 表

评价项目	具体内容	评价等级（自评）				互评	总评
		优秀	良好	一般	不理想		
学习技能	① 能够提出有效的采访问题 ② 能够制订合理的采访策略 ③ 能够撰写符合新闻特征的报道 ④ 能够编辑一份比较标准的报纸						
成果展示	消息						
	特写、通讯或评论						
	报纸						

我的感想：（体会、收获、困难、经验、遗憾）

同学寄语：（评价、建议）

撰写人：
日期：

表3-7 新闻作品交流会评价表

项目	目标与要求	分值	得分	优点/缺点
标题	简洁、明确、凝练、醒目	2		
导语	参见学习资料中的"导语写作要求"	3		
主体	新闻要素较全，采用倒金字塔结构	2		
语言	准确、简练、易懂	2		
视角	比较新颖，有吸引力	1		
总得分				

表3-8 小组自评记录表

	成员	小组讨论1	小组讨论2	小组讨论3	小组讨论4	采访实践	作业汇报	交流记录	评价汇总
小组									

说明：每一项内容以1—5分计,5分为最高分。

2. 多元互动的学习过程

(1) 单元学习任务

任务一： 新闻阅读

表3-9 新闻阅读任务

任务	分解活动	活动内容	学习资料	活动要求
新闻阅读	走近新闻	感受新闻与其他文体的不同	《七律·人民解放军占领南京》(毛泽东) 剧本《风雨下钟山》(艾暄)片段或其他 第一课《消息二则》(毛泽东)	1. 从同一题材、不同文体的作品中，探究新闻文体的基本特点 2. 从同一题材、同一新闻文体——消息、不同报道方的消息中，探究消息的要素和特点 3. 从不同题材、不同新闻文体中，探究新闻的多样化
	了解新闻	了解消息知识，群文阅读，比较辨析同内容、同文体新闻的特点以及不同新闻文体的特点	第一组： 第一课《消息二则》(毛泽东)、渡江战役后其他报纸的相关报道 第二组： 第二课《首届诺贝尔奖颁发》、第三课《"飞天"凌空》、第四课《一着惊海天》 第三组： 学生在各种刊物上筛选的不同新闻文体	
	关注新闻	运用新闻知识评议新闻文章	根据主题搜集的新闻(可以关注不同媒体和不同的新闻形式)	

"新闻阅读"这个活动任务的目标是让学生在了解新闻的基础上学会阅读新闻：了解新闻的要素，能快速获得新闻所反映的信息；了解新闻体裁的特点，提高阅读新闻的水平；了解新闻的内容，发现作者对新闻事件的态度和倾向；了解新闻传递的平台或方式，形成正确的新闻阅读观。为此，通过三个小活动来达成"新闻阅读"这个阶段性任务："走近新闻""了解新闻""关注新闻"。

任务二： 新闻采访

表3-10 新闻采访任务

任务	分解活动	活动内容	学习资料	活动要求
新闻采访	制订方案	了解采访要求，学习制订方案	新闻采访任务单、优秀采访方案等	1. 从文本比较中探究采访的意义、特点和要求等 2. 从拟写提纲中探究问题的主次、顺序等采访要领
	拟写提纲	掌握提纲格式，学习采访提问	新闻采访任务单、优秀采访提问提纲等	
	现场采访	运用采访提纲，开展采访活动，做好采访记录	学生采访实践	

只有通过实践才能真正地掌握知识。这个板块的活动目标是让学生发现新闻线索，学会制订小组采访方案，草拟采访提纲，了解采访礼仪。

任务三： 新闻写作

表3-11 新闻写作任务

任务	分解活动	活动内容	学习资料	活动要求
新闻写作	消息写作	根据采访记录写消息	"技巧点拨"《怎样写消息》、采访记录	1. 从消息写作中探究消息语言的特点 2. 从新闻编辑中探究传媒的特征
	自选写作	自选其他新闻文体写作	采访记录或搜集的资料、魏巍《谁是最可爱的人》	

续 表

任务	分解活动	活动内容	学习资料	活动要求
	编辑新闻	编辑报纸或新闻网页（长作业/选做）	优秀新闻网页等	

经过之前的大量阅读和实地采访，学生有了充足的素材积累，因此，这个活动板块的目标是让每个学生在采访体验的基础上，学会写规范的短消息，练习写作新闻特写或者通讯，甚至更进一步开展编辑报纸或制作新闻网页的活动。根据新闻写作任务的要求，可将消息的写作作为新闻写作的学习重点，辅以通讯、特写写作教学。

（2）学习支架

支架1：新闻作品梳理学习单

表3-12 新闻作品梳理学习单

	《我三十万大军胜利南渡长江》	《"飞天"凌空——跳水姑娘吕伟夺魁记》	《一着惊海天——目击我国航母舰载战斗机首架次成功着舰》	《国行公祭，为佑世界和平》
阅读方法				
内容概括				
事件发生时间				
新闻发布时间				
新闻发布单位				
结构特点				
语言特点				

通过以上比较,我发现了:

_____

_____

支架 2:新闻选题

表 3-13　新闻选题(_____小组)

新闻选题	采访目的	讨论意见

支架 3:采访提纲

表 3-14　采访提纲(_____小组)

采访主题	
时间、地点	负责人:
采访对象	联系人:
采访目的	
采访方式	采访人: 协助人及分工:
采访器材	负责人:
采访问题	记录者:

3. 调控反馈与学习反思

（1）开展"最佳新闻"评选活动

学生小组交流，根据课堂记录表评选出"最佳新闻"，并阐述理由。

（2）引导学生对学习过程进行反思

通过学生自评和互评，还可以发掘学生家长、社区、专业人员等适度地参与到评价活动中。对学生在活动过程中的表现进行表扬、鼓励、引导，以促进学生主动学习、自我反思。

从上述案例可以看出，学习为中心的单元教学面向"整体目标"的实现，通过目标引导、任务驱动，引导学生寻求学习本身的价值及发现学习的意义，借助学习者对学习价值、学习意义的发现，用学习的内在魅力让学习者产生乐趣、志趣，从本源上解决学习持续动力问题；重视学习方法、学习策略、学习工具的学习与使用，把上述内容从原来暗线、碎片化、随意化的学习变为明线、系统化、统筹安排的学习。在学习为中心的教学中，教师是教学过程的组织者、指导者、学生意义建构的帮助者、促进者；学生是知识意义的主动建构者。教材所提供的知识不再是教师传授的内容，而是学生主动建构的对象。

第三节　学习为中心的教学设计与实施

核心素养视域下，学习为中心的教学是从课程标准、教材、学生经验的解构、单元教学规划与设计开始。解构，即为结构分解，是用"分"的方法，从目标序列、评价序列、知识序列、认知序列、任务序列、活动序列等角度解析高度结构化的课程标准、教材与学生结构化的经验，从而对课堂教学要素、结构有更精准、更深入的认识与把握。学习为中心的教学设计是在解构的基础上，以单元为单位进行的教学设计，是对学习目标、任务、活动、支持、方法、步骤、评价等进行计划和布局安排的过程。

一、引导学习的目标设计与实施

(一) 设计单元学习目标

设计单元学习目标时,既要关注本单元学习与其他单元学习之间的关联,也要关注同一单元学习的内在联系,处理好单元学习目标与课时学习目标之间整体与局部的关系。设计课时目标要体现单元学习目标的整体性和统领作用,及通过每个课时有序教学落实单元学习目标的作用。各相关单元学习目标和单元内各课时学习目标之间应呈现系统的、渐进的、连续有层次的逻辑关系。单元学习目标设计流程如图3-10所示。

研读课标 / 分析教材 / 分析学情 ⇒ 设计单元学习目标 ⇒ 设计课时学习目标

图3-10 单元学习目标的设计流程

(二) 学习目标的分解与综合

立足单元视角,以一个单元或一个完整的学习事件为学习单位,通过创设真实问题情境及项目学习任务群,并借助单元评价来把握知识的内在结构、核心概念,使教学更具有系统性和关联性,可以规避传统课时教学暴露出的局限性。因此目标叙写必须经历从单元目标到课时目标的分析过程。单元学习目标引领整个单元的教学方向,指向学生的核心素养发展。设计单元学习目标时要注重单元目标的分解与统一,强调整体性。要认真分析本单元的教学内容,采用整体设计的方式,从而使我们的主要教学活动具有关联性、整体性和发展性。单元目标确定后,再分解到各个课时中。单元教学与课时教学是整体与部分的关系,通过单元规划,达到"整体功能大于部分内容之和"的教学目的。

案例 3-7　高中英语　Life and Technology 单元目标分解与综合

本单元的主题是"人与社会",所涉及的话题是"科学与技术"。通过听、说、读、写、看,及课堂内外探究等不同学习活动形式,帮助学生深入了解科技对我们的日常生活的影响和作用,并引发学生对此主题的思考。本单元学习目标如表3-15所示。

表 3-15　Life and Technology 单元学习目标

单元学习目标	指向核心素养
① 围绕"科学技术"这一主题语境内容,通过阅读,了解语篇的写作目的、主旨大意、呈现方式、文体特征、叙事逻辑等。	语言知识 语言能力
② 能识别并比较人们对现代科技的不同态度,剖析使用新技术的利与弊。	思维品质 文化意识
③ 了解新闻类语篇的基本结构,区分新闻报道的核心内容和辅助信息。	语言能力
④ 通过自主学习和小组合作学习,开展问卷调查研究,提高分析调查数据和进行口头汇报的能力。	学习能力
⑤ 能在语境中理解和正确运用"情态动词+have done"结构。	语言能力
⑥ 运用比较和对比的写作技巧,加强科技话题的表达能力。	语言能力

按照核心素养的要求,通过反复研读文本,结合语篇内容和特征,将单元目标进行分解,制订课时目标。课时目标必须指向单元目标的达成,表3-16可以看出本单元课时学习目标与单元目标之间的关系。

表 3-16 Life and Technology 课时学习目标

课时	课 时 目 标	指向单元目标
1	1. 通过观看视频和阅读语篇,理解语篇内容。 2. 掌握以人物经历和情感活动为主要内容的记叙文的文体特征。	单元目标①
2	1. 通过进一步分析课文内容和词汇学习,赏析文章写作特点,学会分辨事实和意见。 2. 正确理解本单元语篇的目的,语篇对象,作者的观点、意见与理想等。	单元目标①②
3	通过小组讨论等教学活动,发现并理解语篇中包含的文化元素,如对科技创新的追求与体验、对他人的关爱等。	单元目标④
4	掌握"情态动词+have done"的形式、意义和用法,在语篇中理解并恰当使用它们。	单元目标⑤
5	1. Listening:能依据新闻语篇的结构与语言特点获取相关信息。 2. Viewing:能获取视频中画面、图像、声音、符号、色彩等非文字资源传达的意义。	单元目标②③
6	1. 能运用功能语言和得体语言形式表达兴趣、态度、意图与个人观点。 2. 能针对平板电脑与纸质书本的异同这一话题,用 60—80 字表达个人观点。	单元目标⑥
7	1. 掌握新闻类语篇的基本结构。 2. 了解 5G 网络给医疗行业带来的深远影响。 3. 能区分新闻报道的核心内容和辅助信息。	单元目标③
8	1. 通过分析新科技的优缺点,提高批判性思维能力。 2. 能对手机 App 的使用情况实施问卷调查并做出分析、归纳。	单元目标②④

从完整的单元学习目标到可实践操作的课时学习目标,让微观的课时教学不再孤立、零碎,而是更具有系统性和关联性,让学生的学更具有主动性和创新性,并最终促进学生学科素养的成长和发展。

单元学习目标的确定还需要充分考虑对学习结果的评价,以确保教学评的一致性。确定单元学习目标时,既要落实单元对应的学习任务所规定的学习目标与内容,分析单元学习内容的教学价值,有机整合学科核心素养等多维目标,又要依据学习内容对应的学业质量水平标准,以评价为导向,实现学习目标的可测性。

二、促进学习的评价设计与实施

单元评价是在单元教学实施过程中,对学生进行的阶段性评价活动,是对学习的诊断、激励、监督。单元评价应以该单元的学习目标为依据,针对具体的知识与技能要求,设计评价目标,并规定相应的细化指标,再在此基础上设计评价任务。单元学习评价应贯穿单元学习活动的整个过程,应根据单元学习目标、学习内容设计形成性评价和终结性评价,具体可采用纸笔测试、现场观察、对话交流、小组分享、自我反思等多种评价方法。评价的目的包括监控学生的学习过程、检验学生的学习成果、为调整教学提供建议等。

(一) 教学与评价目标的一致性

目标、学习、评价三者的统一是有效教学的条件之一,因此单元评价设计需要和目标相匹配。单元评价设计与实施,以单元学习目标为依据,针对具体的知识与技能要求,设计评价目标,并规定相应的细化指标,再在此基础上设计合理有效的评价任务,以检测目标的达成度。根据单元目标设计评价任务,是在单元整体设计中构建评价先行的教学思路,也是深化教师目标意识、强化教学评一致性的课程实施之路。单元评价设计流程如图3-11所示。

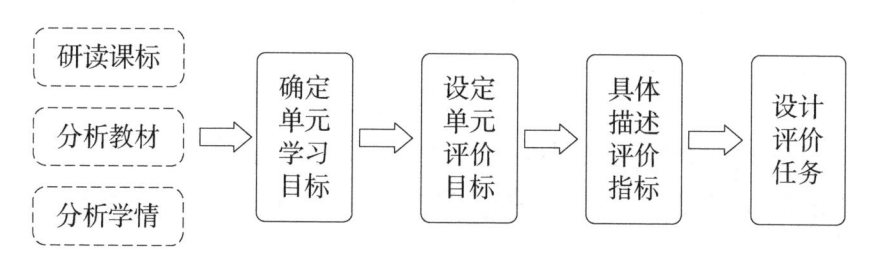

图3-11 单元评价设计流程

案例3-8 高中英语 Our World 单元评价目标设计

1. 单元概述

本单元的主题是"我们身边的世界",属于"人与社会"与"人与自我"主题语境。学生通过阅读关于纪录片 Life in a day 的描述,了解全球各地人们的生活百态与喜怒哀乐,也能够以国际视野拓展对于不同文化差异及共性的认知;学习现在进行时被动语态的结构与用法,理解其语法功能且能在语境中理解并恰当运用;通过"听"了解如何表述志愿者活动目标、优势、挑战等相关内容,并能结合已有的背景知识与同伴讨论志愿者活动方案;通过学习非正式信件的写作形式,学会如何通过日常的沟通方式表达自我经历与感受;通过学习文化四要素,学会比较不同文化之间的异同,增强文化意识,并借助"看",进一步了解不同的文化与事实。

2. 单元学习目标与评价目标

从表3-17可见,该单元学习目标中既包含了学习能力、学习方法,也包含了学习表现因素,目标制订中充分参考了课程标准中对学业水平的要求,并将之融合到学习目标的表述当中,使单元学习的目标与单元评价的目标直接关联,可视为以课标为依据、以评价为导向的单元目标设计实例。

基于学习结果开展逆向教学设计有利于教师明晰课堂教学的终点,从而寻找起点与终点之间的最优路径,为学生掌握知识和技能,进而发展相关的学习素养架设桥梁。因此制订单元学习目标时还需要充分考虑对学习结果的评价,以确保教学评的一致性。

(二) 评价贯穿单元学习过程

单元评价设计强调学习活动与评价任务整合,评价应贯穿于整个单元的学习过程中。

表 3-17 Our World 单元教学与评价目标

人文主题	我们身边的世界
单元内容与关联	**Cultural focus** 语篇介绍了文化学习的主要方法（文化分析的四个要素），以及中国文化、拉美文化、欧美文化等不同文化的细节，视频介绍了19世纪爱尔兰人移民美国的历史。这体现了"全人类共处一个地球"的概念，即无论你身在何处，属于何种文化，你和所有人一样，共同生活在这个世界上。 **Writing** 写作要求学生将写一篇非正式的信件，介绍自己刚进入高中的校园生活。这个板块的主题仍与"我们身边的世界"有关，让学生在进入新学校的时候，注意去观察生活细节，去发现其中的相同点和不同点，去体会这些细节是如何构成自己身边的世界的。 **Our world** 本单元的主题是"我们身边的世界"，各板块均围绕这个主题展开。 **Reading and interaction** 语篇介绍了纪录片 Life in a day（《浮生一日》）的拍摄过程、内容简介，以及其所传达的意义。这部纪录片反映了全世界不同地域的人一天生活情景。学生通过阅读语篇，能了解世界上不同地方的人生活的相同之处和差别，理解生活的意义。 **Grammar activity** 语篇介绍了联合国儿童基金会驻中国办事处（UNICEF China）的工作情况，以及正在开展的项目。最后，要求学生谈谈他们所在地区正在发生的事。语法板块在引导学生关注世界的同时，更要发现生活中的细节，关注身边的人和事。 **Listening and speaking** 听力内容是两个联合国儿童基金会的志愿者在斯里兰卡与中国的工作经历，随后的口语活动要求学生谈论自己的志愿者项目。这是对语法板块的升华，提醒学生关注身边事的同时，更要积极付诸行动，例如参加志愿者活动，帮助他人等。

单元内各板块间主题意义的关联（必修一第一单元）

续表

单元学习目标与评价目标	总目标：写一封信给朋友，介绍自己的高中生活。	
	学习目标1：围绕"Our World"主题，通过阅读语篇，了解语篇的写作目的、主旨大意，文本内涵和作者意图，引发对于个人生活和社会的思考。	评价目标1：能根据课文内容完成思维导图；能运用所学话题词汇，基于语篇内容发表自己观点。
	学习目标2：在篇章语境中理解一般现在时，一般现在进行时及其被动形式的语用意义。	评价目标2：能正确使用一般现在时，一般现在进行时及其被动形式，讲述校园生活中的事件。
	学习目标3：能在口头与书面交际中描述志愿者服务以及学校的日常生活等，培养积极的人生观与价值观。	评价目标3：能列举志愿者活动常见形式，描述工作特点，并表达个人态度。
	学习目标4：通过文本信息的获取、概括、梳理、整合、运用和迁移，阐述对于校园生活和社会生活的辩证思考。	评价目标4：能运用"比较与对比"的写作技巧；能运用适当的语言写一封非正式信件，表达自我经历与感受。

案例 3-9 高中英语 The Media 单元评价任务设计

1. 单元学习目标

围绕"媒体"主题语境,通过本单元的学习,学生能够:借助语篇,理解媒体记者应该具备的素养,辩证看待公众话语权,谈论如何做好自媒体时代的信息传播者;在语篇中理解 verb-ing 和 verb-ed 形式作宾语补足语的语用功能并正确使用该语法结构完成采访对话;通过听、说、读、写、看等各类学习活动,理解媒体作品的表现形式和创作过程,并在口头与书面交际中发表对作品的评论;借助语篇,理解大众媒体对传播中国文化的意义,体会文字与感官的对照,挖掘中国传统食物的文化内涵。

2. 评价目标分解与评价任务设计

根据单元学习目标,结合各教材中各板块的具体学习内容,可以将评价目标进行细化分解,具体见表 3-18。

表 3-18 The Media 单元评价目标

评 价 目 标	评价任务
A　Reading and interaction • I can describe what a journalist's job is like, based on the information in the interview. • I can summarize the different qualities a good journalist should have, based on the passage. • I can talk about how to be responsible journalist.	评价任务一
B　Grammar activity • I can use verb-ing and verb-ed forms used as the object complement in the passage.	评价任务二

续　表

评 价 目 标	评价任务
C　Listening and speaking ● I can make comments on an ink-wash animation film using appropriate expressions.	评价任务三
D　Writing ● I can write a film review with sufficient details and appropriate language in a well-organized structure.	评价任务四
E　Cultural focus ● I can analyze the cultural significance of a certain kind of Chinese festival food.	评价任务五
Writing task of the unit ● I can express my ideas on how to improve social media literacy.	评价任务六 （单元评价大任务）

3. 单元评价任务

表 3-19　单元评价任务

评价任务一	*Activity 1*：Read the text "Journalists on the job" again，collect the words and expressions used to describe "what makes a good journalist" and complete the mind map. *Activity 2*：Make comments on the following 2 candidates according to their application forms and give some suggestions by using the words and expressions in Activity 1 properly. You are required to write in at least 50 words for each candidate.
评价要点	1. 能根据课文内容，描述一个好的记者应当具备的品质； 2. 能基于应聘者的描述，给出适当的评价和建议； 3. 能了解议论文写作的结构，行文流畅。
完成形式	议论文小作文

续　表

完成时间	20 分钟
评价任务二	Write **THREE** sentences by using the present continuous passive to introduce the things that are being done in your school. (based on exercise 3 on page 13 in the Students' Book)
评价要点	1. 能准确描述真实的活动内容； 2. 能自然、恰当地运用现在进行时的被动语态。
完成形式	造句
完成时间	8 分钟
评价任务三	Based on what has been discussed in the listening and speaking section, write an email to the Students' Union to talk about your plan for a local volunteer project. Your email should include: 1. what your volunteer project is about; 2. why you want to carry out this project; 3. what advantages your project offers; 4. what challenges your project poses. You may refer to the language guide on page 15 in the Students' Book if necessary and write in at least 100 words.
评价要点	1. 能从"项目规模""时间安排"等维度，介绍项目内容； 2. 能使用正确的格式和正式的语言； 3. 语言正确，行文流畅。
完成形式	项目介绍（邮件）
完成时间	30 分钟
评价任务四	Activity 1: Read the sample letter on page 16 in the Students' Book again to complete the following table in relation to the writing intention, contents and the language of the letter. Activity 2: Figure out the difference between comparison and contrast.

	Activity 3: *Draft a letter in at least 100 words about your new school life to your former class teacher in junior high. You are expected to use the language of comparison or contrast to highlight the similarities or differences.* (*based on the exercises on pages 16 and 17 in the Students' Book*)
评价要点	1. 能鉴别"比较"与"对比"两种说明文写作技巧； 2. 能使用适当语言比较初高中生活的异同点； 3. 语言正确，行文流畅。
完成形式	填表＋说明文小作文
完成时间	30 分钟
评价任务 五	**Activity 1**：*Based on what you have learned in this section, make a note of the examples in the video "From Ireland to the USA" for each type of cultural element.* **Activity 2**：*Select the example that interests you most and write a report about it in at least 60 words. You may search the Internet for more information if necessary.*
评价要点	1. 能利用网络检索整合写作素材； 2. 能在描写中呈现文化特点； 3. 语言正确，行文流畅。
完成形式	填空＋说明文（介绍事物）
完成时间	20 分钟
评价任务 六	*Imagine that you are going to make a digital time capsule for future generations. Present your proposal for the project in at least 120 words according to the following instructions.* 1. *Give an adequate description of the scene or object you choose from everyday life to film.* 2. *Explain in detail why you choose that scene or object.*

续 表

评价要点	1. 能清晰阐述写作意图并描述场景或物件； 2. 能合理解释选择该场景或物件的理由； 3. 语言正确，逻辑清晰，行文流畅。
完成形式	说明文大作文
完成时间	40分钟

4. 单元评价任务说明

根据本单元的单元学习目标设计评价目标，设计了六个单元评价任务。其中任务一到任务五分别指向教材中五个不同的板块的评价目标，任务六是在单元学习结束后完成的一个综合性评价任务。

单元评价任务应紧扣评价要点，注重情境创设，同时也要给学生搭建必要的支架，使评价的过程也成为学生学习和建构的过程。以任务一为例，单元学习自评表中有三条评价目标，评价任务包括两个活动。第1个活动旨在帮助学生细读课文，梳理其中与主题相关的重要信息，进行相关词汇的分类和积累，指向的是第一条评价要求；而第2个活动指向第二和第三条评价标准，为学生创建了一个新的情境，学生需要针对两封自荐信，调用所学信息，对两位应聘者给出适当的评价和建议。这个评价任务对学生提出了迁移运用的要求。学生需要调用在课文中学到的基本观点和语言进行表达，阐述自己的观点和理由，还要有意识地使用交际策略和情感策略，以更好地达成交际的目的。这个评价任务既较好地检测了学习目标的达成度，同时也体现了文本内容、思维培养和语言运用的高度融合。

单元评价任务既是评价手段，也是学习支架。学生自主完成评价任务的过程也就是其梳理学习内容、实现知识建构、反思学习过程、评估学习效果、调整学习策略、发展自主学习的能力的过程。设计以学习为中心的教学评价时，要将评价任务嵌于教学过程中，以获得学习目标达成的证据。

(三) 评价激发持续学习的动力

学习动机是由学习动力激发的一种推动学习活动、确定学习方向以及引导、维持、调节、强化学习活动的内部机制或内在历程。学生要有效地长期进行有意义学习,学习动机是必不可少的。

学习动机一旦形成,不仅会使学生的学习有一定的方向性,而且也会使学生保持学习过程中的注意状态与兴趣水平,并具有克服困难的意志力。形成了学习动机的学生在没有达到学习目标之前会持续进行学习活动,通常不会自行终止。因此,教学实践中教师了解学生的学习动机,采取多种教学手段,激发和培养学生的学习动机,这是提高教育和教学质量的前提和保证。

学习动机与学习目标有着紧密的关系,学习目标是诱发学习动机的条件,是学习动机的出发点和归宿,学习动机是引导学生实现学习目标的动力。学习目标和学习动机可以相互交替、彼此转化、共同促进,一个阶段的学习目标达成后可能会转化成新的学习动机,新的学习动机又会催生新的学习目标;学习动机与学习目的之间的关系又是复杂的,不是一一对应的,有可能一个学习动机会催生一个学习目标,也可能会催生多个学习目标,一个学习目标也不一定只诱发一种学习动机,也可能诱发多种学习动机。因此,在教学实践中,学习目标的设计非常重要,要符合学生的"最近发展区",能让学生通过自己的能力达到目标,获得成功的体验,维持、强化学生持续学习的动力。

> **案例 3-10　初中数学　《平面直角坐标系》**

本单元的核心问题是:为什么引入建立平面直角坐标?平面直角坐标系体现哪些数学思想方法?它在实际生活中有什么用?

而在平面直角坐标系概念建构时,本节核心问题是:在生活中我们用方向和距离表述一个点的位置,在数学中我们如何用数学与语言表示平面内的一个点的位置呢?

而围绕这个问题展开教学时,教师在课堂的进程中又要结合情境把问题进行进一步细化,组成问题群,最终达到使学生理解单元核心问题的目的。

情境1：密码破译

任务1：请破译下列密码：C1 B3 B2 A5 D4 E3 E1 A2。

5	开	武	中	才	不
4	班	汇	进	奋	学
3	爱	人	斗	自	向
2	强	一	数	初	取
1	徐	上	息	拓	砺
	A	B	C	D	E

任务2：请编制密码：初一二班。

问题：平面中如何对一个点的位置进行定位？

情境2：剧场服务生

任务1：电影票上写着"1排3座"，你能帮老师找到确切的位置对号入座吗？

任务2：3排1座与1排3座是同一个位置吗？为什么？

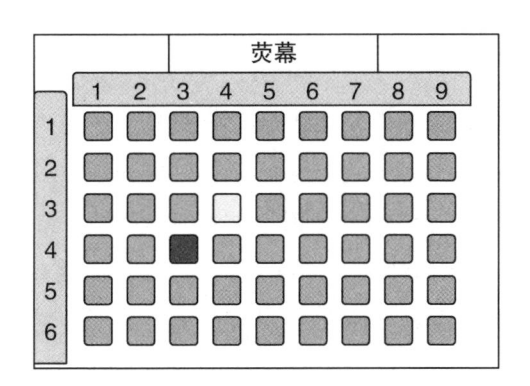

情境3：教室寻人

任务：请你帮老师去教室里找到坐在第2排的第4列的人。

问题：你能确定找的人是对的吗？有什么需要明确的吗？

※ **案例分析**

《平面直角坐标系》作为数轴的进一步发展,是学生在认知上从一维空间到二维空间的跨越,是数形结合、数形转化的理论基础,是代数和几何的桥梁,是一种重要的数学工具。本单元的设计立足于问题情境的创设,赋予原本枯燥的平面直角坐标系一定的现实意义,在解决实际问题中学习知识,避免空洞的说教;立足于知识的发现和发展,让学生在自主探究中,理解建立平面直角坐标系的必要性,应用平面直角坐标系去分析和解决问题;立足于激励与维持学生学习的动力,通过一个个情境、问题与任务的设计,一步一步地引导学生进行自主探究,并及时地加以总结和反馈,调动学生学习的动力并维持好这一学习动力,使学生能积极主动地参与学习,改变传统的学习方式,成为乐于学习而且会学习的人,提高自主学习和主动参与数学实践的能力,从而提高课堂教学的效率。

学习动力是个复杂的系统,教学实践中教师主要是通过外部调控来影响学生的学习动机与学习行为,而学生的学习行为与学习效果又是教师调控学生学习的外部驱动力的重要依据。在这个复杂的动力系统中,教师比较难以把握的是学生学习的内部驱动力。要使外部驱动力与内部驱动力形成一致的合力,首先要理解学生学习内部驱动力的系统运作。通过实验观察与师生交流,可归纳得到学生学习内部驱动力运行机制,如图3-12所示。

从图3-12可以看出,外在驱动力如果是负面的,它就会产生消极的作用,削弱学习的内在驱动力。因此,对获得的学习结果的认知是影响学生学习内在驱动力的至关重要的因素。在教学中,教师要引导学生反思学习过程,评估学习效果,强化对获得的学习结果的积极认知,激发或培养良好、适度的学习动机,使学习动机、学习行为、学习

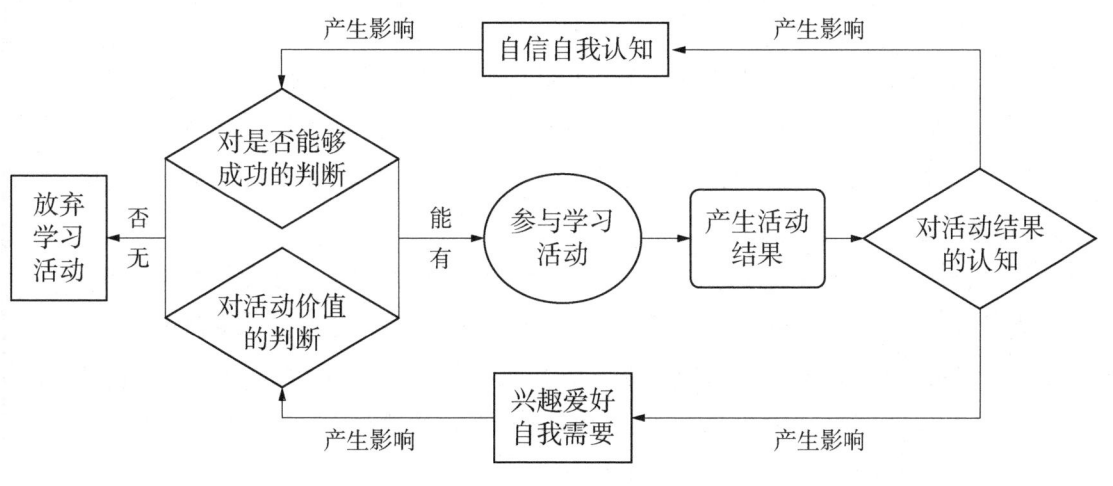

图 3-12 学生学习的内部驱动力运行机制

效果的认知趋于一致,让学习动力激发学生更多的对自己学习结果的正面认知。

(四) 反思促进认知结构的构建

构建认知结构是一个不断反思、梳理与整理的过程,是新旧知识重组、融合并不断结构化、系统化的过程。反思能够让学生适时回顾学习经历,及时修正学习策略、改进学习方法、调节思维过程,提高问题解决能力,体验学科思想与价值。梳理与整理能够让学生回忆、概括、明晰知识之间的联系,实现新旧知识之间的整合,构建知识体系,使知识结构转化为认知结构。

教师要用整体联系的观点解构教材,把握知识的前后联系,洞悉每一个知识点的"源"和"流",弄清知识的"生长点"和"延伸点";要把反思能力的培养作为教学中的一个重要目标,为学生搭建反思平台,在知识的生长点上引导学生反思,进行反思性学习,提升学习的广度和深度,促进学生反思能力的发展;要把自主学习能力的培养作为教学中的一个重要目标,为学生提供精心设计的框图、表格等梳理与整理知识的支架,引导学生挖掘知识间的内在联系,归纳、整理所学知识,建立合理的知识结构,形成知识网络。

(五) 变式训练发展认知结构

教师要创设沟通知识与现实生活的联系,综合情境或问题,引导学生运用方法和规律进行变式练习,让学生在解决问题的过程中修正和改良认知图式。

教学中,教师围绕学习的重点、难点和对知识建构的意图,选择有针对性、典型性、启发性和系统性的问题,设置典型例题和跟踪练习题,通过一题多解、一题多变和多题归一,做到举一反三、触类旁通,调动学生积极性,启发学生思维,提升学生综合应用能力。

例题或习题的解析,要对学习和练习结果进行评价、反馈,对其中暴露的缺陷和不足应及时矫正、补偿,同时从"读题审题—挖掘信息—处理信息—构建模型—规范过程—解决问题—提炼分析思路和解题方法"等环节,深化对所用知识内涵和外延的理解,掌握知识结构应用的思路、方法、技巧和注意事项;养成规范审题和解题的习惯,提升理解、分析、解决问题的能力和迁移应用能力。

(六) 个体学习诊断和反馈

诊断和改进学生学习,首先要收集学生学习的事实、信息与数据,通过实证发现学生个体学习的优势与欠缺,对学生学习进行诊断;其次要反馈学生个体学习情况使学生正确认识自我,反思自己的学习状态、努力程度及学习效果;第三要开展有针对性的个性化学习指导,包括学习的反思、应用、延伸、迁移。

组织学生进行反思、交流,布置分层次跟踪训练、问题探究活动或研究性学习等任务,通过学生的亲身实践,让学生经历思路与方法的形成和提炼过程,充分展示正确的思维与解决问题的方法,暴露错误的思维与方法,表述对没有解决的问题的思考过程。然后点评指导,并与学生讨论相结合,突出思路点拨,为学生提供自我解决问题的思维台阶,实现自己的问题自主解决,深入领会和内化知识体系,感悟问题探究中形成的思路和方法,提高思维品质,促进学生核心素养的发展。

案例 3-11 初中英语 基于学习发生过程的教学组织

遵循语言学习认知发展规律,并给予学生充分的目标语言学习浸润,通过话题引入、话题语汇和话题综合三个学习环节组织教学。具体环节如图 3-13 所示。

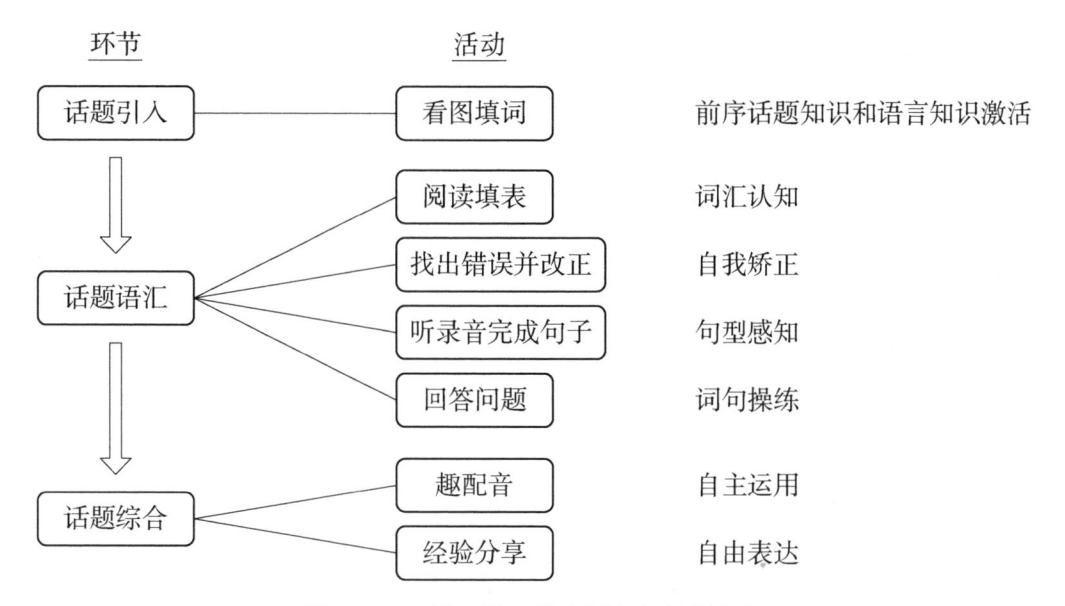

```
环节                    活动
┌──────────┐         ┌──────────┐
│ 话题引入 │────────▶│ 看图填词 │         前序话题知识和语言知识激活
└──────────┘         └──────────┘
     │
     ▼               ┌──────────┐
┌──────────┐    ┌───▶│ 阅读填表 │         词汇认知
│          │────┤    └──────────┘
│          │    │    ┌──────────────┐
│ 话题语汇 │────┼───▶│ 找出错误并改正│      自我矫正
│          │    │    └──────────────┘
│          │    │    ┌──────────────┐
│          │────┼───▶│ 听录音完成句子│      句型感知
└──────────┘    │    └──────────────┘
     │          │    ┌──────────┐
     │          └───▶│ 回答问题 │         词句操练
     ▼               └──────────┘
┌──────────┐    ┌───▶┌──────────┐
│          │────┤    │ 趣配音   │         自主运用
│ 话题综合 │    │    └──────────┘
│          │────┤    ┌──────────┐
└──────────┘    └───▶│ 经验分享 │         自由表达
                     └──────────┘
```

图3-13 基于学习发生过程的教学组织

话题引入： 以话题激活学习，通过"看图填词"，让学生用相应的形容词来描述水的状态和特点。

话题语汇： 以话题语汇学习的指导、讨论、交流展开，通过学生读图、阅读填表，学习表达水的三态变化的课时词汇，并通过完成流程图自主检测认知情况。通过"大家来找茬"(找错并改正)，学生找出poster上的错误(词汇/箭头/图片)，能用"When..., it turns into..."句型进行正确描述，巩固目标语言和文本知识。师生互动，检测是否掌握。通过听录音完成句子，学生听、读说明性文字，辨析文本大意，填写细节信息。开展师生互动，通过"辨析+填词"的形式，检测是否掌握。通过Coupon Game(回答问题)，学生抽取不同难度水平的任务，按照任务要求完成问答，巩固目标语言和文本知识。开展同伴交流检测是否掌握。

话题综合： 以话题语汇运用深化认知，通过Dubbing，学生观看短视频，分析、整理视频提供的信息，运用本课时所学的语汇和知识，并为视频配音。开展小组讨论，组内分享后推选代表进行展示。通过Free talk，学生结合生活实际，自由分享关于水三态在生活中运用的个人体验。能够用本课时的语汇和知识描述现象，并简单解释说明该现象的原理。

三、优化学习的过程设计与实施

学习为中心的教学,要求学生能动、自主的学习活动占据主要或大部分的教学时间和内容空间。首先,在教学时间上,由于一堂课的教学时间总量是一定的,因此要给予学生更多的自主学习的时间,就要尽可能减少教师教的时间。"减少教的时间"主要是指要尽可能减少教师单向地面向全体学生讲授的时间,而不是指减少教师所有的教导行为。相反,由于学生的能动、自主学习是由教师激发和促成的,因此,在学习为中心的教学中,那些能引起和促进学生能动、自主学习的教导行为,如动机激发、方法指导、过程反馈、效果评价、疑难解答、互动交流等,应该增加而不是减少。其次,在教学内容上,凡是学生能自主学习的内容教师要尽量放手让学生自己去学习。教师去除多余的和不必要的讲授,留下更多内容让学生自主探究;教师要将更多的时间和精力用于引起和指导学生的能动、自主学习。

学习为中心的教学特别强调学生在教学过程中的能动参与和主动建构。没有学生的能动参与和主动建构,就不会有真正内化的学习和发展性的学习。基于学生的学情及问题来设计教学的起点,并利用学生感兴趣且基于其已有知识经验和思维水平的活动来组织教学过程,这样的教学才可能保证学生学习的针对性、能动性和有效性。

基于学习发生过程组织教学,要依据课程标准整体设计,让学生带着问题和任务来学习。教师制定全面、准确、具体的学习目标,充分发挥学生的自主性,让学生积极、主动参与教学全过程。教师要根据学生所学的内容精心设计适合不同层次学生的学习任务,使全体学生都有施展的机会,通过回忆、讲解、讨论、实践、思考、分析、比较、归纳,将分散知识系统化、条理化、结构化,实现知识完善、内化、提高;引导学生构建知识网络,学会归纳、总结的方法,提高整合意识,把相同知识按不同方式组合,形成不同的知识结构;最后在迁移应用的过程中自觉地去掌握知识结构。

教学中,教师要提供问题情境与任务,由个体或小组通过回忆或讨论整理所学知识,通过讨论交流,互相启发,捕捉知识间的联系和区别;利用文字、符号、图表等形式,对知识进行梳理,形成网络;再经过教师的引导,师生、生生之间互相质疑、反思与评价,互相补充,体会知识结构之间的内在联系,将原来散乱的感性认识提升为整合的理性思考,提升认知深度,完善认知结构。教师要引领学生从更多角度、更高层次对所学知识、探究过程及运用思想进行梳理和反思,让学生通过观察、比较、思辨等活动,横向拓展知识的联系,纵向拓展知识的生长,促进学生的深度思考,把知识结构内化为认知结构,帮助他们实现知识的自我建构,从而提升学生的元认知能力和学科核心素养。

案例 3-12　高中语文　小说阅读教学设计与实施

聚焦整合式、系统性的以学习为中心的教学,探索以学习者为中心、以学习经历为基础、以学科核心素养的培育为旨归的教学设计与课堂教学结构,如图 3-14 所示。

```
目标解构       评价解构       学习任务解构     实践应用
与建构    ⇔    与建构    ⇔    与认知建构  ⇔
  ↓              ↓              ↓              ↓
单元目标       单元测试       单元篇目        写作:用"限知
  ↓              ↓           祝福/鲁迅        视角"改写《红
课时目标       过程评价      林教头风雪山神庙/  楼梦》中"宝玉
                            施耐庵           挨打"这一部分
                           *装在套子里的人/   的第13—20段
                            契诃夫           提示:结合宝玉
                            促织/蒲松龄       人物形象特征,
                           *变形记(节选)/    设计人物的心理
                            卡夫卡           活动
```

单元目标例举:阅读不同风格的小说,感受小说多样的叙事手法和表达效果,理解作家借叙述、描写传达出的对社会的观察与思考

课时目标例举:分析两篇小说中"人变虫"的多重原因,理解作者借离奇荒诞的情节所表达的社会批判

评价例举:用表格归纳梳理《促织》《变形记》在情节、主题、表现手法等方面的异同,感受两篇小说的艺术特征

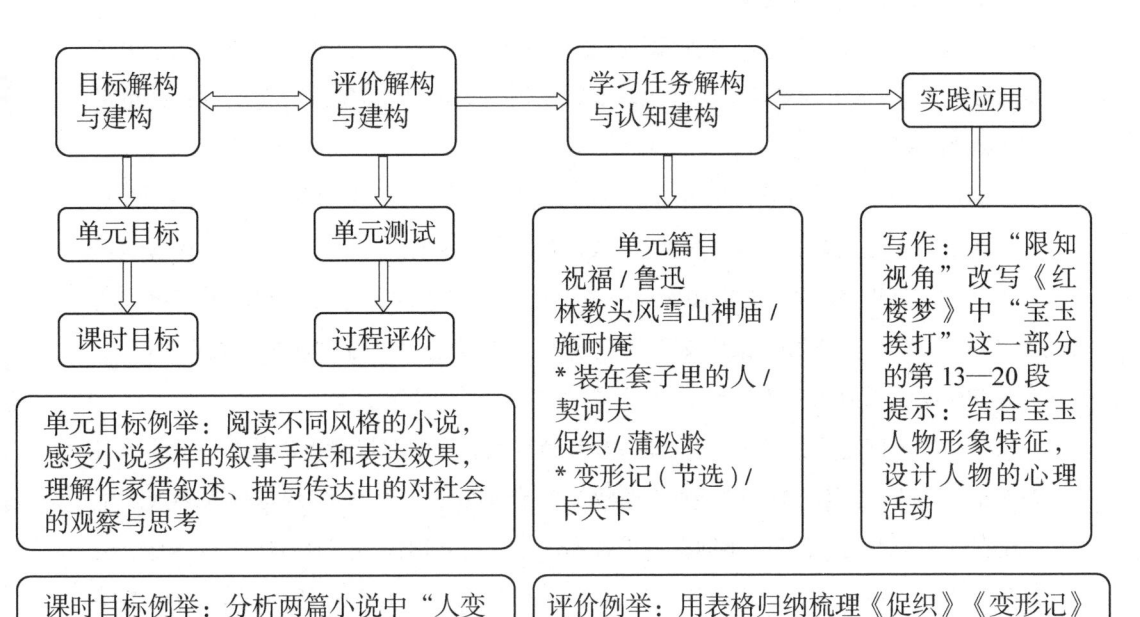

图 3-14　小说阅读教学设计与实施

以学习为中心的教学面向"整体目标"的落实,结果旨在实现迁移,即培养将已学到的知识应用到陌生问题或新情境中的能力。单元学习的综合性和复杂程度,比单课时学习大得多,对学生具有一定的挑战性。教学实践中,教师精心设计的学习任务明确指向整体化目标,让学生在解决复杂的不确定性问题的过程中,协调完成任务的不同方面并且整合知识、技能和态度,发展学科核心素养。因此,教学中需要为学生提供学习支架。

学习支架是学生学习过程中遇到困难时,教师通过某种手段或措施提供的不同形式的引导、支持和帮助,目的是帮助和引导学生内化从事更高的认知活动的知识与经验,完成新的知识和能力的构建,促进学生的发展。

学习支架类型比较多,如情境型支架、目标性支架、任务型支架、资源性支架、交流性支架、评价性支架、问题支架、表格支架、思维导图支架等。教学实践中,不同类型的支架经常会联合使用,下面重点讨论:情境与问题支架、任务与活动支架、信息与资源支架。

(一) 情境与问题支架

创设情境是提出问题的基础,同时,提出一个好问题又可以作为一个新的学习情境呈现给学生;提出问题与解决问题是驱动学习发展的动力,解决问题的过程中也可以发现和提出新的学习问题。

情境与问题支架既要为学生的学习提供认知停靠点,又要激发学生的学习心向。设计情境与问题支架要体现学科特点,紧扣教学内容,凸显学习重点与难点;体现学科知识发现的过程、应用的条件以及学科知识在生活中的意义与价值的一个事物或场景;要有情感性,能激励、唤醒、鼓舞学生,充分调动学生学习的积极性和主动性,具有激发学生学习动力的功效。

情境中的问题要具备目的性、适应性和新颖性。目的性指问题要根据一定的学习目标而提出来;适应性指问题的难易程度要适合学生的实际水平,保证使大多数学生都能处于思维状态;新颖性指问题的设计和表述具有新颖性、生动性,使问题具有吸引学生的力量。要注重联系学生的现实生活,在学生鲜活的日常生活环境中发现、挖掘学习情境的资源;问题应当是学生日常生活中经常会遭遇的一些问题,只有在生活化的学习情境中,学生才能切实弄明白知识的价值。

情境与问题支架从学生认知水平、心理、情感需要出发,从有趣有意义的情境着手,激发学生的求知欲,以"问题链"的驱动,步步引导,环环推进,在一个个问题得到解决的过程中,不断将思维展开,向深层思维发展,帮助学生实现"感知—表象—抽象"的心理转化。

案例 3-13 初中化学 《碳酸钙》情境和问题支架

情境:林则徐虎门销烟。"广州军民在林则徐的领导下,在虎门海滩把鸦片倒入池水中,再加入生石灰,产生大量热来销毁鸦片。"

问题:1. 虎门销烟中用到哪些物质?发生了什么反应?
2. 销烟中用到的生石灰是怎样制得的呢?
3. 如何通过实验来探究生石灰的制取方法?
4. 怎样检验制得的生石灰?

从上述情境和问题支架中可知,情境中包含了学习碳酸钙的性质、用途,及碳酸钙、氧化钙、氢氧化钙的转化等学习目标、内容;情境中还隐含着需要学生思考的问题,为学生的学习提供思考方向与解决问题的认知支点。

教学实践中,情境和问题支架将学习者置于一定的情境中来完成学习任务,应该和教学梯度相结合,教师在课前可先把复杂的学习目标任务分解成若干个支架问题,以问题激发求知欲和内驱力,引导学生真正"卷入"学习活动之中,努力完成整个学习任务,理解知识的内涵,养成良好的思维习惯,以便达到预设的学习与能力建构的要求。同时随着支架的使用和撤去,学习者开始独立探索问题,在发现问题和解决问题的反复探索中,学习者不断地完成知识和能力的自主建构。

情境和问题支架创设有多种方法,包括:(1)故事情境和问题,通过讲述特定故事,将知识寓于形象化的叙述和提问之中,帮助学生思维,引发学生对学习内容产生积极的情绪体验;(2)生活化的情境和问题,将学习内容融合在学生熟悉的生活情境和提问之中,激发学生的学习需要,强化学生主动参与学习的意识,提高解决实际问题的能力;(3)实验情境和问题,使学生把当前未知的学习内容与所呈现的实验现象直接相联系,并以这种联系启迪认真思考实验现象的本质,从而建构当前所学知识的意义。

在教学实践中,教师可根据学习目标、内容与学生认知特点等选择合适的情境和问题支架,把当前所要学习的知识中的基本概念、基本原理、基本方法和基本过程转换为相关问题,诱发学生的好奇心和求知欲,点燃思维的火花。

(二) 任务与活动支架

单元学习,以完成任务的活动为主线,学生成为学习行为中的主体。学生学习新的知识,是通过对单元知识的解构,再与经验进行融合、解释等方式把新知识转变成自己的内部表述。知识的获得是学习个体与外部环境交互作用的结果。

教师搭建合理的学习任务与活动支架,将学习任务与活动相结合,让学生带着任务学习,能有效激活学生原有认知结构中的相关知识、经验及表象,从而使学生利用相关知识与经验去"同化"或"顺应"所学的新知识。在学习过程中,支架引导学生从易到难、从简到繁、有的放矢、循序渐进地在完成学习任务的过程中努力消化知识、探究方法、拓展思路、构建体系,形成获取信息、处理信息、分析问题和解决问题的能力,不断地让学生获得成就感,激发学生的学习兴趣、求知欲望,保持学习动机,使学科核心素养不断地养成与发展。

单元学习活动是在任务驱动下的问题解决,形成知识结构与发展学科核心素养的重要过程。教学实践中,教师要尽可能设计不同类型的任务与活动支架,这样有助于多角度、多层面提升学习过程的价值水平;尽量安排一些学生自主的学习活动,或者在学习活动中合理安排自主学习任务,通过活动建立不同学习任务的关联。

案例 3-14 初中语文 《朝花夕拾》单元学习任务与活动支架

本单元设计中,教师设计了五个任务支架和列表格、画思维导图、认地图等活动,让学生进行独立探索学习,借助任务与活动支架完成了学习挑战,实现阅读的过程路径化、思维可视化,如表 3-20 所示。

表 3-20 《朝花夕拾》单元学习任务与活动支架

任务支架		活 动 支 架
阶段Ⅰ 自由 泛读	任务一： 梳理散文集中的人&事表格	整理篇目对应事件表格与人物名片卡 | 篇名 | 事件 | 人物名片：＿＿＿＿＿ | | |---|---|---|---| | | | 与鲁迅关系 | 简笔图绘 | | | | 外貌特征 | | | | | 相关事件 | | | | | 性格特点 | | | | | 鲁迅对他/她的情感态度 | | | …… | …… | 其他 | |
阶段Ⅱ 单篇 精读	任务二： 绘制散文分类思维导图	整理单篇散文感情脉络梳理表 分类讨论交流记录单 《朝花夕拾》十篇散文分类交流记录单 参与者：　　　　记录者：　　　　讨论日期： 十篇散文有何异同： 可以把他们分成哪几类？分类标准是什么？ 存在争议和困惑的信息： 文中依据（摘录）：

续 表

任务支架	活动支架
	最终解决争议的方案： 理由： 对于本次讨论的自我评价（按满意度填涂） ☆☆☆☆☆
	散文分类表（略）
阶段Ⅲ 文集 整读 任务三： 绘制散文撰 集的心路历 程图	各篇散文创作时间、地点与情感态度变化梳理表（略） 散文集的心路历程思维导图 不满现状　　向往美好　　厌恶旧文化　　　　　　汲取力量 同情弱小　　怀念温暖　　忧患于现状　　　　　　在黑暗困境 　　　　　　　　　　　不断追求进步　　　　　　中坚定斗争 《狗猫鼠》　《阿长与〈山海经〉》　《父亲的病》　《藤野先生》 　　　　　《二十四孝图》　　　　《琐记》　　　《范爱农》 　　　　　《五猖会》 　　　　　《无常》 　　　　　《从百草园到三味书屋》
任务四： 绘制《小引》 与各篇中"当 下"情感与思 想状态的印 证关系图	创作背景梳理表（略）
	文本创作阶段的作者经历图（略）
	《小引》与各篇中"当下"情感状态的印证关系图（略）

续　表

任务支架	活 动 支 架
核心任务　《致1927年鲁迅先生的一封信》	《朝花夕拾》任务回顾小组记录单（略）
	《致1927年鲁迅先生的一封信》写作要求单
	《致1927年鲁迅先生的一封信》
	写作要求： 1) 使用第二人称，注意书信体格式； 2) 结合自己所处的当下聊聊读《朝花夕拾》时最有感触的地方（至少三处），展开论述； 3) 尝试解读"朝花"之所以"夕拾"的意义； 4) 文字要有一定的思维深度，能够主动思考现实的人生（不得直接概括散文内容）； 5) 不少于800字。

﹡案例点评

《朝花夕拾》单元学习活动从单篇散文情感脉络的把握走向整本散文集情感脉络的梳理，再到探究散文集创作当下的作者的生存处境及思想情感状态，构成读散文集的一般性阅读思路。在学生完成学习任务与活动的过程中，教学一方面要鼓励学生深入文本，跨越时空隔阂，解读文本语言背后的深刻意蕴，另一方面要时时注意引导学生对阅读方法与路径进行反思，从而达到"读一本，会一类"的教学成果。

学习任务打破了传统学习方式中的线性排列模式和逐点突破的推进模式，与以往学科知识点的简单汇聚不同，它是为解决问题、提高核心素养而设计的一组学习任务与活动，并使其形成阶梯式的任务与活动链条，用以实现某种能力的提升。设计任务驱动活动支架，就是以解决问题、完成任务为主的多维互动式的学习活动，引领学生穿越"最近发展区",使他们从已有发展水平顺利过渡到潜在发展水平。

(三) 信息与资源支架

教学过程是信息传递和转换的过程。学生的学习过程是信息传递、加工与储存的过程;教师通过讲授、教材、视频、课件、资源库、互联网等向学生输入学习信息,并为学生提供信息传递、加工与储存的学习支架。

认知过程并不都是简单的过程,学生在从获取信息到加工与储存信息,再到输出信息中,有一项关键性的任务,就是从各种信息中找寻出事物内在的、本质的联系,以知识的形式指导学习者获取实践中创造的技能,并在与环境的交互过程中形成核心素养。

信息支架的设计从问题开始,分析信息需求,从而确定提供信息支架的类型。信息支架的种类主要有:信息输入支架、信息存储支架、信息处理支架、信息加工支架、信息输出支架、信息反馈支架等。

为了保障学习活动的有序、有效开展,教学实践中,提供学习与实践资源必不可少。因此,教师需要根据学习目标,综合学生年龄特点、认知发展水平、单元学习任务等方面的要求后,对整个教学过程中所需要的课程资源做前期的分析与设计,做到有针对性和目的性,筛选适合的文献资源、图书资源以及报纸、杂志、网络、电视节目、电影等资源,还有课外阅读、实践等资源,为设计资源支架提供服务。

信息支架的提供需要丰富的课程资源,教师要把筛选的资源和学科教学中所涉及的问题联系起来,分析这些资源在哪个环节可以做成学习支架,使学生能够向更高的层次前进。

案例 3-15 高中英语 在线协同的写作教学

* 单元分析

本单元围绕"文化习俗和传统"这一话题展开,属于"人与社会"主题语境,"历史、社会与文化"主题群。通过整个单元的学习,学生以视听读的方式了解了各国传统和习俗,通过说和写的方式输出自己对这些方面的理解。

本节课是单元的第五课时。在此之前,学生了解了世界各国成人礼活动,基本构建了关于成人礼仪式和意义的词汇语义网。学生已具有一定话题知识和词汇储备,以及一定的段落结构意识,为本节课中有效地开展写作活动打下了较好的基础。在后续的单元学习中,学生还将通过总结和对比不同传统节日的文化差异,探究各国在问候、拜访、饮食与着装方面的特点和文化差异,提升跨文化交流能力和合作学习能力。

* **课时目标**

1. 能运用"主题句—支撑句—总结句"的说明文段落结构以书面形式介绍中国成人礼;

2. 能依据说明文段落评价标准评价同伴作品;

3. 能参考同伴互评修改段落。

* **主要教学活动**

本节课主要由四个教学活动组成:

活动1:课前预习,学生通过观看上海市空中课堂,了解本节课的写作任务,学习相关写作策略,对应课时目标第一条;

活动2:对活动1的检测和深化,通过师生互动和头脑风暴,检测学生课前预习的成果,并进一步学习说明文段落的写作方法和策略;

活动3:学生以小组为单位,搜集和筛选相关的写作素材,利用在线编辑软件进行小组协同写作,完成初稿;

活动4:学生通过网络工具,进行在线互评,反思写作中存在问题,修改自己的作品。

* **案例点评**

写作课时间不够用一直是一个令老师们头痛的问题。写作课上教师经常会花费很多课堂时间传递写作知识,教授写作技巧,导致分配给真正进行写作实践的时间较少,而写后的评价和修改更是难以深入,效果不佳。因此,本节课中教师尝试应用现代信息技术,丰富课程资源,拓展学习渠道,提升教学效益。具体体现在以下几个方面:

1. 利用空中课堂资源，实现课前自主学习。教师有效地利用上海市空中课堂这一优质的课程教学资源，让学生通过观看相关教学内容，进行自主学习。学生可以根据自身的情况，以不同的节奏来学习空中课堂的视频，可以就难点和兴趣点自行深入探索，为课堂上的写作实践打好基础。课前自主学习能够保证学生在课堂上有较充分的时间开展写作和评价活动，既有助于提升教学效益，也有利于培养学生的自主学习能力。

2. 利用在线编辑软件，实现小组协同写作。本节课中教师尝试应用在线文档编辑软件，使得多人同时在线编辑同一文档成为可能。协同写作集中了多人的智慧，可以减少写作时间、提高作品质量，更重要的是能够让每一个学生都能真正参与到写作任务中，激励他们积极思考，投入小组讨论和写作产出，通过合作以各自的优势去促成小组任务的完成，而不会让英语水平较弱的学生成为任务中的配角。

3. 利用网络交互功能，实现即时多元评价。小组协作完成写作任务后，学生依据教师提供的checklist进行在线同伴互评。在这一过程中，教师也可以实时监控各小组的完成情况，并提出自己的评价意见。本节课的课后作业便是各小组依据同伴和教师的评价意见，修改自己的作品。

本节课中现代信息技术的应用，使课堂得到了延伸拓展，极大地改变了教学生态。学生成为课堂时间的真正主人，在多元的学习模式中提升语用能力，优化学习策略，发展高阶思维。

学生的"学"就是不断地、积极地建构自身认识结构的过程；而教师的"教"则是为学生搭建一个必要的脚手架，支持学生不断地自我建构，通过支架作用帮助学生完成意义的建构，内化新知识，同时也可以使学生的学习上一个台阶。当学生利用支架完成学习任务时，学习支架自动撤销，在学习过程中，学生的自主能力逐渐体现，认知能力不断发展。教师设计学习支架时应遵循以下原则：

第一，针对性。设计学习支架必须遵循学生的思维发展水平，针对学生在解决问题中遇到的具体问题与困难提供相应帮助，能引导学生独立学习、独立思考、独自解决问题。

第二,适时性。提供学习支架时,时间上必须恰到好处,要在学生经过思考仍然无法解决的时候,适时给予支架帮助。支架过早提供,学生没有充分的思考时间、空间,会限制学生思维的发展;支架过晚提供,会挫伤学生学习的积极性和学习兴趣。因此,适时提供学习支架是教师教学能力的体现。

第三,互动性。学习支架提供后,教师要指导学生应用支架进行自主学习,帮助学生应用支架与学习材料进行不同方式的互动,直到真正完全能进行自我指导。学生要理解教师提供支架的意图并对其做出回应。

第四,渐退性。学生只有依靠自己才能进行学习,没有人能替代另一个人完成学习,只有自主学习才能赋予学习者以意义。教师提供学习支架的目的是促进学生思维能力的发展,当学生能够顺利解决问题后,支架就要逐渐移走,给学生更多的意义建构空间,成为一个独立的学习者。

教师根据不同学习目标、内容、学情,在学生学习的不同阶段为其提供不同形式的学习支架,引导学生深度思考、自主探究,进而可激发学生的发散思维,培养学生运用所学知识和技能解决实际问题的能力,最终可实现学习者能主动建构并内化知识和经验,促进自身能力的发展。

四、学习为中心的几种教学样态

围绕以学习为中心的教学基本模型,我们对区域内广大教师的课堂教学进行观察与分析,发现在教与学形态上还有许多共性特点,运用富集与萃取方法,提炼出了四种学习为中心的教学样态。

(一) 基于知识理解的有意义学习

基于知识理解的有意义学习,即有意义的接受式学习,是学生通过教师呈现的现成的、定论的学习材料,与自己已有的认识结构联系起来,并储存在认知结构中,以实现对这种学习材料的掌握的学习方式。这是目前学生学习的一种主要方式,这是由学生学习的主要任务决定的。学生的主要任务是用最快捷有效的方式学习人类经过长期的实践与认识活动积累的大量、丰富的科学文化知识。

有意义的接受式学习并不是机械的和被动的,它是学生以思维为核心的一种理解性的学习。其特点是学生身与心、认知与情感、逻辑思维与直觉等的和谐统一,是学生积极主动地解构自己原有的知识经验,对教师所传授的知识进行选择、理解、整合和内化的过程,并在这一过程中通过同化或顺应使新知识纳入到自己原有的认知结构之中,重构自己的认知结构,以达到对新知识的把握和理解。

由于有意义的接受式学习可以使学生大量、快速地掌握知识,又可以避免认识过程中许多不必要的曲折和困难,有着其他学习方式所不能代替的优越性,被学习者广泛使用,是学习者主要的学习方式之一。因此,在教学实践中,适应于有意义的接受式学习的有意义的传授式教学也被教师广泛应用。

有意义的传授式教学,即教师通过提供有逻辑意义的学习材料,传授系统知识,训练基本技能,同时激发学生有意义学习的心向,挖掘人的记忆力、推理能力与间接经验在掌握知识方面的作用,促进学生利用原有认知结构同化新观念的相应知识,比较快速有效地形成新的认知结构的教学。有意义的接受式教学中,讲授与讨论是最基本的方法。教师的讲授是启发式、有重点、有针对性的,如讲述、讲解、提示、提问等;讲授还包括学生之间的学习交流,如学生谈看法、谈观点、讲自己的疑惑及与他人的不同认识等。讨论包括议论、辩论、争论等。教学实践中,有意义的传授式教学需要教师通过解构激发起学生进行有意义学习的意向,即学生把新知识与认知结构中原有的有关知识联系起来的意向;提供的学习材料对学生具有潜在意义,且可以与学生认知结构中有关知识相联系,使学生原有认知结构经过吸收新知识而得到改造和重新建构。

在有意义的传授式教学中教师的作用主要是激发学生的学习动力,科学传授知识信息,支持学生的有效学习。其主要的活动是:一是提供先行组织者,即为学生提供先于学习任务本身的引导性材料,这种引导性材料比新学习任务更加抽象、概括和综合,并能清晰地反映认知结构中原有的观念和新的学习任务的联系,以此来促进学生对新知识的理解。二是输入新的知识信息,即通过讲解、讨论、录像、作业等形式,为学生提供新的学习信息与学习任务,并创设有助于学生观察思考、分析辨别和抽象概括的情境。学习情境能使原有的认知结构与新的学习内容之间发生认知冲突,产生学习新知识的心理需要,同时还有为学生学习提供支架支持。

案例 3-16 初中数学 全等三角形

提供先行组织者：阅读教材 P116—117 内容，画图并思考：已知线段 c 及角 α ($0°<\alpha<90°$)，画 $\triangle ABC$，使 $AB=c$，$\angle A=\alpha$，$BC=a$，其中线段 a 的长度取何值时，能且只能画出一个 $\triangle ABC$？

结论：如图，当 $a=d$ 或 $a\geqslant c$ 时，根据上述条件能且只能画出一个 $\triangle ABC$。

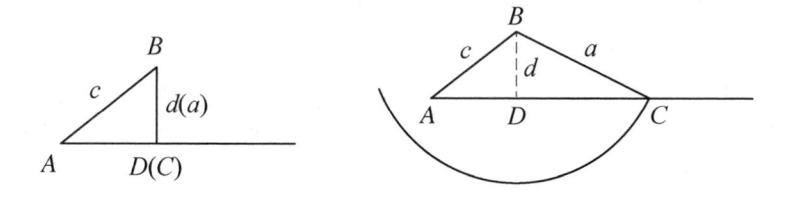

设问：在特定条件下，边边角是否能判定两个三角形全等？是什么条件？

讲解：画图并引导学生思考，已知线段 c 及角 α ($\alpha=90°$)，画 $\triangle ABC$，使 $AB=c$，$\angle A=\alpha$，$BC=a$，其中线段 a 的长度取何值时，能且只能画出一个 $\triangle ABC$？

讲解：画图并引导学生思考，已知线段 c 及角 $\alpha(\alpha>90°)$，画 $\triangle ABC$，使 $AB=c$，$\angle A=\alpha$，$BC=a$，其中线段 a 的长度取何值时，能且只能画出一个 $\triangle ABC$？

结论：如图，当 $a>c$ 时，无论角 α 的大小如何，都能且只能画出一个满足题意的 $\triangle ABC$。

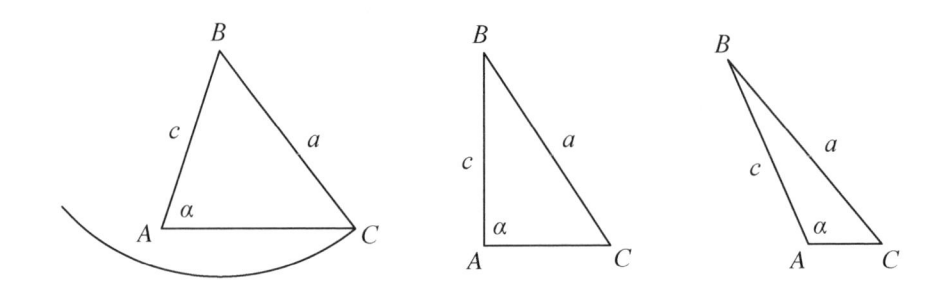

当 a、c、α 三个元素满足某种特殊的数量关系（$a=d$，d 是点 B 到 AC 的距离）时，BC 恰好垂直于 AC，此时也存在唯一确定的 $\triangle ABC$。结合先行组织者所得结论，可知当边边角中的角 $\alpha<90°$ 时，若角 α 的对边 $a=d$ 或 $a\geq c$ 时，可画出唯一确定的三角形，在此基础上，分别以角 $\alpha=90°$、$\alpha>90°$ 为前提，讨论线段 a 与 c 之间满足怎样的数量关系才能画出唯一确定的三角形。进一步渗透有序分类的思想，让学生学习并尝试运用从边、角这两个元素入手研究三角形的一般方法。

为了获得良好的教学效果，组织者本身必须是易学的，而且必须用熟悉的术语把它们叙述出来。先行组织者可以分为陈述性组织者和比较性组织者。

陈述性组织者是在学生面对新的学习任务时，认知结构中缺乏适当的上位观念可以同化新的知识概念，教师可以设计一个概括与包容水平高于要学习的新材料的组织者，有意识地将新学习的知识概念与原有的上位知识概念加以联系，以便学生获得一个可以同化新知识概念的认知框架,其能把一种低位新学习的知识概念通过概括纳入到高位的结构中去,从而充实高位结构,不断促使学生已有的认知结构发生改变或创新。

比较性组织者是学生面对新的学习任务时,认知结构中已经具有了可以利用的同化新知识的适当观念,但原有观念不清晰、不稳定,或者对新旧知识之间的关系辨别不清,学生难以应用,教师可以设计一个揭示新旧知识异同的比较性组织者,指出新旧知识的异同,增强原有的起固定作用的观念的稳定性与清晰性,增强新旧知识之间的可辨别性,为学习新的知识概念提供稳定的固定点。

有意义的传授式教学中,学生首先通过大脑记录外界输入的信息,并对输入的信息主动地选择,并尝试解释,原有的认知结构就会与新的学习内容之间发生相互作用,学生消化、吸收、整理所获得的信息,通过同化和顺应把新信息融入自己的认知结构之中。在这个过程中教师通过提问了解学生是否理解学习内容,是否把握了每个要点与整体知识结构的关系;鼓励学生提出问题、表达观点,从而主动地理解新信息的意义,建构新的认知结构。其次运用在相互作用中形成的新的认知结构来解决问题,积极地进行推理,得出新的假设,发现可以运用这些知识的新情境和新方法,通过多样化的练习,实现知识向能力转化。

建构需要经历一个不断深化的过程,有意义的接受式学习不只在于学习者能够储存多少知识,更主要的是获得知识的质量及是否能把知识灵活地迁移运用到各种相关的情境中。在有意义的接受式教学过程中,教师充分发挥主导作用与学科知识结构的内在功能,确定学习目标,选择或设计先行组织者,激发学习动机,选择适当的教学媒体、教学内容,促进学生建立新旧知识之间的有意义的联系;选择和设计适当的自主学习策略和协作学习策略,促进学习对知识意义的建构、理解、保持、迁移和应用。学生参与课堂学习,通过接受、操作、讨论、交流、追求理解、深入思考、积极主动、兴奋愉悦等认知、情感参与,发展思维能力,提升学习品质。

(二)基于问题探究的发现式学习

问题探究的发现式学习是指在教师的启发下,学生通过自觉的、主动的探索所要学习的知识和解决问题的方法及步骤,研究所学知识的属性,发现知识与知识的内在联系及规律,形成自己的概念与认知结构;在探究问题和解决问题的过程中形成迁移,发展思维的一种学习方式。这种学习方法能使学生的内在学习动机得到充分激发,能提高学生独立解决问题的能力、创造能力和创造精神,因此教学实践中,在教师的不断要求与鼓励下,目前也是学生使用比较多学习方法。为了适应学生问题探究的发现式学习,问题探究的发现式教学也是广大教师普遍使用的方法之一。

问题探究的发现式教学是指教师不是将学习的内容直接提供给学生,而是向学生提供一种问题情境,让学生自己探索解决问题并得出结论,发现知识,自觉参与认知结构的建构,并运用新的认知结构再去解决新的问题的一种教学方法。

问题探究的发现式教学要求学生的学习围绕复杂的真实问题展开,教师启发、引导学生在发现问题、解决问题中去思考、去观察、去操作、去探究问题背后隐含的概念和原理;激发学生学习的内在动机与创造性思维,发展自主学习的技能,促进学生的自主探究以及对学习内容和过程的反思。学生在主动解决问题的进程中自己收集证据,思考发现知识,并对学习内容进行重新组织或转换,建立相应的认知结构,并加以创造性的应用,在应用中发展自己的核心素养。

问题探究的发现式教学中,教师的主要任务也不是向学生传授现成的知识,而是为学生发现知识创造条件和提供帮助,充分调动学生参与学习的主动性,让学生在发现知识和规律的过程中获得成功的快乐体验,提高核心素养;学生的主要任务不是接受和记住现成的知识,而是参与知识的发现过程,在问题的驱动下,进行积极、主动的思考,提出要解决的问题和设想,然后经过分析和操作等过程,对学习对象进行加工、改组,最后从中归纳出结论,并用之来解决新问题。

问题探究的发现式教学以问题探究为基础来展开学习,教师把学生所要学习的内容设置到复杂的、有意义的问题情境中,学生通过自主探究,发现知识,合作解决真实问题,来学习隐含于问题背后的知识,形成解决问题的技能,并形成自主学习的能力。特点是教师起指导作用,学生是整个学习活动的主体,无论是学习目标,还是教学过程,更多关注的是学生的学,学生在有意义的"发现学习"中,其元认知、动机、行为都能得到积极有效的参与。目的在于最大限度地发挥学生学习的积极性、主动性和发展学生的各种能力,培养他们的探索与创新精神。主要采用让学生自主探索、研究、讨论、争论、辩论的开放教学方式。

案例 3-17　小学自然　《沉与浮》

单元课时设置以及学习水平界定见下表。

表 3-21　《沉与浮》单元课时设置以及学习水平界定

学习内容	课时	活动方式	学习水平
水的浮力	1	体验、观察、实验	A
影响物体沉浮的因素	1	观察、模拟、实验	A
怎样使下沉的物体浮上来	1	观察、实验、阅读	A
空气的浮力	1	体验、观察、实验、阅读	A

第 1 课时　水的浮力

✳ 主要教学过程

探究问题：探究影响浮力大小的因素。

活动要求：通过探究实验，知道物体在液体中受到的浮力大小与物体浸在液体中的体积有关，设计实验、收集数据、分析得出结论。

问题情境：分别测量并收集钩码在空气中，在水中浸入小部分、大部分和浸入全部时测力计的数据。

活动任务：收集数据并分析。

活动指导：注意测力计挂钩不入水，边实验边如实记录，小组合作；数据分析时注意由活动到结论需要推断。引导对比不同小组的数据，进一步分析不同小组数据的不同说明什么。

活动过程：①观察测量小球所受浮力的活动过程中测力计的示数变化。②思考：测力计示数的变化意味着什么？③做出假设，并设计活动方案；根据方案活动收集数据，分析数据与现象，完成活动方案与记录单。④表达交流，并推断结论得出影响浮力大小的因素，完成活动评价单。

表 3-22　活动方案与记录单

被测物状态	空气中	浸入水中的体积约 1/3V	浸入水中的体积约 2/3V	浸入水中的体积约 V
测力计的示数（牛顿）				
浮力（牛顿）				

表 3-23　活动评价单

评价维度	活动要求	达成情况
学业成果	完成测量物体在水中不同状态的受力	
学业成果	分析推断知道影响物体浮力大小的因素	
学习习惯	合理分工，有序合作	
学习习惯	收纳材料，桌面整洁	

（备注：达成相关活动要求的，可以在"达成情况"一栏中填入一颗"☆"）
得到的星星数：_____。（满星为 4 颗）

* **案例分析**

本课时中，教师首先创设实验情境，引导学生思考：测力计示数的变化意味着什么？体验水的浮力，测量水的浮力的大小。在测量水的浮力大小的过程中，教师有意识地引导学生观察，当被测物浸入水中时，随着浸入水中部分的变化，弹簧测力计的示数的变化，由此引出本活动的问题，进而假设、设计方案、探究。

在这个过程中,学生在活动中发现问题,并能结合活动现象进行假设、实践并分析交流得出结论,从中提高了观察能力、设计实验的能力;在活动中,学生收集证据的意识、分析交流能力都会得以提升,从而促进核心素养的培育。

在问题探究的发现式教学课堂上教师引导学生围绕问题进行探究,学生主动地进行发现问题、提出问题、解决问题、收集与处理信息、表达与交流等探索活动,并在解决问题的过程中发现知识、建构认知结构的过程。具体的探究活动一般有以下几个步骤:一是教师为学生提供学习支持和丰富的多种媒体信息来源,以帮助学生成功地找到解决方案;二是整个学习过程中学生努力寻找解决问题方案,并自主探索发现以获得知识;三是学生通过自己的探究活动归纳出结论,在与同伴、教师的交流中完善自己的发现与结论,再把结论纳入到自我认知结构中,形成新的认知结构;四是根据自己"发现"的知识与新的认知,尝试完成新问题的解释与解决,锻炼自己独立思考、发现和解决问题的能力。

运用问题探究的发现式教学时,教师适时地进行教学总结非常重要。在学生的自主探究中,学生发现的知识总是零散的,缺乏系统性与结构化,教师可适时地引导学生将自己发现的知识进行系统化与结构化;还要适度地指导与点拨,避免过度强调知识的系统总结而限制学生的思维;总结之后,应为学生提供针对性的应用新知解决问题的新材料和练习,同时提供合适的评价内容和评价方法。

问题探究的发现式学习是以问题驱动的,因此问题情境的设计是重点。教师将教学内容转化为学生学习的探究问题,把问题融入情境之中,能刺激学生发现的兴趣,通过发现可以为学生带来内在学习兴趣的激发,使学生从发现活动中体味到发现的乐趣,将外部活动刺激转化为内部学习动机。

问题探究的发现式学习也是一种发散式的创造思维过程,不同的学生所采用的学习路径、所遇到的困难各不相同,需要教师在学习环境中确定学习任务,设置关键点,组织学习活动,引导学生循序渐进地发现问题,收集信息,开展讨论,归纳总结,反思、升华所学知识的意义建构。

问题探究的发现式教学中,学生是积极主动的学习者,从提出问题、分析问题、发现知识,形成共识、新旧知识作用到反思概括的各个环节,都是在主动地解决问题、建构知识,而教师的作用是引导、协调、鼓励和反馈,支持学生主动地开展学习,教师是学习活动的促进者。

（三）基于实践活动的体验式学习

体验式学习是学生在已有经验的基础上，经历实践过程，通过反复观察、感受、实践、探究、反思，对认知、情感、行为的内省体察，心灵感悟，最终获得知识、技能，形成核心素养的学习方法。由于学校教育时空的限制，学生在学校基于实践活动的体验式学习机会相对比较少，随着课程教学改革的深入，学校、教师已经重视基于实践活动的体验式学习，在不断增加学生体验式学习的机会。为了促进学生体验式学习，基于实践活动的体验式教学也被许多教师采用。

基于实践活动的体验式教学是以学生实践活动为主，引导学生通过具体体验、观察反思、抽象概括、行动应用等寻求未知的实践过程，是获取直接知识、完成经验的内化与意义建构，唤起创造潜能，发展核心素养的一种教学方法。教学过程中，教师要引导学生通过亲身实践，并根据以往经验从行为体验和内心体验两个层面，对所实践研究的事物产生内心的感知与体验，从而激发学生的学习兴趣、训练学生的能力、促进学生对所学内容的理解、建构与应用，发展核心素养。

实施基于实践活动的体验式教学，关键是教师要创设有意义的实践活动，从实践活动出发设计教学活动，使学生置身于真实的实践情境中，激发求知的欲望，发挥自身的潜力；引导学生亲身实践，形成结论，获得体验。通过案例学习、实地考察、亲身体验、讨论、小组活动、思考领会、感悟等，逐步提高学生的核心素养。实践活动的目的不是为了实践而实践，重要的是要让学生通过实践活动有所体验、有所感悟，实现从感知到领悟的内涵转换与从领悟到应用的外延转换。

内涵转换是学生通过直接感知与实际操作，对具体体验结果进行再观察、再思考，抽象概括出一般原则的过程；外延转化是学生对抽象概括的一般原则进行迁移或应用的过程。

基于实践活动的体验式教学中内涵转换需要外延转换的检验，即内涵转换所形成的认知需要由外延转换的过程去检验与丰富完善，使那些认知与体验产生迁移。应用是学习的最终目标，学生通过行动应用来检验从其亲历中和反思中获得的认知和情感体验是否真正具有意义，并与自己原有的认知结构和感悟融合，在内涵转换和外延转换的过程中完成经验的内化和意义的建构。

案例 3-18 高中生命科学 《植物生长发育的调节》

本单元主要学习内容有植物生长素的探究、生长素的作用机理及应用组成。教学中让学生经历达尔文实验、完善杰逊实验、探究温特实验、自主设计实验,探究不均匀分布的原因、分析不同浓度生长素对植物根的影响、完成关于植物激素应用材料的分析等学习活动,获得实验探究的体验;通过小组讨论、实验观察,多个思考与反思体验实践活动和经历,分析与归纳实验的现象和结论,发现生长素在调节植物生长时表现出两重性;学会分析植物适应环境的内在机理,解释光、重力等因素参与植物生命活动的调节的作用,举例说明主要植物激素的作用和在生产上的广泛应用,提出生产实践方案。

∗ 实践活动

1. 植物的弯曲生长是生长素分布不均衡的结果。那么是生长素在两侧合成量不同,还是从向光侧往背光侧运输了呢?请你画出实验设计图,验证你的假说,并预计实验结果。

2. 请以下图为参考,画出实验设计图,验证是否有化学物质从上往下传递,并预计实验结果。

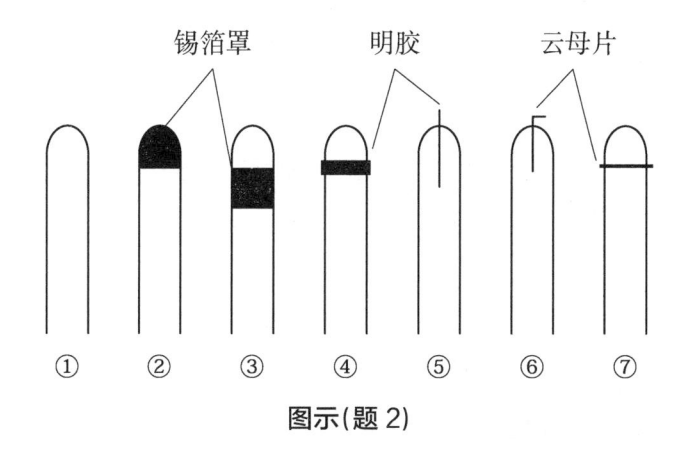

图示(题2)

实验材料：胚芽鞘、台灯、纸箱

　　　　　明胶(水和化学物质可以透过)

　　　　　云母片(水和化学物质不可以透过)

你的实验设计图：

预计实验结果：

3. 绘制生长素浓度与根、茎生增长量的曲线图

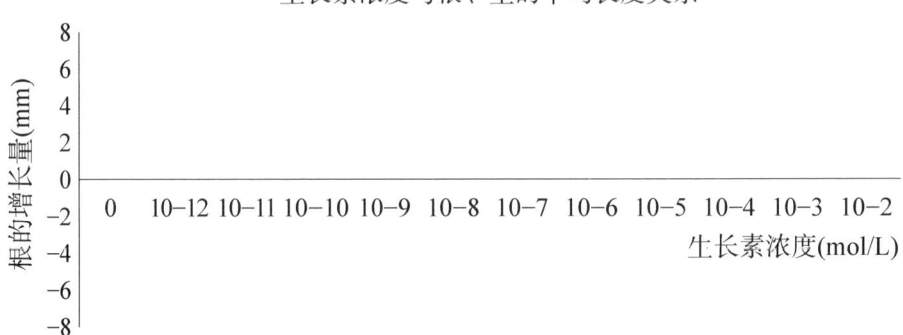

生长素浓度与根、茎的平均长度关系

4. 材料分析

材料1：从下图中分析,双子叶杂草和单子叶农作物哪个对生长素更为敏感？要除去单子叶农作物中的双子叶杂草,你有何妙招？

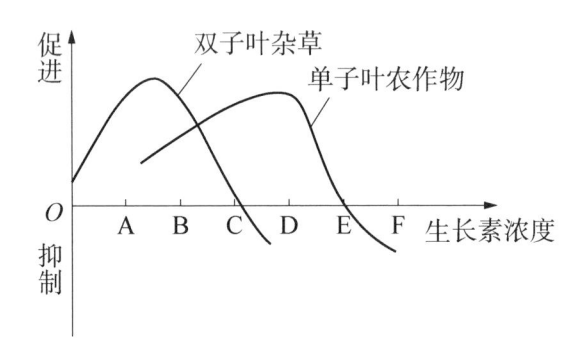

材料2：绿色开花植物在传粉受精后,胚珠发育为种子,种子会产生生长素,促进子房发育成果实。为了培育无籽番茄、黄瓜,可以采用什么方法？

※ **案例分析**

本单元的教学展示了生长素探究史的实验,引导学生根据有关实验,自主得出实验结果;通过实验分析,自主得出一般生物规律,并将生物规律应用于实际案例,培养锻炼分析能力、迁移能力等学科知识的应用能力。引导学生自主设计实验,根据示意图,能自主对植物激素作用机理进行探讨,根据提供的实验数据,能对实验数据进行分析,从而得出生长素具有两重性的结果。最终,引导学生将生长素的性质应用于实际生活。在这一过程中,始终以学生的学习为中心,教师为学生搭建学习、思考台阶,学生通过实践、思考,层层深入,并最终将获得的知识迁移、应用。

教学中,教师应该引导学生手、眼、口、脑等多种感官参与,通过读读、写写、说说、练练、做做、想想、比比、评评等实践操作,让学生观察、感知、思考、总结、反思、领悟和发现真知,使学习成为一个体验过程,增进学生学习的信心,提高学生的实践与创新能力,促进学生的核心素养的发展。

体验式教学重视的是学生的体验。实施体验式教学,首先就需要体现学生在课堂中的主体地位,将学生作为体验式学习的中心,发挥学生的主动精神。第二,教师要发挥引导作用,尊重学生的个性发展,从学生的实践活动角度出发设计教学,引导学生积极主动地参与到实践活动为主导的学习之中,在实践活动中获得知识与情感体验。第三,教师把传授的知识融入能激发学生兴趣的实践活动中去,为学生的实践活动提供时空与支架工具,将被动学习变成主动实践体验的过程。第四,引导学生体验时,要尽量使学生从外在的环境和内在的心境两方面,都感到自己正处在真实的实践之中,而不是在一种被安排好的系列活动之中,使学生成功地进入认知、情感与行为整合的体验与思想交流之中。通过基于实践活动的体验式教学,让实践活动与学生的认知需要及情感体验发生关联,实现从经验升华为体验与核心素养的形成。

(四) 基于人工智能的个性化学习

人工智能与数字化环境的协同,形成信息化、智能化、移动化、数字化、个性化学习新形态。人工智能融入课堂教学,使教学活动立体化,教师与学生、教师与人工智能、学生与学生、学生与人工智能之间的信息沟通和交流互动更加生动灵活、更加多元化,师生、生生之间可实现全时空的持续交流。

基于动态学习数据的收集和挖掘分析,对学生学习全过程及效果进行数据化呈现,依靠数据精准地掌握学情,基于数据进行教学过程的决策,有的放矢地组织及调整教学。根据学生学习行为地图,为学习者提供了形式多样的丰富的学习资源,如电子教材、微视频、图片、语音等学习资源,根据学生的个性化特点和差异,个性化针对性推送学习资料,如数字化作业、网上测试等,满足学习者个性化的学习需要,帮助学生固强补弱,提高学习效果。

人工智能动态伴随式学习评价,贯穿教学全过程,课前预习测评与反馈、课堂实时测评与反馈、课后作业评价及跟踪反馈,动态的学习诊断分析及评价信息反馈,为师生提供及时调整教与学的目标、内容、进程的方向。

以上这些都为基于人工智能的个性化学习提供的基础。目前基于人工智能的个性化学习已经成为一种趋势,为了适应发展趋势,基于人工智能的个性化教学,也已经在学校中兴起。互联网信息革命背景下的学生、教师、人工智能将成为教学的最基本模型。教材将成为人工智能为教学提供的核心资源。课堂教学将由教师与学生二元互动,变成学生、教师、人工智能之间的多元互动。基于人工智能的个性化教学基本形态如图3-15所示。

在教学中,人工智能是教学内容、教学活动、教学评测、学习时空的重要载体。教师和人工智能共同承担了教学工作,课堂教学由教师和人工智能协同,学生和人工智能协同,人工智能与数字化环境的协同。由于大数据分析、动态学习评价和人工智能融入课堂教学,课堂教学的要素及流程结构发生了重大变化,教师的核心作用是:学习组织、学法指导、思维启发、情感激励、价值引导。

① 学习组织。包括:基于大数据分析的学情分析、学习目标与内容分析、教学与评价设计、课堂教学组织(情景创设、问题引导、任务发布、活动指导、总结提升、实时测评、迁移应用)、课后作业与智能辅导设计等

② 学法指导。包括:营造民主平等的课堂氛围,激发学生学习兴趣,引导学生自主学习、合作学习、探究学习,引导学生积极参与、独立思考、自由表达、愉快合作投入到学习之中,指导学生拥有科学的学习方法,通过自己的身体力行去体验学习带来的

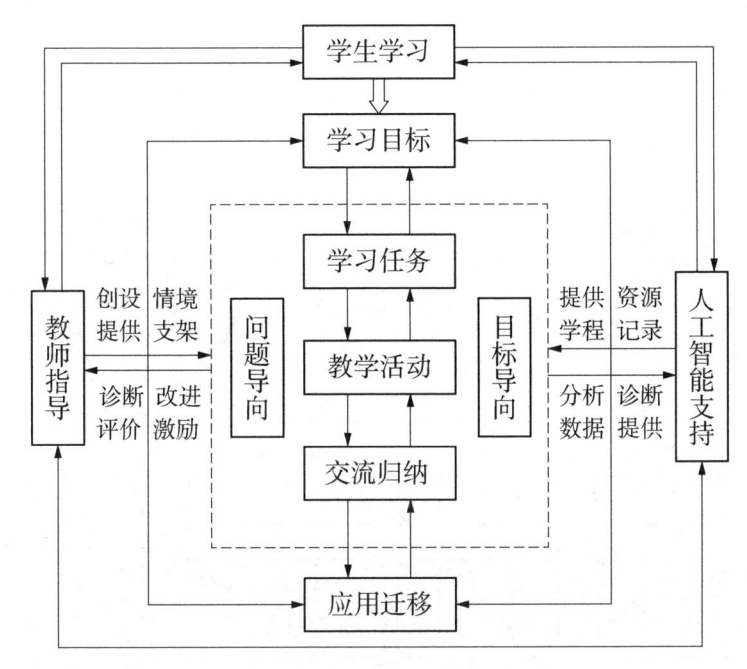

图 3-15　基于人工智能的个性化教学基本形态

乐趣，养成主动学习的习惯。

③ 思维启发。主要是根据学生学习过程中出现的一些教育教学时机，采用引导、提问、点评、赏析、纠误等方式启发学生，促使学生深入思考、深化理解、克服错误，以获得激励与帮助。

④ 情感激励。人工智能融合的课堂中，教师重要任务是通过教学过程捕捉具有教育价值的细节，激发学生探索求知的兴趣，耐心诱导、积极启发、热情鼓励、精心培育，让学生获得成功的体验，形成良好心态，提升受挫能力；用教师自身的魅力感染学生，通过赏识，给学生进步增加动力，帮助学生明确新的目标，点燃新的希望。

⑤ 价值引导。人工智能融合的课堂中，教师通过筛选材料、创设情境、设置问题以及与学生的互动体验等方式，将学科教学与价值引导结合起来，引领学生的正确价值观在课堂中"自然"形成，把价值引导推向道德自律的境界。

案例 3-19 初中化学 一堂"人—机协同"的化学课《水的组成》

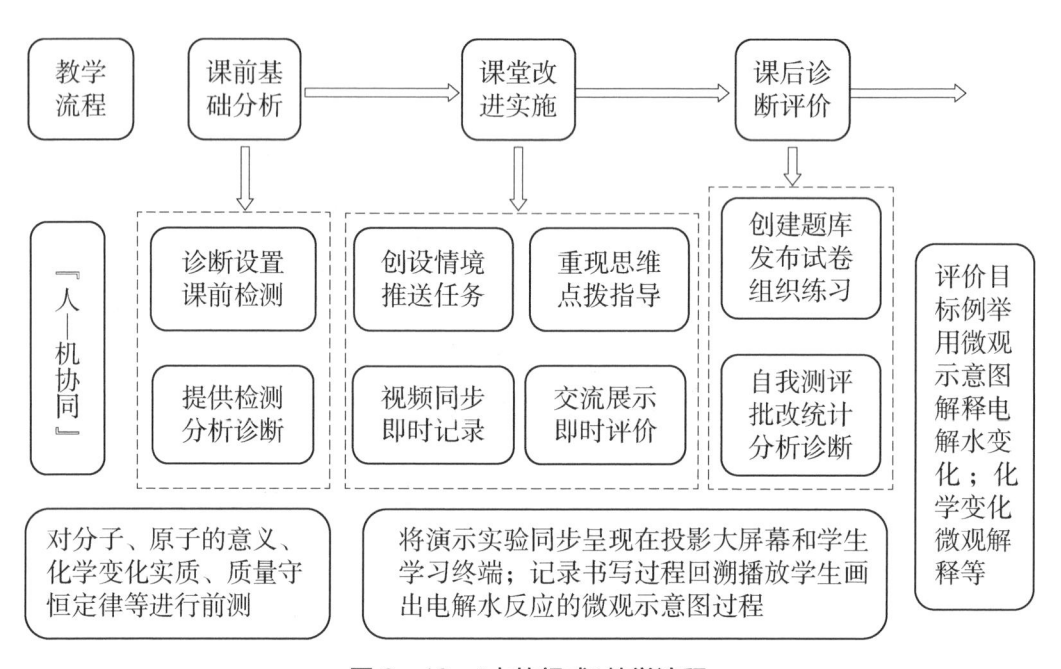

教学流程：课前基础分析 → 课堂改进实施 → 课后诊断评价

"人—机协同"：

- 课前基础分析：
  - 诊断设置 课前检测
  - 提供检测 分析诊断
  - 对分子、原子的意义、化学变化实质、质量守恒定律等进行前测

- 课堂改进实施：
  - 创设情境 推送任务
  - 重现思维 点拨指导
  - 视频同步 即时记录
  - 交流展示 即时评价
  - 将演示实验同步呈现在投影大屏幕和学生学习终端；记录书写过程回溯播放学生画出电解水反应的微观示意图过程

- 课后诊断评价：
  - 创建题库 发布试卷 组织练习
  - 自我测评 批改统计 分析诊断
  - 评价目标例举用微观示意图解释电解水变化；化学变化微观解释等

图 3-16 《水的组成》教学流程

"人—机协同"让教学的供给结构发生了变化,学习环境增加了人工智能混合学习和交互学习的过程化设计,教学资源按照人工智能与师生的交互方式和教学流程来规划。因此,学生学习的主体活动主要有:课前学习(预习与作业、课前讨论)、课中学习(提出问题、探究活动、展现分享、归纳总结、随堂测试、迁移提升)、课后学习(完成作业、总结反思)三个阶段。

基于人工智能的个性化教学的实施需要注意以下几点。第一,教师要明确哪些教学任务是人工智能可以实现的,然后让人工智能承担知识概念的讲解、个别化答疑辅导、作业批改、学习反馈等部分教学任务,以及完成提供或呈现资源的任务。第二,人工智能自身获取或者从其他采集设备(如智能移动终端、可穿戴设备、摄像设备等构成物联网)获取课堂实时数据,进行内部存储,对数据进行预处理并做分析,将数据可视化并呈现给师生,为教学评价与改进服务,同时将其中已处理、有价值的数据上传到大数据平台,有利于促进后期大数据分析结果的精确性。第三,学生通过智能移动终端进行笔记、阅读、练习、回答问题、课堂测验学习活动,直接对教师和人工智能做出反馈,人工智能提供教师难以实现的个性化学习支持,教师把重复性工作交给人工智能,自己注重于引导学生思维、锻炼学生综合能力,聚焦学生核心素养培育。第四,教学实施的关键是多元互动。在互动过程中,学生是情境任务的实施者,是学习活动的主体;教师是学生学习的组织者、指导者、激励者、引领者;人工智能是教学的资源提供者、信息采集分析与反馈者、学习辅导者;教学借助智能化的移动学习工具和应用支撑平台,围绕着情境问题与任务展开,实现多元立体、高效、持续的互动交流,实现协作、探究和意义建构,促进学生的智慧生成与发展。第五,基于预习测评、课堂评价、随堂测验、课后作业等全程动态学习数据分析与教学评价,深化学情分析,优化教学设计,改进教学策略,调整教学进程,实施针对性辅导;通过大数据分析与智能推送,为学生推送合适的个性化学习资料,针对性地进行个别辅导,实施个性化精准教学。依据学生课堂学习情况,发布个性化的课后作业,推送学习资源;学生完成课后作业并及时提交给老师,得到批改分析与反馈;学生针对性学习智能终端推送的学习材料,总结所学内容,在智能终端上发布感想与疑问,与老师、同学讨论交流,进行反思。

如何结合学科教学实际,构建人工智能融合的混合式教学模式,优化智能化环境下的教学内容与方法,形成具有学科特色的智能化教学体系;如何对学习行为、学习过程和学习评价数据进行深度挖掘,制定个性化教学方案与策略,真正实现个性化教学和适应性学习;如何从认知评价向全面评价转变,形成科学的学习评价体系,等等。这些都需要我们在以后的实践中不断深化研究。

学生的认知是从"行"到"知"的过程,即从个别到一般的归纳过程,也是"实证"到"理论"的过程。相适应的教学主要采用基于实践活动的体验式学习,有时也会采用基于问题探究的发现式学习或基于人工智能的个性化学习,其认知过程是"实践体验→信息加工→认知建构→感悟表达"。学生的认知也是从"知"到"行"的过程,即从一般到个别的演绎过程,也是"理论"到"实证"的过程,相适应的教学主要采用基于知识理解的有意义学习,有时也会采用基于问题探究的发现式学习或基于人工智能的个性化学习,其认知过程是"知识输入→信息加工→认知建构→实践实证"。

本章小结

在育人方式变革的背景下,徐汇区在以学习为中心的教学实践中,教师基于正式课程,面向课堂情境的活动、行为与学习资源设计领悟课程;学生在教师的引导下,通过"个性化—合作"学习的运作课程生成个性化的经验课程。这种学习为中心的教学实施过程也是课程再设计的过程,在这个过程中,高度结构化的课程标准、教材等文本的解构,学生已有知识经验的解构,是解决由正式课程转化为领悟课程与运作课程的基础;学科知识、策略知识和社会技能综合构建认识结构,是领悟课程与运作课程转化为经验课程的成果;深度反思与应用是促进元认知系统向自我系统的发展,是核心素养的人格化。同时,在这个过程中形成的教学基本模型和样态,初步实现了从"教为中心"到"学为中心"的教学转型。

第四章
专业支撑：提升教师关键能力的深度研修

本书前几章，分别从对育人方式变革的理解与落实推进思路、课程的系统转化路径及课程体系建设、以学习为中心的课堂教学建构等方面阐述了指向核心素养培育的区域教学改进的系统化操作思路和实施策略。如此复杂的转化、实施系统，在宏观、中观、微观层面，都对教师的专业能力提出了前所未有的挑战，也对区域既有教师研修体系提出了进一步改进和完善的要求。在育人方式变革的背景之下，如何基于原有基础，进一步理解教师关键能力的内涵，改进教师研修方式，从理性认识与实践探索两个层面为区域的教学改进提供强有力的专业支撑，是区域研修面临的新任务。

本章从现实问题的揭示出发，提出教学改进过程中教师应具备的关键能力结构模型，介绍徐汇区在"三位一体，四元协同"研修结构模型基础上对教研修实践机制的反思与优化，总结深度研修开展的策略、方法，从教师专业发展路径的视角，为满足育人方式变革所需要的区域研修提供操作思路与实践案例。

第一节 教师面临的关键问题与能力挑战

一、教学改进需解决的关键问题

随着核心素养培育理念逐渐深入人心,课程改革步入了"深水区",新课程的实施推进对教师的课程理解力与执行力提出了新的、更高的要求。尽管徐汇区经过多年的教研实践,尤其是开展"基于课程标准教学的区域性转化与指导策略研究"的项目探索以来,教师在育人价值的理解和课程理念的更新与实施方面都有了不同程度的改进和完善,但在一些课程实施的重要领域仍然存在诸多亟待解决的深层次问题,主要体现在以下三个方面:

第一,课程领域:如何从核心素养培育的要求出发,进行课程目标的转化与教学内容的重构?育人方式的变革首先体现在课程的组织与实施上,要促进从学科观念到学习内容,再到学生学习经验的转化,教师应在更新课程理念的基础上确定适切的目标,立足学科本质问题选择、统整课程内容,有目的、有计划地将课程内容转化为学生的学习经验,使学习经验序列化、整合化。在此过程中,教师不是一个单纯的课程执行者,而是课程的实践研究者。如何在课程理解的基础上把握学科核心素养的行为表现,对应相应的学习水平要求,确定中观和微观学习目标,并在目标导引下对教学内容进行关联和重组,这仍是目前教学改进中需解决的重要问题。

第二,教学领域:如何从学生的实际问题与需求出发,组织学习过程?育人方式变革的重要内容之一,是以素养培育为目标,建构以学习为中心的课堂教学。这意味着教师需围绕学生的学习特征与学习需求,处理相应的教学内容,选择适切的教学行为、教学方法和策略。以学习为中心的课堂不存在固定的结构,但有共同的目标指向,即充分激发学生的主观能动性,使之形成持久的学习动机,让学习符合学习者的兴趣及需要。在此过程中,教师需站在学习者立场,从学科核心问题出发,预判学生在认知上可能存在的困惑与障碍,进而聚焦具体问题创设情境、搭建支架,有效地引导学生在解决问题的过程中获得知识与能力的成长,其中关涉学习对象、学习资源、学习环境等诸多变量。教师如何综合考察多方因素,合理规划学习进程、合理组织学习活动、有效提供学习支架,这是目前教学设计与实施中的难点问题。

第三,评价领域:如何将评价嵌于教学过程,以获得教学目标达成的证据? 促进学生全面发展的教学需要以核心素养培育为目标的学习评价支撑,在扩展评价内容、开发评价工具、应用评价技术、创新评价方法、引进多个评价主体、形成多样化评价指标的同时,更强调将评价镶嵌于学习的全过程,落实评价的跟进。从这个意义上说,教师首先需以评价的视角思考单元学习目标的确定,即在目标确定的同时充分考虑对学习结果的评价,以保持教学评的一致性。其次,在学习过程的规划与指导中,教师应充分考虑任务的可评价性与可操作性,并借助过程性评价及时调整教学的方法、策略。再次,教师要以课后作业与单元练习等,支持进一步的学习诊断与改进。尽管评价一向是教师比较关注的问题,但由于长久以来学习评价的形式比较单一,评价中重结果、轻过程,重数据、轻素养的倾向始终存在。因此,如何建立促进学生全面发展的评价体系,尤其是如何在教学中有效设计评价性任务,以伴随式评价的方式引导学生认识自己的学习水平、反思学习过程、建构学习策略,始终是教学要解决的重要问题。

二、教师所面临的能力挑战

能否解决课程教学中的现实问题,决定了指向核心素养培育的教学改进能否取得突破和实效,其中的关键因素之一,在于教师关键能力的形成与提升。

徐汇区经过近十年的持续探索,借助《学科教学指南》《学科教学手册》等课标转化工具的设计、编写与使用,从课程目标、课程内容的分解与重构、课程评价体系的建立等方面推进课堂教学行为的改进,依托区校联动的研修支持系统,促使广大教师在课程理解、课程实施等方面发生变化,积累了丰富的实践经验和教研成果。从调研与分析看,教师观念与行为上的变化体现在以下三个方面:

其一,作为核心素养重要体现的课程标准正成为教师设计与展开教学不可或缺的基本依据。前几年普遍存在的将课程标准束之高阁的现象已大为减少,尤其是高中"双新"课程的实施,进一步促进了这一情况的改变。

其二,在课程视域下展开教学设计与实施成为绝大部分教师的共识。无论是对课程目标的整体转化,还是单元教学、课时教学内容的确定,教师基本能将教学置于本学科课程整体背景下加以考察,"见木又见林"的意识初步形成。

其三,以核心素养培育为目标、构建以学习为中心的课堂教学逐渐成为教师的共同追求。主要表现为基于问题解决的教学设计、实施思路被较普遍地运用,教学评的一致性得到进一步重视。

育人方式的变革,对教师的课程意识与教学行为都提出了新的要求,区域内存在于课程、教学、评价三大领域的主要问题也促使我们进一步思考教师关键能力所面临的挑战。

指向核心素养培育的教学需要教师更加注重围绕学科基本问题、核心概念展开教学,以落实学科的基本方法与思维方式,充分发挥学科独特的育人价值和功能;要求教师不仅超越简单的具体知识,去理解和把握具体知识背后的学科方法、学科思想与学科价值,还要超越表层的符号形式,去理解和把握形式背后的逻辑根据、思想方法与价值意义;更要超越庞杂的知识点本身,去理解和把握同类知识的组织结构和属性特征。唯其如此,学科教学才能有助于核心素养的养成。另一方面,教师需充分了解学科知识产生、提出、发展的条件、背景、过程或故事,从促进学生学习、理解、消化、建构学科知识的角度去创设学科情境,使之成为学习学科知识的载体。因此,教师课程意识的进一步清晰与完善,教师对学科本质理解得更加准确、深入,成为学生关键能力提升的先决条件。

三、应对能力挑战的思路

面对课程改革推进过程中的新问题与新任务,徐汇区尝试从建构教师关键能力模型,并针对教师关键能力的提升开展深度研修两个方面加以应对。

(一) 建构教师关键能力结构模型

面对区域在课程、教学、评价中存在的具体问题,我们更清晰地意识到:学生核心素养的养成在于教师关键能力的提升;教师关键能力则具体体现为其能否基于课程意识与学科本质进行教学。

课程意识本质上就是课程观,是教师对课程的理解、看法、观点和态度,它决定了教学观。教师怎么理解课程从根本上决定了他如何理解教学。从学科教学的角度讲,教师对学科本质的理解又决定了他能否突破"学科表层"(现象)进入"学科深层"(本质)进行教学。从这样的理解出发,我们对课程设计能力、课堂实施能力、学习发展评价指导能力、信息技术应用能力、系统反思能力的内涵与价值加以提炼,建构了教学改进所需要的教师关键能力结构模型,以构成教师应对课程教学问题、重塑专业角色的必备素养。

(二) 开展提升教师关键能力的深度研修

本着应需、有效的原则,徐汇区以"三位一体,四元协同"的研修结构模型为基础,进一步聚焦教师关键能力的提升,优化研修的运行机制与运行策略,坚持问题导向、目标导向的专业研修,使之更加符合教师素养进阶发展的要求。在项目实施中建立研究、实践、改进和追踪机制,以不同层次的研修团队的建设,形成团队成员互相支持、共同解决问题、持续改进的氛围,全方位推动教师在解决问题的过程中不断改进、提升能力,为更有效地落实核心素养培育下新课程实施目标提供有力的保障。

第二节　建构教师关键能力结构模型

教师的关键能力指面对新课程实施的局面,教师培育学生核心素养,构建以学习为中心的课堂所应具备的多种课程教学能力。我们认为,这些能力中比较关键的有五种能力:一,课程设计能力,它是教师关键能力的基础;二,课堂实施能力,它是教师关键能力的核心;三,学生发展评价指导能力,它是教师关键能力的支点;四,信息技术应用能力,它是教师关键能力的支撑;五,系统反思能力,它是教学改进的源动力。五大关键能力的结构如图4-1所示。

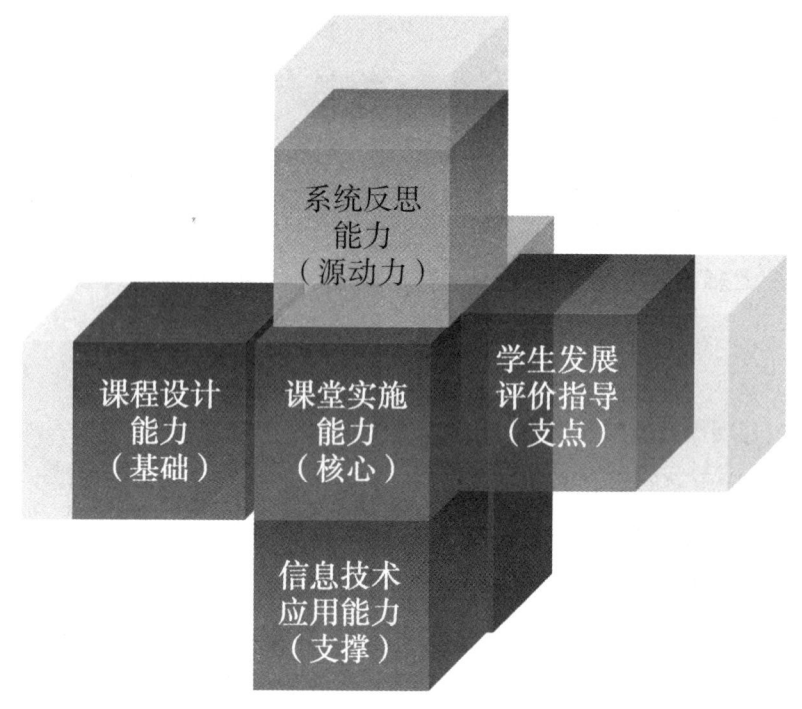

图 4-1 教师关键能力结构模型

一、课程设计能力

教师的课程设计能力是对课程活动的各方面做出规划和安排的能力。核心素养培育的课程目标与要求需要教师不仅要达成对课程的理解,更要具备参与宏观课程变革和中观实施方案的设计能力,要能发挥在参与课程改革和实施中的设计者作用;另一方面,在微观层面,即课堂教学层面,应更充分考虑学生学习的需要,以学习者立场对课程目标做出合理的规划和安排,保证课程活动顺利开展。

课程设计能力是教师关键能力的基础,它不仅需要教师精通学科知识,更要了解学科知识结构体系,深刻理解学科思想,能准确把握学科核心素养与学业质量标准的水平与关联,了解学科逻辑、认知规律和教学逻辑的联系,掌握目标、教学、评价一体化设计的策略与技术。同时,也需要教师具备跨学科素养,能利用分析、归纳、演绎、综合等思维方法,打通学科之间的壁垒,推动学生建构自己的知识和能力体系,促进学生的能力发展。

育人方式变革的背景之下,教师更需要明确课程设计的育人目标,以学生的学习需求、学习特点和学习条件为出发点,对课程目标、内容、实施、评价进行分析、选择和规划。

(一) 目标确定

课程标准是教师确定课程目标的依托和指引,课程设计首先应从课程标准的解读出发,明确学科课程的性质、学科核心素养的具体内容,理解课程的总目标及各学段的教学基本要求。在此基础上,进一步对各学段、各学年所要达成的目标与要求加以细化,明确每一阶段学生应具体达到或形成的各学科素养内容及相应水平。

教师在进行课程设计时,对于课程目标的确定要充分考虑学情因素,考虑现有水平和可发展空间。教师不能以"培养学生能力"这种指向不明确的表达作为课程目标,也不能完全照搬现成的课程目标,而要根据所教学生实际的认知基础、学习特性确定符合自己教学实际的目标。

(二) 评价设计

评价是根据教学的目标,对学生的学习内容、学习进展、学习结果进行观察、记录、测量,对学习效果做出鉴定和价值判断,从而对教学的目标进行反思和修订的活动。评价作为学习系统的反馈调节机制,在以学习为中心的课堂构建中,发挥着重要作用。

评价设计首先要对标学习目标设定评价的目标,围绕某个单元、某个模块或某一阶段学习中的主要学习环节或成果,从中聚焦最关键的、需要在学习过程中落实的素养要素。同时,更需要教师在教学过程中的不同阶段,设计不同功能的评价任务,将评价纳入整个单元或模块的学习过程,并充分预判实施的可行性,把教学的重点和评价的重点有机结合,采用带有综合性、研究性的问题形式,考察和培养学生的高层次思维与创新能力。

以学习为中心的课程教学评价设计要更加关注学生的学习过程,建立方法多样、定量与定性相结合的学习评价体系。教师既要有结果导向的意识,也要能通过设计评价的工具,观察、记录学生的情感体验与认知方式、认识过程。根据评价多样化的要求,评价设计要考虑评价主体多样化,让学生成为评价的主体之一,充分发挥评价的作用,提升学生学习的自信心和学习兴趣。

(三) 再构内容

教学内容的再构指教师依据课程目标,对教材中的教学内容进行分析和研究,在对知识的编排、能力的进阶和教学情境的具体要求等做详细分析的基础上,或针对具体学情,提出取舍与重组的方案。

教师对教学内容的取舍与重组首先立足于教师对教学内容的正确解读;其次需全面了解课程的整体结构,把握课程各模块的主要内容,把握三类课程之间的关联性和层进性。更重要的是,教师需要清晰把握课程的意义,对学科大观念有所了解和思考,在此基础上,依据学科逻辑和学生认知规律安排学习内容的结构与次序,通过重组提高学科教学的统整性和逻辑性。

教学内容的再构还包括通过教学资料的替换、补充(或删除),以延伸和拓展(或缩减)教学内容。在教学内容的拓展延伸中,挖掘对学生有价值的学习内容,将教学活动与学生自身的背景和兴趣联系起来,或设计更多与真实生活相关联的学习任务,以适应具体化、个性化的学习需要,形成真实、有深度的学习。

(四) 程序安排

教学程序的安排是教师规划教学内容、学习活动的呈现形式与顺序。核心素养培育的目标对教师设计符合学生认知需求与认知规律的学习过程提出了更高的要求。教师不仅要充分考查学生的学习起点,更要善于将阶段性的学习任务加以分解,逐步引导学生解决问题,达成认知,建构新的认知结构。

教师对教学程序的安排,需要对某一单元或模块学习目标的达成设计综合性的、挑战性的学习任务;也需要规划学生完成学习任务的过程与组织形式。一般来说,这个过程包含"发现问题—探究问题—解决问题或深化问题—反思梳理"的完整流程。在这个持续不断"提出问题"并"解决问题"的动态的过程中,教师需要预判学生学习的困难、障碍,设计针对难点解决的学习支架、学习资源,以有效推动学生的学习。

从区域研修实践的角度,徐汇区提升教师课程设计能力的思路与方法是依托《学科教学指南》的研制与运用,将正式的课程转化为领悟的课程。一方面研训员与教师共同建构分学段的学科学习目标体系,推进从国家课程到区域教学的转化,在落实育人目标的同时促进教师的课程理解力;另一方面从教材核心知识、学科逻辑与学生的认知路径、学习逻辑出发,给出单元教学设计的流程与路径建议,以表格支架引导教师在目标统摄之下合理规划单元内容,进而设计学习过程与学习评价,为以学习为中心的课堂教学的实施铺设基础,进而提升教师的课程执行力。

二、课堂实施能力

以学习为中心的课堂要求教师具备将教学设计与学习场域建立实际关联、组织深度学习的能力,包括创设学习情境、引发学习互动、指导学习过程、调控学习进程。

课堂实施能力是教师关键能力的核心,需要教师充分尊重与信任学生的学习潜能,通过多种途径敏锐感知学生学习信息,精准判断学生生成性的学习表现,及时调整学习指导方式,达成学习目标。

(一)教学展开

有效的课堂教学实施应充分考虑学生的学习基础和学习需求,围绕学生的实际问题展开。所谓以学习为中心的课堂,更强调以问题为学生自主探索的工具,使之成为导引知识的线索、产生新知的来源。教师课堂教学的切入点即让学生面临对他们个人有意义的问题,呈现问题所处的现实生活情境,明确学习的目标与预期的结果,激发学生学习的原动力,激活元认知,促进他们的持续性学习和问题探究的意识。

以学生的学习起点为教学展开的依据,需要课堂教学情境的创设与学生所要掌握的新知相衔接,与他们的认知水平、年龄特征相符合,要具有生活性、实践性、合作性。在有意义的学习情境下,教师调动学生运用既有的知识、经验开展学习活动,为学习活动提供时间和空间的保障,指导学生在问题解决过程中合理运用资源,在问题解决的过程中进行分析、假设、推断、验证等。教师与学生、学生与学生在学习场域中充分、有效地互动,以此来有效促进学生学科关键能力的形成。

(二)过程调控

教学实施中的过程调控,不仅要求教师能从学习目标出发,对教学推进情况有适时适情的掌控,更要求教师能随时监控并调整自己的教学行为,使之有助于学生学习进程的推进、有利于学习目标的达成。

教师对教学过程的调控需要有敏锐捕捉信息的能力。这种能力体现在教师能从课堂教学所呈现的众多信息源,甚至是随机事件中及时发现教学所需要的、有价值的问题;也体现在教师能通过学生的质疑、反驳、争论,从学生困惑的焦点、理解的偏差、认识的冲突上去捕捉有用的信息,进行挖掘、开发、引申、利用,使问题成为有价值的教学资源,抓住学生学习中的难点或关键点,启发学生的思维。

教师对教学过程的调控也表现在课堂上的及时反馈能力,即教师对课堂上的各种信息能迅速及时地进行分析对比、综合判断、推理和反应,能根据课堂教学的实际需要,迅速重组课堂信息,因势应变,或为学生解决问题提供必要的线索和反馈,或借助示范、讲解,通过提炼、概括,有效地推动学生有意义的学习活动,以完成课堂学习的目标。

在区域研修实践中,教师教学实施能力的提升是借助从《学科教学指南》到《学科教学手册》的转化,通过各校对区域、学段的课程目标与课程内容体系进行校本化的具体设计与实施来实现的。这一促进由"领悟的课程"向"运作的课程"转化的基本路径是:教师以区域和校本研修为载体,在理解和把握《指南》所呈现的单元典型样例基础上,参考《指南》所提供的设计思路与方法,借助流程工具与支架,对阶段性的课程内容进行统整与重构,确定单元学习目标、规划单元学习进程、组织单元学习资源、设计单元评价方案,并在此基础上展开教学实施与调整。这一过程是进一步将课程标准所强调的素养目标及课程理念,通过对学习目标与学习内容的不断分解细化、转化重组、整合调整,变成可操作、可评价的教学系统,在构建以学习为中心的课堂过程中,强化教师的课程执行力。

三、学生发展评价指导能力

对学生的成长与发展做出科学的评价,强调教师在现代教育评价理论的支持下运用评价工具,借助适切的方法和技术,对学生的发展表现、学习效果等状况进行全面的考察与分析,进而对学生必备品格、关键能力的发展形成有针对性的引导。

教师实施评价的过程,既是对学生学习过程和结果的系统分析、及时反馈,也是对自身教学价值的研究和反思,因此,良好的学习评价与指导能力是教师监控和改进教学的有力支点,可以实现评价对象和评价者共同"增值"的目的。

分析区域在评价方面现存的不足,我们更强调在评价主体与评价方式的丰富性、多元化上有所推进。尤其是由原先的教师为评价主体,到关注学生的自我评价,将他评和自评相结合,提升评价结构的客观性和科学性,在帮助学生提高自我评价能力的同时,培养他们自主适应社会发展需求的自我调控能力。

发挥学生在评价中的主体作用具体可表现为:在制订评价内容和标准时,教师应更多地听取学生的意见;在收集评价资料时,学生应发挥更积极的作用;在得出评价结论时,也应鼓励学生积极开展自评和互评,通过"协商"达成评价结论;在反馈评价信息时,教师更要与学生密切合作,共同制订改进措施,以保证措施的真正落实。

(一) 制定评价标准与指标

为增加学习评价的有效性,评价目标需具体可测,教师应将较抽象的单元教学目标细化为"行为目标"加以呈现。从学习目标出发,评价目标也需兼顾认知、情意和动作技能三个方面,不仅要注重评价对象的过去与现实的表现,更要重视未来的发展;不仅关注学习结果,更要关注学习过程;不仅要对基础知识与基本技能掌握情况进行评价,更要对学习能力、科学探究精神以及情感、态度、价值观等方面进行全面评价。在此基础上,学习评价标准的设计应根据学生的学习基础与发展要求确定学习能力层次,以学生在达成目标之后会产生怎样的表现作为评价证据的形成指标,以便为后续的考查提供具体的水平体系和参照。

学习评价的设计应关注评价标准的多元化,更多地关注学生的个体差异。建立在理性经验基础之上的绝对评价标准力求能够体现出对学习者多维度和多层次的基本要求,有益于面向全体学生,面向学生的全面发展。相对评价标准的适度利用可营造竞争氛围以激励学生学习。此外,为了尊重学生的个性差异,体现以人为本和多元智能理念,新的学习评价还可关注个性化的评价标准,以绝对评价标准、相对评价标准和个性化评价标准相结合的多元化结构来合理展开评价。

(二) 研制评价工具

评价工具是指对学生进行评价时所采取的方式和手段。就目前学习评价对教学的功用而言,教师尤其应把评价设计的重心放在能够调控学生学习进程、帮助学生提升学习兴趣的形成性评价上；必要时，再进一步实施诊断性评价，根据评价结果采取补救措施或补救教学，发挥即时矫正偏差和提高教学质量的功能。

由这一点出发，教师在研修与教学实践中应当更关注表现性评价工具的开发与运用，以便教师通过学生在完成作品或解决问题过程中的行为表现等，考查学生的素养达成情况。同时，在评价方法上倡导教师尝试采用多种评价方法，依据事先确定的学习过程规划，明确采用安置性评价、形成性评价、诊断性评价的时机与策略。以设计较完备的学习评价与指导方案为目标，推进教师对学习评价的理解与实施。

(三) 评价嵌入学习过程

以学习为中心的课堂要求学习评价更有效地嵌入教学活动之中，成为自然的学习环境中的一部分，在个体参与学习的情境中"轻松"地进行，而不应成为在某个学习阶段结束时强制外加的内容。这一对评价的情境化要求意味着教师需进一步考虑各教学环节对实现学习目标有何助益，由此确定每一个教学环节的有效性；同时更充分关注在课堂教学过程中设置评价性、表现性的学习任务，使学习任务既是检测课堂学习目标是否达成的工具，又成为促进课堂学习目标有效达成的重要载体。

为达成这一目标，教师在设计、实施表现性的评价任务时，除了要恰当选择任务类型并具体设计任务内容以外，还要充分考虑实施表现性任务的条件、情境以及观察的频率，要在学生学习过程中通过多次观察、多次收集资料，做出综合的分析，进而得出比较可靠的评价结论，为后续的学习指导服务。

(四) 分析利用评价数据

学习评价更强调过程性评价，其"过程"是相对于"结果"而言的，具有导向性。过程性评价不是只关注过程而不关注结果的评价，更不是单纯地观察学生的表现。相反，关注教学过程中学生智能发展的过程性结果，如解决现实问题的能力等，及时地对学生的学习质量水平做出判断、肯定成绩、找出问题，是进行学习评价与指导的一项重要内容。

现阶段教师对学习评价的认识提升，主要在于要能准确把握评价的功能，即评价是为及时反映学生学习中的情况，促使学生对学习的过程进行积极的反思和总结，而不是为了最终给学生下一个结论。由此出发，教师对学生表现性评价的数据与资料的收集、分析，要通过对学生在探究活动中的参与意识、合作精神、实践能力、探究能力等诸多方面的观察、记录、分析、整理而形成；运用学生成长记录反映学生在某一活动或某一阶段的个性的连续特征，使之既记录学生在各学习阶段的发展状况，又记录学生在整个受教育过程中的各方面发展的历程。一方面尽可能全面地反映学生个体成长的面貌，另一方面尽力挖掘其中可再生的教育教学资源，作用于学生持续性的成长。

针对区域教师在学生发展评价与指导中普遍存在的轻过程、轻素养等问题，我们在区校联动的教师研修活动中以解读《指南》中的评价目标与评价样例为起点，推动教师在参考区域《指南》提出的评价要点基础上形成符合实际校情、具体学情的评价方案。教师基于对学生学习基础与学习特性的把握，预设学生在单元学习过程中的障碍与问题，借鉴样例，依托单元评价设计的表格支架，从学习能力、学习表现、学习态度等维度，设计单元评价的目标、评价工具等，在教学实施中尝试融合多元评价，在评价工具与评价方式的使用、开发与完善调整中强化学生评价与指导能力。

四、信息技术应用能力

教师的信息技术应用能力指能将信息技术与教育教学进行深度融合，开发和利用信息技术，丰富学生学习体验，转变学习方式，及时有效地开展评价，提升学习效益，支持个性化的学习的能力。随着信息技术的高速发展，教师对信息技术的运用能力日渐成为教师关键能力的支撑。

在充分掌握学习理论的前提下，教师可以在教学设计、教学实施、教学评价等环节中充分运用数字化的教学资源，丰富和整合教学内容。由此，教师需熟悉以下几方面的技术，包括：网络信息的检索技术，知识管理技术，利用数字化演示工具表达展示的技术，利用数字化交流平台进行叙事研究和反思的技术等。更重要的是，教师应注意有机组合各种技术手段和数字化学习资源，帮助和支持学生的自主学习、主动探究、问题解决、交流协作等学习活动，并积极探索和组织学生开展信息技术环境中特有的学习方式，如基于网络的探究性学习、远程协作学习等；实现个性化的学习指导、精准的学习资源推送，解决统一授课与个别化学习需求之间的矛盾，达成信息技术应用与教学方式变革之间的相互促进和有机融合。

五、系统反思能力

教师的反思能力是指在教学活动中,将教学活动本身作为思考的对象,不断地对自我及教学进行积极主动的计划、检查、评价、反馈、控制和调节的能力。系统反思能力是教师关键能力发展与提升的动力源,也是教师教育教学创新的基础。在育人方式变革的背景之下,教师更需要具备系统反思的意识,合理运用反思的策略和方法,不断审视自身对学科的认识与教学实践,以促进专业能力的不断进阶。

通常来说,教学反思是借助评课,写作教学案例、教学手记等方式来进行的,这些都已经成为区域研修的常规思路与手段。从进一步有效推动课堂教学改进的角度,现阶段我们更强调教师在教学实践中的持续性反思,尤其是通过一些具体教学片段的深度剖析或对比,分析总结教学的得失成败,进一步形成对既有教学思路的补充与调整,使之成为今后教学的借鉴,并在此基础上富集教师智慧,形成持续更新、迭代创生的教研资源。由此,我们对教师系统反思能力内涵的理解更侧重以下三点内容。

(一)问题或亮点的捕捉

捕捉教学中的亮点,即还原教学效果尤为明显、学习目标达成度高的方式或环节,通过反思,查找出现亮点的原因,进一步总结可以采用什么样的手段来增强学生今后在类似方面的情意表现,以更好地为教学服务。

整理教学中的失误,即回顾教学过程中出现的棘手的难题或未能达成预期效果的环节,检讨究竟是在教学方法、策略选择上的问题,还是教学技术行为的实施上的问题。

探究教学中的疑点,即对教学设计与实施过程中遇到的问题、困惑加以追问。对同样的教学手段为什么在不同的教学内容上有不同的效果,同一个教学内容在不同的条件下目标达成度会有怎样的变化等问题展开深度思考。

(二)现象的归因分析

教学反思是教师回顾自己过去的教学,分析得失查出原因,寻求对策以利后行的过程。因此,教师对教学过程的清晰回忆与再现是基础,对教学现象的精准评价和深入思考是核心。在此前提之下,教学反思才构成一个教师不断自我调节和校正的过程。

除不断积累成功的经验之外,教师对自己教学失误的反思更需聚焦帮助学生解决问题的方法、对策,从典型的教学现象入手不断追问。如,问题情境的创设有没有给学生思考的空间,学习活动的组织是否有利于学生的自主学习,小组合作学习有没有流于形式,是否关注学生的情感、态度、价值观的发展,学生学习的兴趣如何等,在进行回顾、梳理的基础上进行探究、剖析。另一方面,教师也可以通过学习教育教学文献,运用所学到的理论,对自己过去的某些固有观念、想法及教学行为进行重新审视,找出差距,寻出原因。

(三) 提炼改进与经验迁移

教学反思的意义在于分析问题,拿出对策,使之成为以后教学时的借鉴,同时找到针对问题的解决办法和教学新思路,再把自己的思考和分析运用于今后的教学,形成改进的策略和"二度设计"的新方案。

在这个过程中,更需要发挥校本教研和区域联动的机制效应,发挥各级各类研修团队的功能,使教师借助横向反思与比较,跳出自我,通过与同行、专家的交流,借他山之石来攻己之玉,汲取别人的教学机智加以梳理、积累,从而寻找到适合自己的经验、知识;也可以借助集体反思和对话,经由同行的观察来反观自己,就教学实践问题与他们展开对话、讨论,在互动中形成经验的分享;还可以反思学生的反馈和建议,及时反思,充分发挥学生的教学主体作用,突破自身在的教学思维、教学经验上的局限,将反思运用于对教学的持续改进。

综上所述,教学作为一种专业活动,其所内含的教师教学关键能力具有不可取代性。教师教学关键能力既是教师自身核心的本体能力,也是教师培养学生学习与发展的必备能力;既体现学科教学的基本要求,又反映着社会发展、科技进步对教学的影响。尽管由于学科性质和要求的不同,各项关键能力在具体教学层面的表现会有所差异,但其在整体上为教育教学的基本规律与教师的思维能力所统摄,五个方面形成一个有机的、不可分割的整体;另一方面,这些能力一般来讲具有普适性和基础性,但在新课程探索实施的不同时期,这些关键能力各自的内容和要求会有所变化,侧重点也会发生转移,以体现出其适应性。

徐汇区在区域研修过程中,以培育学生的核心素养为目标,聚焦课程教学实施中的重点与难点,积极推动国家课程的区域化落实,促进从正式的课程向运作的课程、进而到经验的课程的转化。在此过程中,借助区校联动的研修机制,以《学科教学指南》与《学科教学手册》的研制与开发为主要工具与路径,在研修课程与资源的迭代创生中不断推进教师关键能力的提升。

第三节 提升教师关键能力的研修实践

一、"三位一体,四元协同"研修结构模型的实施与反思

自2001年3月年起,徐汇区开始了基于课程标准教学的区域性转化与指导策略研究,探索并形成了项目实施与教师研修"双轨融合"的行动思路,提出了区校联动推进的"三位一体,四元协同"教师研修结构模型。该模型是在教研修一体中引入课程要素,聚焦关键问题,以研修课程的创生为载体和纽带,将"教育教学活动""教育教学研究"和"教师培训"融合,形成了三者相互嵌入、有机整合的一体化研修结构。

这一模型展现了教育教学实践、教育教学研究和教师培训三者间的关系,破解了长期以来存在的教师研修目标不明确,活动随意性大,研修内容缺乏系统性、针对性,组织实施形式与方法单一,研修资源缺乏积淀,成果传存性差等问题,促进了基于课程标准教学的区域性转化,初步改变了教师的课程与教学理念,产生了良好的研修效应。

面对育人方式变革的新要求,我们聚焦核心素养培育的总体目标,重新认识教师的专业基础与关键能力,并对既有的研修模型与实践状况进行反思。通过分析,我们发现"三位一体,四元协同"的结构模型仍有进一步改进和发展的必要,主要表现在以下几方面:

首先,它比较注重研修本身的运行方式和产品,而从研修的功能发挥视角,有必要

通过演绎迭代,更聚焦于教师开展教学改进的专业需求,使之从主要强调研修的系统性和课程的创生性,转向人的发展,即教师关键能力的提升,进而更加有效体现并发挥其既"成事"更"成人"的研修价值。

其次,从研修的改进视角,需进一步充分发挥"三位一体,四元协同"教研修模型的系统性、整合性,在围绕教师研修课程创生而展开的"教育教学活动""教育教学研究"和"教师培训"与教师关键能力培育之间建立起更紧密的内在联系,使教研修活动能更直接有效地促进教师专业素养的发展。

再次,该模型更多的是体现教、研、修之间的关系,尚未体现操作的路径,因此,需从实践操作视角,在将"三位一体,四元协同"研修结构模型的运行与教师关键能力的培育建立起联系的基础上,进一步探索深度研修的实施策略、技术和方法,优化研修机制,不断丰富已有经验,为教学改进提供更加有力的专业支撑。

二、研修机制的优化与实施流程的构建

所谓机制,是指"一个系统的组织或部分之间相互作用的过程和方式"[①],从这一视角考察,徐汇区通过多年的实践探索,建立了项目实施与教师研修"双轨融合"下的区校联动,"三位一体,四元协同"教师研修机制的确立明确了区域研修系统中诸要素间的关系,也明确了研修活动设计与开展的整体思路和路径。随着育人方式变革的提出,课程改革对教师关键能力发展的新需求,该机制的优化必须进一步增强研修的深度,具体应凸显三个功能:一是精准聚焦一线教师现实教学场景中面临的真问题;二是能够引导广大教师深度参与;三是注重研修进程中资源的生成与创造性的开发应用。基于此,作为优化机制的核心部分,我们在不断实践总结的基础上,进一步构建了提升教师关键能力的研修实践流程,如图 4-2 所示。

这一流程在区校联动的环境下,进一步以研修课程的创生为纽带,更突出在课程、课堂和评价领域,针对教学改进中的真实问题,增强任务的驱动性,引导教师深度参与,在连续的实践、反思、改进中凝练经验,同时在问题解决中实现研修资源的迭代。整个研修实施过程呈动态、开放态势,持续地为提升教师关键能力提供支撑。

---

① 中国社会科学院语言研究所词典编辑室.现代汉语词典(修订版)[M].北京:商务印书馆:1996.

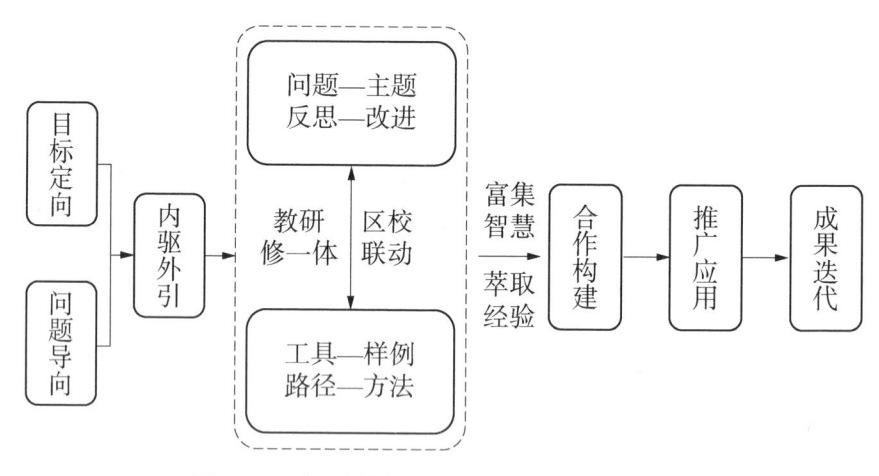

图 4-2 提升教师关键能力的研修实践流程

这一研修实践流程明确聚焦教师关键能力的提升，要求在设计和展开教师研修活动时，依据"既成事，又成人"的理念形成明确的研修目标意识；每一项研修活动的设计开展，除了需预设取得某些外显性的成果，更需考虑教师在经历研修之后获得了哪些关键能力的发展。例如，在高中的"双新"推进过程中，相关的教学研修活动除了能够形成有关的单元教学和课堂教学设计方案之外，更全程关注教师对核心素养的深刻理解，关注他们将核心素养转化为具体的学习目标、学习内容、评价量规以及学习活动设计等的流程与方法，及时了解、判断教师某些关键能力的发展变化。以此为依据，形成二维目标（即研修成果迭代与关键能力发展）指向下的研修活动体系。

我们以高中语文学科的一则研修案例对提升教师关键能力的研修实践流程加以阐释。

案例 4-1　高中语文必修（下）第六单元专题研修

一、聚焦问题

此项研修是高中语文必修阶段"文学阅读与写作"任务群教学设计与实施系列研修活动之一，旨在聚焦和解决教师新教材使用中面临的两个问题：(1) 对"文学阅读与写作"单元任务群内容与目标,以及对高中必修阶段"文学阅读与写作"任务群所辖单元的教学功能认识模糊;(2)教师对单元教学的经验存在不足。前者关涉该单元学习内容在必修课程中的教学价值,以及该单元学习目标的定位。后者则直接反映该单元在课堂教学与评价两方面存在的难点和具体问题。

二、分析问题,确立研修目标

在前期的研修活动中,教师已通过对课标的解读,明确了"文学阅读与写作"任务群的内容与目标要求。将该任务群教学的重点落在两个方面:(1)阅读方面,强调读懂文学作品的内涵,理解作者的创作意图,在感受形象、品味语言、体验情感的过程中提升文学欣赏能力;(2)写作方面,聚焦诗歌、散文、小说等文学类的创意写作,强调从阅读中有所发现和借鉴,遵循文学写作的一般规律,表达自己的思想与情感。

基于这些基础,我们结合具体内容对问题做进一步分析。(1)文学阅读与写作是普遍为大家所熟悉的教学内容,但在素养培育的背景之下,在以任务群为课程组织方式的要求之下,教师需解决如何聚焦文学阅读与写作范畴内的核心知识与概念,提炼阅读与写作的关键策略,并以此为基础展开教学。(2)必修下册的第六单元经典文本汇聚,包含《祝福》《促织》《装在套子里的人》等五篇经典小说作品,有的经典文本是节选,像《变形记(节选)》《林教头风雪山神庙(节选)》等,其背后包含了整本书的阅读,如此浩繁的教学内容,在有限的单元教学课时里应该教些什么?教到什么程度?(3)任务群将"阅读"和"写作"的学习内容相结合,则单元的写作任务完成之后,教师该怎样评改?评改的标准是什么?

鉴于这些分析,确立本研修的目标为:(1)梳理对小说阅读的知识、能力要求,提炼核心概念与关键策略,确定本单元教学的聚焦点;(2)勾连学生在初中阶段小说学习的基础,结合学业质量水平描述、教材篇目与相关学习提示,细化本单元的学习目标;(3)从单元学习目标出发,重构单元学习内容,建立本单元各篇章之间的组合关系与教学逻辑;(4)从各校实际出发,通过汇聚、迭代,形成可借鉴的教学案例群;(5)通过研修,使教师能深入理解把握"文学阅读与写作"任务群所辖单元的教学功能,提升相关单元教学设计与实施的能力。

三、设计研修步骤

此项研修主要分三个步骤:首先,校内与校际备课组合作研究,确定教学的定位,形成初步规划;其次,区级研修活动交流研讨,对教学关键问题达成共识,对学习任务的设计集思广益;最后通过各校的教学实施和反思调整,形成教学案例。

如图4-3所示。

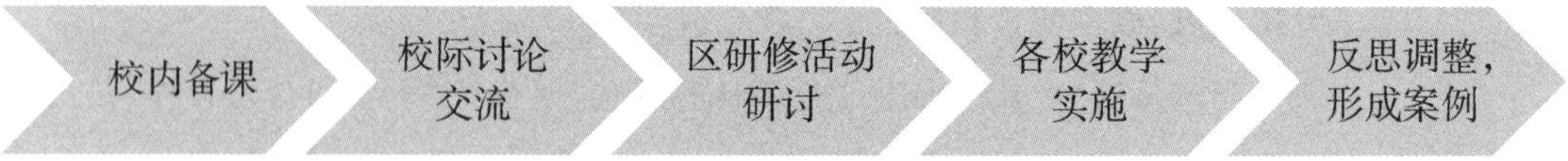

校内备课 → 校际讨论交流 → 区研修活动研讨 → 各校教学实施 → 反思调整,形成案例

图4-3 研修实施路径图

四、开展研修活动

采取区校联动方式,本研修历经两个阶段:

(一)第一阶段:针对第一轮统编教材的使用,完成以下任务

1. 在前期解读课标相关内容的基础上,研训员与骨干教师借助工具支架,针对任务群内容与目标进行细化,以形成单元学习目标。

2. 各校备课组基于已经形成的单元学习目标,解读统编教材的单元学习任务设计;按照研修活动分组,校际之间进行交流,以校际备课组为单位,形成初步的单元教学规划。

3. 研训员组织区级研修活动,校际备课组交流单元教学规划,并针对区域内不同层次的学校,围绕两个问题进行交流:(1)单元学习目标如何调整?(2)教材篇目的组合关系与教学逻辑是怎样的?

4. 各校通过教学实践与反思调整,形成单元教学实施案例(资源),从中选择一个典型案例,以区公开课的形式,继续聚焦单元学习目标与单元教学的逻辑主线两大问题进行专题研讨,总结经验,完善案例。

(二)第二阶段:围绕以下任务,针对第二轮统编教材的使用展开

1. 参与第一轮统编教材使用的教师,结合既有的认识与教学实践进行研修分享,内容包括:(1)第一轮教学中对该单元学习目标的确定(包括确定目标的方法、路径);(2)第一轮单元教学的案例实践与反思。

2. 主要承担必修下册第六单元教学设计的学校备课组,基于第一轮的教学经

验分享与教学资料,进一步提炼可以统领单元教学的核心知识,并以此为基础,着重对既有的单元文本组合方式与单元学习任务设计进行突破。

3. 研训员组织区级研修活动,基于单元设计思路的更新,交流单元教学的规划,并聚焦两方面问题,对单元教学的具体策略进行深入研讨:(1)如何设计具有驱动性、综合性的学习任务?(2)单元学习过程中如何设计并提供学习支架与工具?

4. 通过实践与反思,修改扩充教学案例,使资源系列化。

五、研修效果

本项研修的效果可以从以下三方面体现:

1. 通过对必修下册第六单元教学设计与实施的两轮研修,教师对必修阶段小说阅读与写作教学的目标要求有了更明确的认识,尤其是对于统编下册教学中该单元的教学定位有了清晰的了解。由此反映出教师在课程理解方面的能力进阶。

比较第一轮研修与第二轮研修确定的单元学习目标(见表4-1),反映出教师对该单元学习的素养要求把握更加到位,对本单元阅读与写作所要落实的核心学习内容定位更加准确,对阅读与写作的深层次关系也有了进一步的领会。

表4-1 单元学习目标比较

第一轮研修所确定的单元学习目标	第二轮研修所确定的单元学习目标
1. 关注人物形象,在人物与社会环境共生、互动的关系中认识人物性格的形成和发展,关注作品的社会批判性。 2. 关注不同的语言风格和艺术手法在实现创作意图上的作用,把握作品的思想艺术成就。 3. 借鉴小说技法进行创作。	1. 理清小说的情节脉络,感受人物形象的发展与变化;体会情节与人物、环境之间的互动关系,探究作者情节设计的意图,把握小说的叙事策略。 2. 品味小说不同的叙事手法,感受不同叙事手法对于小说主旨表达的独特价值;结合小说的创作背景,体会小说在反映社会生活,描摹人情世态,表达人生体验上的作用。 3. 感受古今中外小说多样的创作风格,了解艺术手法的传承与创新,获得独特的审美体验。 4. 借助形式丰富的读书节活动,在小说的阅读和写作中融入自己的生活体验、学习经验,在读写结合中提升对社会人生的观察、判断、分析能力,提升审美品位。

2. 在单元学习目标的统摄下,重组单元篇目,借助单元学习内容的重构,建立起围绕单元核心知识的学习路径。由此反映出教师在课程设计能力的提升。

在教材第一轮使用的研修活动中,针对本单元的研讨基本是遵循教材篇目的呈现顺序,围绕小说三要素的教学展开的。针对教材第二轮使用的研修则加以突破,以聚焦小说的叙事策略为抓手,重构了单元学习的内容与路径(见表4-2)。

表4-2　单元学程规划与课时目标设计

课　题	课　时	学习目标
《祝福》	1.5课时	1. 梳理小说的情节发展脉络。 2. 聚焦描写,把握人物形象的特征,感受人物随着情节推进而发生的变化,理解人物形象塑造的价值。 3. 通过比较探究《祝福》和《装在套子里的人》叙述策略的异同,深化对小说主旨的理解。
《装在套子里的人》	0.5课时	
《祝福》《装在套子里的人》群文	1课时	
《林教头风雪山神庙》	1课时	1. 积累把握《促织》中的重要文言实词、虚词,归纳整理通假字、一词多义、词类活用及特殊句式。 2. 感受两篇小说在情节上的异同;探究情节的巧合、反转对叙事的推进作用,理解情节发展背后的因果逻辑关系。 3. 发现人物命运与人物所处环境之间的关联,探究人物形象所反映的时代、社会特征,理解人物命运变化在时代大背景下的必然性。
《促织》	1课时	
《林教头风雪山神庙》《促织》群文	1课时	
《变形记》	1课时	1. 体会《促织》和《变形记》中荒诞的情节对小说主题表达的强化作用,理解"人的异化"的深刻内涵。 2. 分析《变形记》中象征、隐喻手法的作用,发现现代派小说的写作特点,感受阅读中国传统小说与西方现代派小说在方法、策略上的差异,积累阅读经验,提升阅读品质。
《促织》《变形记》群文	1课时	

续 表

课　题	课　时	学习目标
写作	1课时	1. 抓住"情节关键点"进行情节的补充与设计，加深对小说的理解。 2. 以第一人称的叙述视角对事件进行补写，表现不同的叙述视角带来不同的叙事效果。 3. 从人物的身份、性格特点等要素出发进行描写，表现人物在事件发展过程中细致、丰富的心理变化。

3. 教师突破了唯教材学习任务设计是从的思维定式，从具体学情出发，积极挖掘可利用的、校本化的教学资源，创设多样的语文学习任务情境。

如在本单元第一轮研修实践中，有学校结合《红楼梦》的整本书阅读，设计第六单元的写作任务，以对"宝玉挨打"这一小说片段进行转换叙述视角的改写，在教学中梳理本单元三篇课文的学习所得，借鉴课文的创作技法进行创作，落实"借鉴小说技法进行创作"这一单元学习目标。在后续的进一步研修实践过程中，不同的学校结合实际，又开发出不同的单元写作任务。如，结合本单元小说《促织》的阅读，进行片段补写，从成名儿子的视角，表现其"魂化促织"的经历。又如，结合学校读书节开幕式活动，以学校同龄人为听众，用第六单元的小说作为例子，以"Z世代的我们为什么还要阅读经典小说"为题，写一篇演讲稿等。

这些不同的单元写作任务设计，都着力以真实情境激发学生开展积极的语言实践活动，打通单元阅读与写作的壁垒，在积累、运用中提升语文素养。其设计思路的形成与更新，也充分反映了教师教学实施能力的提升。

上述研修案例聚焦高中语文必修下册第六单元"观察与批判"单元教学中教师遇到的实际问题，通过对这些问题初步的归因分析，从建构教学、研修的资源和推动教师对课程、教学的理解力与执行力两个维度，确立了研修目标。在此基础上，设计了具体的研修任务和研修开展的基本步骤。通过两个阶段的区校联动研修活动，使针对特定任务群教学的教学研究与实践持续推进,引导教师深入理解小说与其他文学类作品在教学上的共性与差异,把握初高中小说教学内容与目标衔接与推进、厘清文学阅读与写作的内在关联,在讨论、交流和实践、反思中澄清认识,消除误区,从而提升教师的课程设计与教学实施能力。与此同时,两个阶段的研修所形成的成果,即不断迭代更新的教学设计与实施案例,也为创生专题性的研修课程积累了宝贵的资源。

三、聚焦关键能力提升的教师研修策略

指向核心素养的教学改进不能仅以教师的课堂教学为研究对象,其涉及课程视野下,对课程标准到教学全过程的结构性、系统转化,涉及对课程标准、教学内容(主要是教材)、教学对象等各要素间各种错综关系的解构、统整和建构等操作。同时,新课程实施中的教学改进效果取决于教师的关键能力,而从教学改进的全过程来看,教师的行为又具有很强的综合性,其课程设计能力、课堂教学能力、学生学习评价能力、信息技术应用能力和系统反思能力等关键能力并非各自独立、相互分离,而是在展开具体教学活动中融合并整体发挥作用的。更何况外显的教学行为的改变与内在的关键能力提升不可能一蹴而就,无法通过一两次研修活动达成,必须经过一定的阶段,借助教师内驱力的持续增强与外部研修机制的有效助推来实现。鉴于此,我们探索并运用了三种核心策略。

(一) 优化机制,为教师的深度参与创设空间

教师关键能力提升是一个持续渐进的过程,既需要自主性的成长,也需要良好的研修环境与机制作为保障。我们发现,在新课程背景下大部分教师为获得更佳的教育教学效果,对研修活动的需求与投入热情较之前有所提升。基于此,我们不断细化、优化研修活动的运行,以回应并支持一线教师更新既有知识、提升专业能力的强烈愿望。

1. 整合各类探索活动,引导教师的深度参与

深度研修离不开教师的深度参与,随着"三位一体、四元协同"教研修模式的持续深入开展,徐汇区形成了包括学科中心组、基地校、工作坊、名师基地、名师工作室等在内的各级各类教师研修团队。研修团队成员通过教学实践,研发并运用工具支架孵化出新知识、新经验,进一步借助系列化的处理和结构化的设计,创生出一系列专题研修

课程,用以新知识与经验的传承与辐射。

研修团队内部的合作构建过程,使我们更清晰地认识到:教师的学习是行动中的学习,其内在机制是通过教育教学问题(专题)的解决过程使其内在的经验被连续激活,并且与新经验、新知识产生关联和互动。教师只有不断对原有经验加以改组,形成个体的新知识,逐渐实现专题教学经验结构的重组和思维的变化,才能真正驱动教学行为发生内生性、可迁移性的改变。因此,增强体验,引领教师对研修活动的深度参与,是促进教师关键能力持续提升的重要途径之一。基于此,我们在研修活动的策划与实施中强调从问题出发,积极创设各种任务环境,连续激活教师的既有经验,使"思""做""说"合一,在强烈的综合体验中促进教学行为变化和关键能力的发展。

围绕教学改进的实际需要,各学科普遍对听课评课的研修方式进行了更新和改进,除了对研修活动进行系统、整体的设计,更注重从教师需求中挖掘并发现研修主题,围绕教师在教学实践中面临的突出问题和主要困惑,精心设计解决问题所需要的教学示范、专题讨论、实践计划以及后续的实践跟进活动,确保绝大部分的教师能够深层次参与,激发他们变革的动力。下面以初中英语学科为例。

案例4-2 初中英语"听说课学习活动的设计与评价"专题研修实施过程

研训员基于前期的课堂观察与调研,发现教师在听说教学方面存在一些共性的疑惑,如:如何设计有效的学习活动使学生掌握听说的策略?如何充分利用信息技术的支持进行作业的评价与反馈?等等。据此,初中英语的研修内容确定以"听说课学习活动的设计与评价"为切入点,以区域主题研修活动为主线,整合校本研修、院校合作、参与式工作坊等项目与活动,多方共同合作、有序推进。在具体的研修方式上,采用"微讲座+合作完成任务+个性化反思调整+经验梳理提炼+后续实践跟进"的程序,将教师学习、实践操作、经验内化、尝试拓展等加以整合,深化教师的投入与多重体验,以提升研修的实效。

这种基于教师教学需求,将各种学习研修形式相互整合、有机嵌入,引导教师深度参与的方式在其他学科的研修活动中也较为多见。下面以初中物理学科为例。

案例 4-3 初中物理"大单元任务设计"专题研修实施过程

初中物理学科依据大单元任务单设计的需要,应用 SWOT 工具对项目团队的状况进行诊断,采取骨干先行开发样例,逐层推进修改样例,迁移推广运用样例的学习方式,通过孕育完善的典型样例过程,让教师体验大任务设计的核心思想。初步的实践探索表明,在系统和整体设计的框架下,增强研修中各类活动形态的整合,发挥其各自的作用,形成整体驱动功能,对改进教师的教学,提升关键能力具有重要作用。

2. 强化团队多向联动,在转换角色中丰富教师体验

优化运行、提升教师关键能力的另一做法,是强化各类团队间的多向联动,丰富研修团队之间合作与交流的方式,进一步打通研修的壁垒,通过区校之间"同质"与"异质"联动,让教师有机会参与不同的团队研修,体验多种经历,在扮演不同专业角色过程中丰富体验、提升能力。

在前一阶段项目开展的过程中,我们已充分认识到区域性的教学改进过程中区校联动的重要性。新课程的实施推动我们对这种联动机制进行优化,不断增强其"成事中成人"的功能。

这种优化体现在以下两个方面:首先,关注"联动"必须聚焦在教师教学实施的问题关键处,聚焦在教师教学能力的薄弱处;其次,在"联动"的区域、学校和教研组三级平台之间,尝试让教师承担不同的探索、培训任务,转化并扮演不同的角色,以强化研修的浸润体验性。

从具体实施而言,就是由研训员引领,来自基层学校骨干教师组成研修团队,集中力量共同攻关,开发研制并形成适合不同学校、多版本的工具、样例(包括《指南》《手册》、单元教学设计样例、课堂教学样例及模板框架等),然后组织团队成员分别对区域内相关年级的教师进行分层培训。同时,研修团队的这些成员也可以带着这些工具样例,回到各自学校的教研组开展校本研修。下面以小学语文学科的研修实践为例。

案例 4-4　小学语文区校联动研修实践

小学语文学科针对统编教材实施中面临的教师新旧经验冲突和传统思维的惯性,以区"研修平台"为中介,采用"骨干先行、抱团研究→形成案例、分享成果→模仿迁移、滚动研究→平台分享、推广辐射"的路径展开研修活动。

促进教师角色转换,形成"滚雪球"效应,构建起区校联动的研修架构(见图 4-4)。

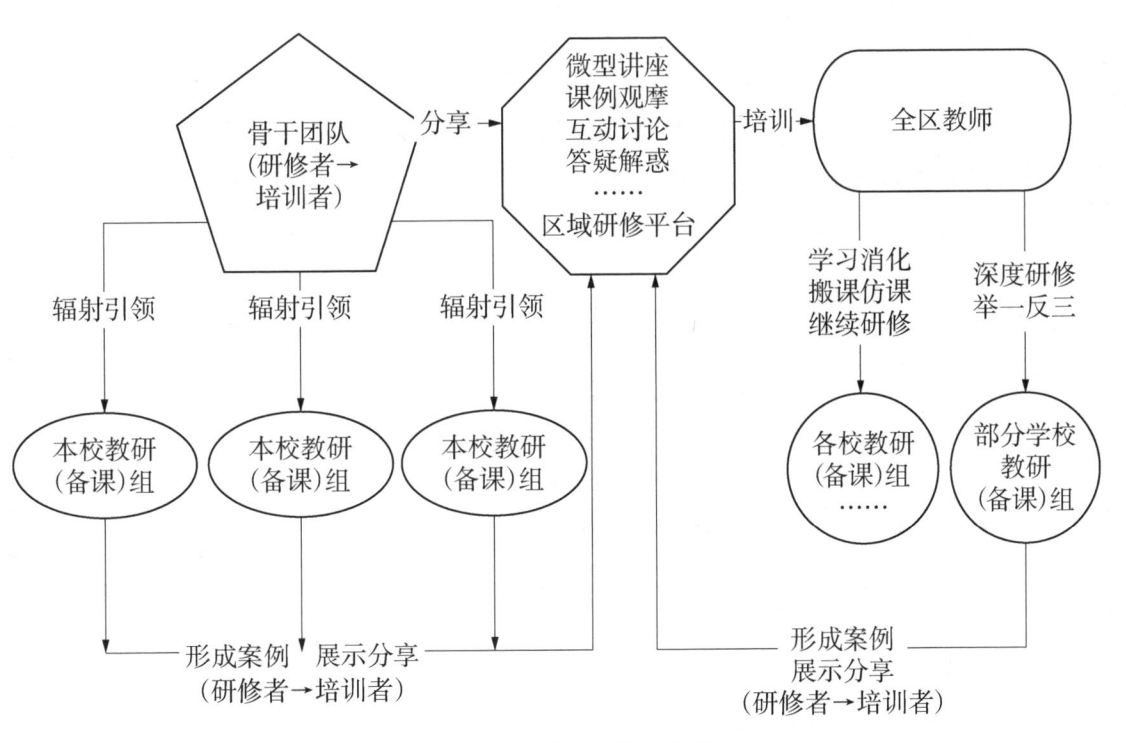

图 4-4　区校联动研修实施框架

这样的安排,主要基于两个目的:一是让每一位教师尽可能地接触不同类型学校的实验情况,吸收不同的信息,在共享与互补中,整体把握本学科的工具研发状况;二是培养骨干和种子教师,他们在不同的组别中不断变换角色,既是学习者,又做培训者。教师在深度体验中完善教学思维,为关键能力的提升创设深度体验的空间。

(二) 聚焦难点,在工具的开发与使用中提升关键能力

在指向育人方式变革的课程改革实施与推进过程中,我们发现部分教师的教学行为受既有的教学惯性影响较大,对新的教学要求不熟悉、不适应,一些教师在关键能力上存在的短板构成了教学改进的障碍,若不加以解决,势必影响教学改进的成效。为此,我们从前期的调研分析入手,聚焦教学改进中教师能力缺陷的主要行为表现,通过研修加以改进。

1. 全景检视学科发展历程,形成清晰的课程意识

核心素养具有多要素组合、整体融合等特点,学生核心素养的培育要求对教师的教学设计以及实施能力提出了新挑战。我们在调研中发现,教师课程实施关键能力的不足,往往与基于知识传授惯性的单课教学思维有关,因此,教师的研修首先要引导教师立于课程的高度,从一个更加广域的视野全面审视本学科的教学,整体而系统地把握新课标、新教材,包括核心理念、总体目标、框架内容等。而这些较为宏观层面的分析往往是教学研究的薄弱环节,具体来说,教师对学科课程的理解往往停留在理念层面,实际体验不足,习惯于做局部具体的操作调整,缺乏整合融通性的视野。为了改变这种现状,我们在研修中强化了对学科教学发展历程的全景剖析,主要体现在研究领域的涵盖和各要素的整合两个方面。下面以高中数学学科的研修实践为例。

> **案例 4-5　高中数学《学科教学指南》研发**

在"双新"课程的推进实施中,高中数学学科围绕新课标转化工具《学科教学指南》的研发,组织教师首先对《2004 年版上海市课程标准》和《2017 年版国家新课程标准》展开整体和多层次的比较研究,研究内容涉及课程理念、课程目标、课

程内容三大方面。其中课程内容又包含难度系数比较、内容广度深度比较和课程安排比较等。通过质性描述和量化分析,揭示出两种课标在各个领域的差异。这种深入的比较研究体现出两个基本特点:一是系统性,即包含了课标从整体到部分各个层面的内容,既有框架性比较,又有局部特征的比较;二是基于证据,即基于两种课标中的原始数据,既有课标文本中原生态语言的比较分析,又有对数据统计分析之后的基本判断。质性与量化相互结合,互为印证,继而追溯缘由,最终得出基本结论(见图4-5)。

(五)课程各板块难度系数计算

		课程广度	课程深度	课程时间	可比广度	可比深度	课程难度系数 (0.4)	课程难度系数 (0.5)
预备知识	04版	72	2.10	26	2.769	0.081	1.694	1.425
	17版	56	1.98	22	2.545	0.090	1.563	1.318
函数	04版	259	2.42	86	3.012	0.028	1.818	1.520
	17版	198	2.02	100	1.980	0.020	1.196	1.000
几何	04版	203	2.18	105	1.933	0.021	1.168	0.977
	17版	192	2.24	95	2.021	0.024	1.222	1.022
代数	04版	60	2.20	28	2.143	0.079	1.317	1.111
	17版	11	1.55	11	1.000	0.140	0.656	0.570
概率与统计	04版	57	2.40	36	1.583	0.067	0.977	0.825
	17版	131	1.76	57	2.298	0.031	1.391	1.165

图4-5 高中数学课程标准各版块难度系数比较

这种深入的比较研究,一方面能够使教师更好地把握新老课标各自的体系和它们之间的本质差异,增强转化工具的延续传承性与发展性,保证工具研发的信度与效度;另一方面,教师通过这种宽视的课程标准比较分析,可从本学科发展历程层面深入理解转化工具的功能、内涵和由来,促进核心素养下课程观、教学观和评价观的渐变。

课程标准的比较研究仅仅是一个行动载体,但是从这个研修案例的片段可以看出,围绕具体的教学任务(如工具开发、单元教学设计等),主动将其置于本课程发展历程背景下展开分析探索,无疑能够帮助教师建立清晰的课程意识,促进关键能力的发展。而这种剖析检视,不是停留于一般的内容回顾与展望,而是确立关键视角,基于事实证据展开追因溯果,以强化分析理解的深度。目前徐汇区在基于问题解决的任务驱动式研修中,普遍强化了将具体问题放在本学科课程发展的背景中展开分析,提升思考站位,拓展观察视野,以促进教师课程设计意识的提升。

2. 深入理解学科本质,提升课程设计实施能力

所谓学科的本质,一般是指"该学科的知识形态、活动形态和结构形态"①,对此,我们的具体理解是:学科的本质应是体现这些学科形态要素的学科核心概念、思维方式以及育人价值。教师只有对这三者有合理、全面的把握,才有可能更好地理解学科的知识形态、活动形态及结构形态,进而提升对学科理解的"通透度"。

随着新课程实施步入深水区,教学承载核心素养培育的任务愈发重要,单纯基于学科知识的教学难以为继。我们在调研中发现,教学中以知识点落实为主的顽瘴痼疾依然存在,造成学习活动的表面化、学生学习的浅层化等倾向,背后显示出教师课程设计等能力的薄弱。究其原因,主要还是教师对本学科的本质理解不深。鉴于此,我们在研修活动的组织实施中注重在一个广视域的情景下,以本学科的核心素养内容为依据,引导教师对散见的知识或技能主动加以抽象提炼,尝试在触及学科本质的层面展开思考讨论,在此基础上再回溯到具体的学科知识、活动和结构展开设计和教学(单元、课时),进而有效提升课程设计与实施能力。

根据上述基本认识,我们主要通过三个途径展开探索实践。

第一,分析学科"大概念",理解把握学科本质。作为一项重要的研修载体,我们开展了基于学科"大概念"的单元教学设计与实施的教师研修活动探索,以期通过这类活动,探索如何能够挖掘教师思维的深刻性,更好地理解并把握学科本质。

学科的大概念(大观念)是指"该学科反映专家思维方式的概念、观念或论题"②,这里的"大概念"体现出学科的"核心",具有"高位""上位"及很强的可迁移价值,不同层次的"大概念",能够统摄学科不同领域范围的知识、活动和结构逻辑。我们在部分学科的教师研修中体现了教师通过深化思维的深刻性,来有效实施单元"大概念"统摄下对单元教学目标、内容、学习活动、评价设计,以提高教学设计和实施的能力。下面以初中科学学科对《人体内水分的平衡与调节》一课的教学研修为例加以说明。

---

① 孙锦涛,朱晓黎. 关于学科本质的再认识[J]. 教育研究,2007(12).
② 刘徽."大概念"视角下的单元整体教学构型——兼论素养导向的课堂变革[J]. 教育研究,2020(6).

案例 4-6 初中科学基于学科"大概念"的单元教学设计专题研修

各种资料中对科学学科核心素养的表述虽各有不同,但其中都包含了科学观念、科学思维、科学探究以及科学态度等关键要素。以大概念为核心,重视学科内容的结构化,课堂教学向着情境化、任务型、实践型等方向转变,正成为科学学科教学的发展趋势。项目组通过系统设计、深度研讨、课堂实践等,引导教师基于大概念的视角开展单元教学设计与实施,形成了专题研修框架(见图 4-6)。

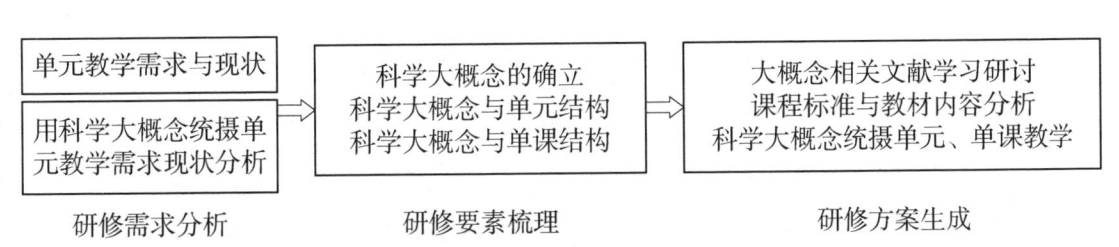

研修需求分析	研修要素梳理	研修方案生成
单元教学需求与现状 用科学大概念统摄单元教学需求现状分析	科学大概念的确立 科学大概念与单元结构 科学大概念与单课结构	大概念相关文献学习研讨 课程标准与教材内容分析 科学大概念统摄单元、单课教学

图 4-6 以大概念统摄单元教学的研修框架

第一步,层级式确立"大概念"。项目组对大概念相关文献展开学习、交流研讨以及对课程标准与教材的内容进行全面分析,尝试从学生学习自然科学领域的纵向发展来看《人体内水分的平衡与调节》一课在"健康的身体"单元中的地位。通过之前小学自然课的学习,学生概貌地了解了人体各系统与健康;之后的初高中生命科学中,从不同的结构层次,系统认识人体是一个统一的整体,从本质上认识人体内的物质代谢与能量转化。其中,初中阶段是从"运动、休息与健康""营养与健康""平衡与健康"三个部分来呈现教学内容的。经抽象分析,项目组先提出"结构与功能相适应"和"平衡"两个大概念,经反复分析与研讨,进一步发现"结构与功能相适应"大概念无法统摄"运动、休息与健康""平衡与健康"两个二级标题中的部分内容,而"平衡"大概念则能更好地对人体的运动与休息要合理、人体维持生活活动所需的营养要均衡、人体内所需的能量与水分要平衡进行统领,有助于学生从平衡的角度,来看待人体的健康。因此,最终确定用"平衡"大概念来统摄本单元的教学。

第二步,整体梳理单元结构。基于对"平衡"这一大概念的理解,项目组通过研究与梳理,发现它纵贯整个单元内容,"运动、休息与健康""营养与健康""平衡与健康"三个部分反映的是与健康有关的"平衡"的三个层次的学习内容。

因此,用大概念作统摄,再看本单元的学习内容,更能看到这些内容背后的知识体系建构的几个层级递升:从表面特征的描述反映"平衡"——用具体营养物质为例说明"平衡"——用数字做分析,理解和认识内部"平衡"。在用大概念统摄来梳理单元结构的过程中,也更能理解单元"以平衡为主线"的含义。用"平衡"大概念统摄的整个单元结构逻辑清晰,每一节内容地位明晰,无不彰显着该单元的结构化程度和"平衡"的意蕴。

第三步,甄别凸显单课核心内容。有了系统的单元梳理,教师深刻理解了《人体内水分的平衡与调节》一课在单元中的地位和价值:在此基础上,项目组通过数据的比较与分析,以及水分进出人体不是简单地通过一个物理结构,而是具有复杂结构与功能的生物特性,从多个教学内容中锚定了"肾脏的结构与功能"作为单课核心内容,并以探究"肾脏在人体内水分的平衡与调节"功能为本节课要解决的学习任务。在此基础上设计了单课教学的基本流程和基于问题解决的学习"任务串"。

由以上研修案例所呈现的过程可见,教师能抽象提炼出科学学科的"大概念"并非研修的终结目的,系列研修的真正意图在于,通过这一研究历程的体验,使教师更加深刻地把握这些概念背后所蕴含的初中科学学科的本质(包括学科价值和学科思维方式),进而在更广阔的领域实施迁移应用。

另一方面,从操作视角,我们还发现,基于"大概念"的教学研修活动是一个连续递进、思维不断深化的过程,在这个过程中,最为关键的是如何提取并确立单元的"大概念",其中涉及两个方面:一是如何基于学科的本质特性,基于课程标准和具体的单元内容,由抽象到具体,往复循环地推进教师的深度思考;二是在研修活动中如何引导教师通过分析各种资源,揭示内在关系,由大到小,逐渐"孕育"出确切的统摄性"大概念"。其中既有对研修活动的整体设计,也包括研修进程中思考工具的搭建与使用,包含了对教师有效的启思和引导。学科核心素养视野下,挖掘教师教学思维深刻性的重要程度日见突出。从教师对学科本质的认识出发,推动教师基于学科的本质展开教学,是教师关键能力养成的有效策略和途径之一。

第二,解剖单元学习内容与任务,理解把握学科本质。新课程的实施,赋予单元教学以极其重要的素养培育价值,通过系统解构、统整和建构,形成了单元教学的目标、内容、活动和评价规划,其中对单元学习内容及其相关学习任务的分析,是落实素养目标的重要环节之一,而这一分析的过程往往能够引导教师深入学科的本质层面展开思考。下面以高中语文的研修实践为例。

案例4-7 高中语文"当代文化参与"任务群教学专题研修

高中语文《普通高中语文课程标准(2017年版2020年修订)》在课程目标中提出:"关注、参与当代文化。关注并积极参与当代文化传播与交流,在运用祖国语言文字的过程中,坚持文化自信,提高社会责任感,增强为中华民族伟大复兴而奋斗的使命感。"在这方面,作为一种新的学习形式,"当代文化参与"学习任务群具有独特的优势。"当代文化参与"任务群的学习贯穿必修、选择性必修和选修三个阶段,对于引导学生在语言文字运用过程中发现问题,培养探究意识和发现问题的敏感性,探求解决问题和语言表达的创新途径具有特殊的意义。基于这一背景,高中语文学科开展了"当代文化参与"学习任务群的专题研修,旨在解决两个问题:

一是观念层面:教师对该任务群的认识存在偏差,即对这个任务群的具体教学目标、教学内容等都不太熟悉。不少教师将"当代文化参与"学习任务群倡导的以研讨当代文化现象或参与当代文化生活的语文实践活动和普通的社会实践混为一谈,没有明确语文学科对其承担的责任;

二是操作层面:一些教师对教学实际效果存在顾虑,他们认为提倡学生在实践活动中学习知识和提高能力的想法虽好,却有些脱离现实。语文学科的教学时间不足以支撑学生走出学校去进行实践探究,该任务群教学的可行性不强。

通过访谈与调研,研训员发现,在以上两方面的问题中,比较核心和关键的问题是教师对当代文化参与学习任务群倡导的以研讨当代文化现象或参与当代文化生活的语文实践活动同普通的社会实践的差异认识模糊,导致对任务活动的可行性与效果有疑虑。

某种程度上讲,区分比较两类社会实践活动的差别,不仅仅是对各自的内容、形式的区分,有必要将其提升到高中语文核心素养的相关要素高度加以剖析甄别,让这些社会实践活动凸显"语文味"。

由此,项目组开展了两个阶段的系列研修:

(一)第一阶段:解决两类活动的本质区别

这一阶段,研训员组织团队教师对课程标准中"当代文化参与"学习任务群的内容与目标展开解读,通过解读研讨,确立了以"语文素养要素"作为依据,来区分一般社会实践活动与本任务群的不同,必须突出社会实践活动中的"文化认同""语言建构与应用"等核心素养,在此前提下,团队成员对该任务群内容和目标进行了分解并设计出相应的教学活动方案。

(二)第二阶段:创造性地开展社会实践活动

在第一阶段,教师只是初步理解"当代文化参与"学习任务群的内容、目标,并组织开展了相关的学生社会实践活动,但是仍停留在按照教材提供的任务,机械地模仿实施,实际效果并不理想。对此,团队成员在研训员的引领下再次分析语文素养要素,结合前期的学习理解和实际的感受,大家对教材安排的活动背后的内涵展开讨论,揭示并聚焦活动内容后面的语文素养要素,展开内化迁移。开放性地组织学生深挖本校的文化特色及其发展历史,通过采访、倾听、草拟访谈提纲、撰写调查报告等,展开各具特色的社会实践活动,取得了明显效果。

这一研修案例给我们的启发在于,在与《指南》《手册》等工具研发相关的研修活动开展过程中,尽管需要进行各个层面和要素的操作,如目标确立、评价设计、学习内容活动的设计等,需要在方法、技术层面展开充分讨论与交流,更需要深入到学科本质属性的层面,让具体的教学设计与实施操作与学科本质相对应,让老师们知其然更知其所以然。这取决于研修活动的组织、实施者对学科本质的理解和专业的敏锐性,由此出发,也可以有效推动教师从现实困惑出发,回溯课程目标定位与课程内容属性,自下而上又自上而下地认识课程教学的整体架构。

第三,厘清单元教学各要素间的关系,理解把握学科本质。单元教学设计属于课程设计的中观层面,尤其要求教师在分析研究过程中具备"类"和"群"意识,具体来讲,就是要基于系统观,不囿于局部的教学内容,而能够将教学中的个别对象(如课文、课时等)置于某一教学主题之下,以此作为背景,梳理单元内各要素之间的内在关系,关联抽象出共同的特征,从而更好地理解个别对象的学科本质内涵。

而在实际教研和调研中,我们发现在单元规划与单元教学设计实施中,部分学科(主要是人文社科类学科)的教师往往较难理清各层级目标、评价、内容板块、学生活动之间的内在关系,造成相互间逻辑上不一致。这种情况暴露出教师对学科本质的理解不够深入,也制约了转化工具的有效研发和使用。为此,我们在深入理解课标的同时,开发运用思维工具,启发教师从纵向和横向两个维度展开课程目标与内容的细化统整。纵向上,按照学年、学期、单元和课时,对教学目标的层级细化,评价的匹配融合,内容的划分重组;横向上关注不同学段、年级间的衔接与学习资源整合。以此建立比较完备的分析框架,对梳理单元教学要素这一难点加以突破,保证了《指南》和《手册》内部各要素间的关联性、一致性和自洽性。下面以初中语文学科为例。

案例 4-8　初中语文七年级(下)第三单元专题研修

初中语文学科为了落实和凸显单元教学中"人文主题"与"语文要素"两条线索,聚焦读写路径与方法,构建教读课文、自读课文、课外阅读(包括名著阅读等)"三位一体"的阅读体系。依托《指南》与《手册》的研制,在对七年级(下)第三单元"写人记事类记叙文"进行教学设计过程中,通过共议研讨,启发教师从整体视野切入,应用思维导图,梳理出"单元导语""单元目标""篇目学习目标""问题链"四个教学要素之间的结构关系,将本单元三篇课文《阿长与〈山海经〉》《老王》《台阶》作一体化分析,在落实教学目标的同时,打通了"教读课"与"自读课"之间的通路,整合优化了三篇课文的整体教学,体现出由"个"分析向"类"分析视角下的"群课"

教学转变,同时深化了对"人文主题"和"语文要素"等学科内涵的理解。

在对诸多教学要素进行系统梳理的同时,许多学科研修活动还尝试运用呈现结构化的问题链、结构性表格等工具。研训员借助这些思维工具,引导教师建立思考问题的维度框架,一方面帮助其在对诸多要素的思考中理出头绪,尽快聚焦问题、解决问题,另一方面也可以助推其不断发现问题,改进课堂教学的有效实施。下面以初中英语学科为例。

案例 4-9 初中英语六年级(下)第五单元专题研修

初中英语学科借助《英语》(牛津上海版)6BU5 单元,研究单元教学解读与设计,意图通过实践与反思的过程体验与分享,初步掌握根据课标与学情,整体解读教材单元,合理确定单元学习内容与学习目标的基本方法。

为了引导教师思考的方向,研训员进一步通过结构性问题的设计,提供了思考的工具,以研讨主题下具体问题的呈现,为后续跟进的研讨奠定基础(见表 4-3)。

表 4-3 单元教学要素问题梳理

维度	问题
核心素养维度	学生在学习了本单元后能在哪些场景下用到学到的知识与能力?您的学生在学习了本单元后会怎样用到学到的知识与能力?
单元视角维度	在本单元中,听说读写各个教材板块中均有 read 的学习任务,请问这些 read 之间是什么关联?是否要求一样?如果不是,那么每个 read 各有什么学习功能?
教材设计维度	在本单元中,教材听的语篇中的语言知识和语篇结构与前一课时阅读语篇基本一致,那么是否可以把听的活动改为阅读后的说的操练活动?

实践证明，在研修活动中以学科要素的分析处理为载体，以聚焦关键问题或问题链引导的方式推动教师展开结构性的思考，能有效帮助教师建立起核心素养培育目标与课标、教材内容要求，以及评价要求之间内在关联；同时，这种方式也有助于教师在对学科本质的把握和理解基础上，合理展开教学实施。

（三）富集智慧，促进资源迭代与课程创生中的能力进阶

"三位一体，四元协同"研修结构模型的主要特征是以课程创生为纽带，将教育教学研究、实践，以及教师培训有机融合，形成一个研修资源不断孕育和丰富，教师关键能力同步发展的态势。多年来，随着项目研究的不断深化，项目团队、基地校、名师工作室及工作坊等各类研修团队活动的持续开展，创生了丰富的区域研修课程。从这个意义上说，研修课程的创生是广大教师集体智慧的结晶。

为使研修资源成为"富集智慧"、常建常新的载体，我们通过各类教师研修共同体的运行，挖掘教师的经验，对尚处于散点和片状呈现的教师个人经验进行萃取孵化，以众筹的思维对其进行系列化、结构化的加工，让教师理解并亲身经历对新知识、新经验的聚合、提炼，促进教师关键能力的进阶。下面以初中语文学科的研修为例。

案例 4-10 初中语文六年级（上）第五单元专题研修

初中语文学科为突破单元教学中教、学、评一致性的难题，以六年级上册第五单元为载体展开研修活动。研训员与团队教师合作，以该单元中的教读课文《夏天里的成长》为切入口，对既有的教学设计（见表 4-4）进行反思、讨论。

表 4-4 《夏天里的成长》教学设计

学习目标	1. 找到文章的中心句，明确中心句中的中心词。 2. 分析文章如何围绕中心使用材料，体现中心词"成长"。 3. 品味文章的语言，感受生活的美。

续　表

教学环节	学习活动	环节目的
导入新课	四季中夏天有什么特点？	激发兴趣
初读文本 把握内容	朗读课文，找出中心句。 圈画文中写了哪些事物的生长。	熟悉文本
细读文本 深入探究	品读第二段：作者具体描写了哪些事物在夏天里成长，用以下句式回答： 我从（句子）中的（词语）感受到了_____。从而体会到夏天的成长是_____。我来为大家朗读这个句子： 总结：从此段中我们得知<u>生物</u>在夏天里生长。 明确中心句：<u>飞快的长，跳跃的长，活生生的看得见的长。</u>	朗读段落内容，概括句子所写内容概括本段内容"看得见的长"
	阅读第三段，自主或小组合作完成： 我从（句子）中，感受到了（事物）在成长，它变_____。我来为大家朗读这个句子： 总结：从此段中我们得知<u>无生命的物</u>在夏天里生长。 明确中心句：什么都在长。	概括本段内容"万物的生长"
	找到第四段中心句： <u>人也是一样，要赶时候，赶热天，尽量地用力地长。</u> 理解关键词"成长"的内涵。	学会找到中心句 细读文章
归纳总结	课文是围绕"夏天是万物迅速生长的季节"一句展开，从_____写到_____最后写了_____的生长，充分展现了夏天里的特点，尤其突出两个字。希望读者们能够_____。	概括全文
作业	在你的生活经历中，有没有哪些物也是在"成长"？请把它的成长变化写下来吧。200字左右。	拓展写作

围绕着教学评一致性的问题,研训员与团队教师借助头脑风暴展开讨论,发现既有的教学设计存在三个问题:

1. 教学目标与单元目标不匹配。单元目标为"把握文章中心",课时目标转变为了"找到文章的中心句,明确中心句中的中心词"。

2. 教学环节与课时目标不匹配。从教师自己标注的"环节目的"可以看出,主要环节多以概括内容为目的,教师只是在教"文本内容",学生学习的成果也只能是明白了"文章写了什么",而不是获得语文的知识、能力和素养。

3. 以结果代替过程,以答题代替学习。教学设计的主要学习活动为"填空"和朗读。其中"填空"的学习方式将学生的思维限制在教师的预设范围内,实际上,教师代替学生"概括",学生只是按照教师给出的句式,到文中去定向搜寻信息。

针对以上三个问题的解决,研训员与团队教师合作设计了自检表,展开深入思考(见表4-5)。

表4-5 教学评一致性自检表

学习目标		
教学环节	学习活动	对应目标
课前预习		
课堂学习		
作业评价		

借助上述思考工具,教师聚焦所发现的三个问题,对原有教学设计进行修改、完善,使各环节目标与课时目标的衔接更加紧密,教学评一致性得以真正落实。

围绕统编教材的单元教学设计,初中语文学科建构了资源萃取迭代的研修流程(见图4-7)。从骨干团队研制示范案例,到某一年级教学中的实践应用,直至全区初中学段范围内的教学推广与完善。在研修培训活动的每一个环节,骨干教师与普通教师分工协作、各展所长,不断挖掘、吸收新经验,及时加工成文本材料,再扩大反复修改补充。经过后续连续的边深入探究,边结构化梳理,经多轮改进,最终开设出一门优质区级共享课程,这一过程充分展现了在资源迭代和课程创生中教师关键能力的进阶。

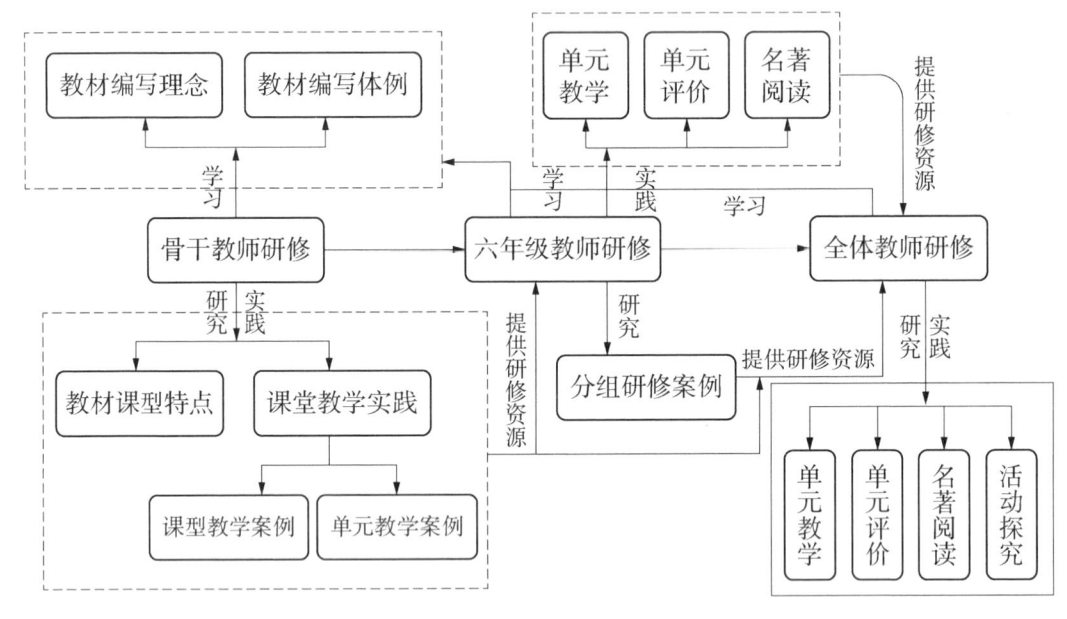

图 4-7 初中语文研修资源创生迭代流程图

下面再以小学数学学科的研修为例。

案例 4-11 小学数学基于问题诊断的教学改进专题研修

小学数学学科为了使区域内的学科教师学会对学习诊断数据进行分析,并在此基础上进行教学改进,以区域内几所实验校基于数据确定研修主题、改进单元教学设计为示范案例,引导全区教师开展基于实证的校本研修。具体思路与研修途径如图4-8所示。

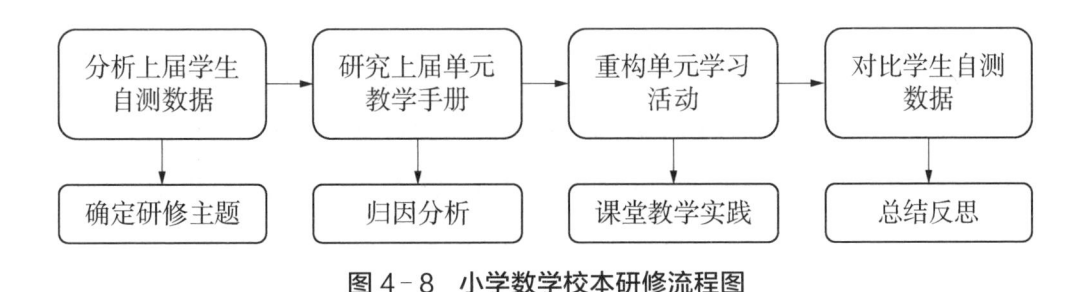

图4-8 小学数学校本研修流程图

1. 通过分析上一届学生学习诊断数据,找到单元教学中的问题,并确定研修主题。
2. 通过研究上一届单元教学手册,进行归因分析。
3. 重构并实施单元教学手册,通过对比两届学生学习诊断数据进行实证研究。
4. 在实践反思中逐步强化以培养学生学科核心素养的意识,提升改进教学的能力。

这一经验与实证相结合的研修活动,以具体问题为导向,借助归因分析进行教学的改进,最后通过诊断数据的对比,以学生的学习结果来验证教学改进的有效性,一方面搭建数据分析与教学改进的桥梁,发挥实验校的示范作用;另一方面,也搭建起教师学习与研修资源生成迭代相融并进的动态路径,使之惠及更多教师,在更大范围内促进教师关键能力的总体提升。

由此可见,关注研修进程中的资源生成,在连续多环节的反复同步推进中,对孵化出来的新知识、新经验加以系列化、结构化加工,是增进研修活动的有效性,创生研修课程,持续推进教师关键能力发展的有效策略。在这样的研修实践过程中,教师既是实践探索者,又是经验的再加工者。这一"协同迭代"的机制,既解决了研修成果的积累传承等问题,更是教师关键能力进阶的有效途径。

本章小结

本章基于育人方式变革的要求,通过对教师课程与教学现实基础和问题剖析,提出了教师教学改进中应具备的五项关键能力和模型,并分别对其内涵与要素展开分析。在此基础上通过对原有"三位一体,四元协同"研修结构模型的改进,构建起指向教师关键能力发展的区域研修实施模型,提炼了"优化运行""聚焦难点""富集智慧"等研修策略,旨在使教师在教学改进中有效提升关键能力,更好地基于课程意识和学科本质展开教学,促进以学习为中心的教学形态的建构与实施。

主要参考文献

[1] 陈如平.以育人方式改革为重点推动普通高中深度变革[J].中国教育学刊,2020(8).
[2] 田爱丽,张晓峰.范式转换:新技术支持下学校育人方式的系统变革[J].教育发展研究,2020,40(8).
[3] 余文森.论核心素养导向的三大教学观[J].当代教育与文化,2019,11(2).
[4] 崔允漷.指向学科核心素养的教学即让学科教育"回家"[J].基础教育课程,2019(2).
[5] 王喜斌.核心素养视域下教师教学观存在的问题及其转变的可行性路径[J].现代中小学教育,2019(1).
[6] 余文森.论学科核心素养形成的机制[J].课程·教材·教法,2018(1).
[7] 余文森.论学科核心素养的课程论意义[J].教育研究,2018(3).
[8] 郑葳,刘月霞.深度学习:基于核心素养的教学改进[J].教育研究,2018(11).
[9] 郭冬红,周长凤.深化区域课改抓好五个着力点[J].基础教育参考,2018(21).
[10] 钟启泉.学科教学的发展及其课题:把握"学科素养"的一个视角[J].全球教育展望,2017,46(1).
[11] 崔允漷.指向深度学习的学历案[J].人民教育,2017(20).
[12] 邓莉,彭正梅.通向21世纪技能的学习环境设计——美国《21世纪学习环境路线图》述评[J].开放教育研究,2016,22(5).
[13] 钟启泉.基于核心素养的课程发展:挑战与课题[J].全球教育展望,2016,45(1).
[14] 张紫屏.基于核心素养的教学变革———源自英国的经验与启示[J].全球教育展望,2016,45(7).
[15] (美)奥拉西奥·桑切斯.教育变革:利用脑科学改善教学与校园文化[M].任红瑚,叶川,译.上海:华东师范大学出版社,2020.
[16] 刘月霞,郭华.深度学习:走向核心素养[M].北京:教育科技出版社,2019.
[17] 钟启泉.课堂转型[M].上海:华东师范大学出版社,2018.
[18] 钟启泉.课程与教学概论[M].上海:华东师范大学出版社,2004.
[19] 中华人民共和国教育部.普通高中语文(数学、英语等)课程标准(2017年版2020年修订)[S].北京:人民教育出版社,2020.
[20] (美)约翰·安德森.认知心理学及其启示[M].秦裕林,程瑶,周海燕,徐玥,译.北京:人民邮电出版社,2015.
[21] (美)查尔斯·菲尔德,玛雅·比亚利克,伯尼·特里林.四个维度的教育——学习者迈向成功的必备素养[M].罗德红,译.上海:华东师范大学出版社,2018.
[22] (美)迈克尔·刘易斯.思维的发现:关于决策与判断的科学[M].钟莉婷,译.北京:中信出版社,2018.
[23] 张治.走进学校3.0时代[M].上海:上海教育出版社,2018.
[24] 裴娣娜.教学论[M].北京:科学教育出版社,2007.
[25] (美)戴尔·H.申克.学习理论[M].韦小满,译.南京:江苏教育出版社,2009.
[26] 肖锦龙.德里达解构理论思想性质论[M].北京:中国社会科学出版社,2004.
[27] 王传旭,邱章乐.教育思维学[M].长春:吉林大学出版社,2013.

［28］（美）罗伯特·加涅.学习的条件［M］.北京：人民教育出版社,1985.
［29］何晓萍,沈雅云.深度学习的研究现状与发展［J］.现代情报,2017,37(2).
［30］李定仁,徐继存.教学论研究二十年［M］.傅统光,陆有铨,译.北京：人民教育出版社,2001.
［31］刘国飞,张莹,冯虹.核心素养研究述评［J］.教育导刊,2016(3).
［32］叶澜.教育的本源［J］.教育理论与实践,2010(6).
［33］柳夕浪,张珊珊.素养教学的三大着力点［J］.中小学管理,2015(9).
［34］韦钰,(加)P.Rowell.探究式科学教育教学指导［M］.北京：教育科学出版社,2005.
［35］（美）尼古拉·尼葛洛庞帝.数字化生存［M］.胡泳,范海燕,译.北京：电子工业出版社,2017.
［36］冯磊,黄伟.课堂教学结构研究的进路与焦点综述［J］.中小学课堂教学研究,2017(1).
［37］朱向阳.为了教学改进的学情诊断［J］.中国教师,2018(10).
［38］许卫兵.结构化学习：回归"本原"的课堂实践［J］.小学数学教师,2018(8).
［39］欧阳修俊,蒋士会.教学思维之概念辨析［J］.教育导刊,2014(6).
［40］曾家延,董泽华.学生深度学习的内涵与培养路径研究［J］.基础教育,2017(4).
［41］李志厚.论教学思维的属性、特征与修炼［J］.课程·教材·教法,2016(10).
［42］祝智庭,魏非.教育信息化2.0：智能教育启程,智慧教育领航［J］.电化教育研究,2018,39(9).
［43］潘越峰.利用认知冲突,激活学生思维［J］.小学教学参考(综合),2008(8).
［44］钟志华.试论"解构—建构"教学观［J］.教育理论与实践,2006(7).
［45］陈佑清,余潇.学习中心教学论［J］.课程·教材·教法,2019,39(11).
［46］（美）奥苏伯尔,等.教育心理学——认知观点［M］.佘星南,宋钧,译.北京：人民教育出版社,1994.
［47］John B. Best.认知心理学［M］.黄希庭,主译.北京：中国轻工业出版社,2000.
［48］余文森.核心素养导向的课堂教学［M］.上海：上海教育出版社,2017.
［49］张敏.教师学习的理论与实证研究［M］.杭州：浙江大学出版社,2008.
［50］郑金洲.教师如何做研究［M］.上海：华东师范大学出版社,2005.
［51］陈向明,等.搭建实践与理论之桥——教师实践性知识研究［M］.北京：教育科学出版社,2011.
［52］徐碧美.追求卓越——教师专业发展案例研究［M］.陈静,李忠如,译.北京：人民教育出版社,2003.

后　记

2017年,我们结束了上海市教育科研重点项目"基于课程标准教学的区域性转化与指导策略研究",形成了以《从标准到课堂——基于课程标准教学的区域性转化与指导策略研究》专著为主的一系列研究成果,但区域的课改还在继续,持续推进育人方式引导下的区域教育改进也面临新形势下新要求新任务新挑战。

立足基础教育发展新阶段,对接国家课程改革要求,在区域和学校层面,就育人方式变革、课程、课堂和评价领域需要做更深入的研究探索。基于区域教育已有基础与问题的深化探索,我们提出了"高品质优化基于核心素养的区域课改实践体系——'基于课程标准教学的区域性转化与指导策略研究'成果推广与深化",以此为抓手,全面落实国家和上海教育大会精神,对践行立德树人根本任务推进育人方式变革在区域层面进行全面布局;持续深化基础教育课程与教学改革,实现发展学生核心素养在课程、课堂、评价上的全面落实;稳步推进高考和中考招生制度改革,以创新人才培养模式引领学校发展的全面规划;深入推进基于标准教学的区域转化,实现对区域教育综合改革和质量提升的全面支持。

经过四年多的实践探索,我们深化课程系统转化的方法论,优化转化环节与策略技术,聚焦学校课程整体规划与课程体系建构、以学习为中心的教学模型建构、基于教师关键能力提升的深度研修机制的优化等,初步形成了新课程下区域教学改进的新体系,并完善了区域推进育人方式变革的行动路径、机制与策略。这些成果均已呈现在本书中。

本书是项目组集体智慧的结晶,第一章由杨姣平、刘侠执笔,第二章由李文萱、上官树红、严江华执笔,第三章由姚秋平、孟莎执笔,第四章由杨向谊、程元执笔,全书由项目领衔人李文萱负责统稿。

"高品质优化基于核心素养的区域课改实践体系——'基于课程标准教学的区域性转化与指导策略研究'成果推广与深化"项目,汇聚各方力量,得以协同推进。广大学校校长和教师主动参与重点难点的实践与探索,他们是推进区域课改的主力军与动力源,感谢他们为区域课改坚持不懈的求索与奉献。全国、上海市的领导和专家的方向引领与智慧支持,是我们课改深化的重要支撑,衷心感谢给予我们指导和支持的诸位领导与专家。我们还要感谢徐汇区教育工作党委姚黎红书记、教育局王彤局长,行政推动是大规模课改深化的重要保障。

水平有限,书中疏漏之处,敬请读者批评指正。

李文萱　2021年7月